Oliver Tolmein

STAMMHEIM VERGESSEN

Deutschlands Aufbruch und die RAF

Konkret Literatur Verlag

Umschlaggestaltung: Peter Albers
Umschlagfoto: dpa
Satz: KCS GmbH, Buchholz/Hamburg
Druck: PDC Paderborner Druckcentrum, Paderborn
ISBN 3-89458-117-4

Vorwort

Es ist zu spät, ein Buch über die RAF zu schreiben: Mit ihrer Entscheidung vom 10. April 1992, den bewaffneten Kampf vorerst zu beenden, ist die Fortführung des politischen Streits darüber, ob oder was an dieser bewaffneten Politik falsch und schädlich ist, zumindest vorerst unnötig geworden (zumal sich die RAF selbst an dieser Auseinandersetzung nicht beteiligt hat).

Es ist zu früh, ein Buch über die RAF zu schreiben: Um die Geschichte der RAF nachzuzeichnen, sich ein präzises und umfassendes Bild von ihrer Wirkung und den Reaktionen zu machen, fehlt heute das Material. Die Protokolle des Krisenstabs sind nach wie vor unveröffentlicht, von vielen geheimen und weniger geheimen Staatsaktionen wissen wir nichts. Politiker, Verfassungsschutz und Polizei lancieren in den Medien und über ihnen wohlgesinnte Journalisten nur die Dokumente, die ihnen genehm sind. Die Menschen, die über die Geschichte befragt werden müßten, mit denen zu diskutieren wäre, sind erschossen, unter nach wie vor nicht zweifelsfrei aufgeklärten Umständen in Haft zu Tode gekommen oder werden immer noch gefangengehalten.

Trotzdem muß die in Schreiben der RAF, in Papieren von drinnen und draußen immer wieder beschworene und eingeforderte »Neubestimmung linker Politik« begonnen werden. Voraussetzung dafür ist, daß das, worüber diskutiert werden soll, auch zur Kenntnis genommen werden kann. Deswegen sind in diesem Buch das für einige Jahre militanter antiimperialistischer Politik wegweisende Mai-Papier der RAF von 1982 sowie sämtliche ihrer Bekennerschreiben seitdem und die darauffolgenden Hungerstreikerklärungen der Gefangenen aus RAF und Widerstand dokumentiert. Um eine bessere Lesbarkeit zu erreichen, haben wir die Groß- und Kleinschreibung wiedereingeführt. Bekennerschreiben aus früheren Jahren sind bereits veröffentlicht, weitere Texte der RAF und der Gefangenen aus RAF und Widerstand aus der Zeit nach 1982 abzudrucken, z. B. die Erklärungen zur Hafenstraße oder zum Kronzeugen Siegfried Nonne, hätte den Rahmen dieses Buches gesprengt.

Mit der Veröffentlichung der Texte wird auch der Zensur von RAF-Erklärungen durch die Medien, die die Bekennerschreiben in der Regel nur stark gekürzt abdrucken, und der Kriminalisierung der Verbreitung von RAF-Texten entgegengetreten. Ein Dokumentenband wie »texte: RAF« ist zum Beispiel noch heute hierzulande faktisch verboten. Ein Buch wie »Widerstand heißt Angriff« konnte in der Bundesrepublik nur illegal verbreitet werden, der Abdruck von Bekennerschreiben hat immer wieder zu Zensur-Verfahren gegen kleine linke Zeitungen geführt.

Die Texte der RAF sollten durch Interviews mit Gefangenen aus der RAF und dem Widerstand ergänzt werden – das war nicht möglich. Die Justizminister von Nordrhein-Westfalen, Bayern und Baden-Württemberg haben meine Anträge auf Genehmigung eines Interviews umgehend abgewiesen – obwohl nach den Fernsehinterviews, die ich mit den Gefangenen in Lübeck und Celle geführt hatte, klar sein mußte, daß die vielbeschworenen Sicherheitsinteressen nicht berührt werden würden. Das Justizministerium im rot-grün regierten Bundesland Hessen hat es geschafft, die Entscheidung über den Interview-Antrag so lange zu verschleppen, bis es für dieses Buch zu spät war.

Auch deswegen sind die »üblichen«, keineswegs unwichtigen Fragen hier ausgespart: Grundsätzliches über Sinn und Unsinn des bewaffneten Kampfes in der Bundesrepublik füllt schon einige Bücher – und solange die direkte Auseinandersetzung mit der RAF und den Gefangenen aus RAF und Widerstand nicht möglich ist, läßt sich dazu meines Erachtens wenig Neues schreiben.

Mich hat vor allem die Frage beschäftigt, wieso die RAF gerade jetzt, nach der Wiedervereinigung, eine Zäsur macht, ihre Politik der Attentate beendet und wie sie zu ihrer merkwürdig verhaltenen, bisweilen den Erklärungen der PDS ähnelnden Einschätzung des nationalistischen Aufbruchs der deutschen Bevölkerung kommt.

Ein wichtiger Grund dafür liegt in der verqueren Analyse des Nationalsozialismus, den die RAF nicht als Eigenleistung des deutschen Volkes sieht, sondern als etwas bloß von oben Aufgezwungenes, als, wie es in einem frühen RAF-Text heißt, »politische und militärische Vorwegnahme des imperialistischen Systems der multinationalen Konzerne«. Eng verbunden damit ist die Bewertung des US-Imperialismus als eigentlichen Hauptfeind der Unterdrückten der Welt, der auch die Menschen in der BRD »kolonisiert« hätte. Der Antiimperialismus bekam so die Dimension eines Kampfes gegen Fremdbestimmung – und erweist sich heute als wenig tauglicher Wegweiser in den aktuellen Auseinandersetzungen.

Das hat nicht nur Konsequenzen für die RAF. So wie die Ausblendung der realen Bedeutung der Volksgemeinschaft für den Nationalsozialismus und seine Fähigkeit, auch große Teile der deutschen Arbeiterklasse zu integrieren, aus der Faschismus-Analyse auch nicht nur ein Fehler der RAF war. Die Kritik an der RAF hat deswegen exemplarischen Charakter. Die bewaffnet kämpfende Gruppe soll keineswegs für das Versagen der deutschen Linken insgesamt verantwortlich gemacht werden.

Welche Bedeutung die »Kinkel-Initiative«, die mir durchaus kein Zugeständnis an die RAF zu sein scheint, im wiedervereinigten Deutschland hat und warum ich sie als Modernisierung der »harten Linie« betrachte und nicht als Ausdruck der Zivilisierung der Bundesrepublik, ist Thema des zweiten Kapitels. Hier wird auch untersucht, wieso die Bundesanwaltschaft und ihre freien Mitarbeiter in den bundesdeutschen Medien sich so dafür engagieren, die angeblich längst zweifelsfrei aufgeklärten »Selbstmorde« von Stammheim nochmals und wieder zweifelsfrei aufzuklären, und warum dadurch erwartungsgemäß keine der offenen Fragen beantwortet und keiner der wesentlichen Widersprüche aufgelöst wird.

»Bei allem ist uns am meisten aufgefallen«, schreibt die RAF in ihrem August-Papier 1992 mit Blick auf ihre KritikerInnen, »mit welcher Selbstverständlichkeit sich Leute hinsetzen und Aktionen von uns begutachten, ohne wahrscheinlich je selbst einen Gedanken daran zu verschwenden, das, was sie von uns fordern, selbst zu machen.« Tatsächlich ist linksradikale Praxis nicht einfach durch Reflexion zu ersetzen. Gerade die Eskalation des Deutschen in den Verhältnissen erfordert praktisches Engagement. Aber angesichts der weitgehenden Begriffs- und Ratlosigkeit aller linken Fraktionen macht es auch wenig Sinn, jede Analyse erst einmal durch den Praxis-TÜV zu schicken, und die, die kritische Gedanken äußern, mit einem knappen »mach's doch selber besser« zu bescheiden.

In diesem Sinne gilt mein Dank vor allem denen, die das Manuskript gelesen und mit mir darüber diskutiert haben, obwohl sie mit meinen Thesen und Überlegungen überhaupt nicht einverstanden sind.

Hamburg, August 1992 Oliver Tolmein

»DEM VOLKE DIENEN«

Ein Stilleben: Holzvertäfelte, weißgestrichene Wand, kahl bis auf eine chinesische Tuschezeichnung, die Tür ohne Griff, der Tisch übersät mit Papieren, Kaffeetassen, Zuckerstreuer. In der Ecke krümmen sich zwei Stuben-Bäumchen. Fünf Männer sitzen stumm um einen Tisch herum, die Arme verschränkt, die Hände ineinandergefaltet, die Ellenbogen aufgestützt, eine Frau redet mit großer Geste. Eine merkwürdige Gesellschaft: drei Gefangene aus der RAF, zwei ehemalige Mandatsträger der GAL, ein linker Verleger (keiner ein Zweifler). Fünf, sechs, sieben Jahre früher wäre das Gespräch wahrscheinlich irgendwann verstummt oder abgebrochen worden – aber darüber sprechen die sechs nicht. Sie diskutieren über den Imperialismus und seine Gegner, reflektieren die Politik der RAF – reden an einem unmöglichen Ort. In der Zelle in Celle. April 1992.

Ein Fernsehabend im Mai. Programmänderung. Die Talkshow »Up'n Swutsch« wird verschoben – statt dessen zeigt der Norddeutsche Rundfunk 45 Minuten lang etwas, was der Ansager als Dokument der Zeitgeschichte bezeichnet. Vor gelbbraunen Vorhängen, in einem düster tapezierten Raum sitzen vier Frauen, erinnern sich, erzählen, erklären, schweigen auch mal, suchen ein Wort, drehen Zigaretten. Gesichter, die jahrelang nur auf Fahndungsplakaten zu sehen waren, Gefangene aus der RAF, keine Aussteigerinnen, die eindringlich über ihre Haftbedingungen berichten, die jahrelange vollständige Isolation, die Taktik der Stadtguerilla und den Versuch, einen neuen Weg zu finden. Eine Bild-Störung aus Lübeck.

Die außerparlamentarische Opposition, die sich vor Jahren noch ihre Öffentlichkeit auf der Straße erobert hat, wird heute in die Innenräume abgedrängt. Den Gefangenen aus der RAF gelingt es mit diesen Interviews aber trotzdem, eine Routine zu durchbrechen, die sie seit ihrer Verhaftung in die Rolle von Objekten der veröffentlichten Meinung gezwungen hat. Mit entstellenden Fahndungsfotos, zielsicher zusammengekürzten Briefen oder Erklärungen, vagen, aber bedrohlich klingenden Informationen »gutunterrichteter Kreise« und klug gestreuten Gerüchten haben die Medien, ganz vierte Staatsgewalt, ihren Beitrag zur »Terrorismus-Bekämpfung« geleistet, ein Bild zusammengepuzzelt, das die RAF als eine rohe Bande von Fanatikern zeigt.

Im Anschluß an das Interview mit den Lübecker Gefangenen versucht ein Moderator, den Sender wieder ins rechte Licht zu rücken, Verständnis in Mißverständnisse zu verwandeln. Das Feind-Bild soll wiederhergestellt werden. Aber nicht einmal die Diskussionsrunde aus Verfassungsschützer, Aussteiger, CDU-Politiker, SPD-Justizminister und einer Anwältin will dabei so richtig mittun. Die dpa versucht tags darauf zu retten, was so recht nicht mehr zu retten ist – die Legende von den skrupellos kalkulierenden, brutalen Terroristinnen: »Gleichzeitig verdeutlichten die vier Frauen, nach Angaben des NDR, daß der vorläufige Gewaltverzicht nur taktisch-strategisch begründet sei und nicht als grundsätzliche Abkehr gewertet werden könne.« Sie haben es nicht gesagt, sie werden nicht zitiert: Aber die meisten bundesdeutschen Medien übernehmen die Angaben des NDR über das, was angeblich »verdeutlicht« worden ist.

Die Fernseh-, Rundfunk- und Zeitungsinterviews, die mit Hanna Krabbe, Irmgard Möller, Christine Kuby, Gabriele Rollnik, Lutz Taufer, Karl-Heinz Dellwo und Knut Folkerts in Schleswig-Holstein und Niedersachsen gemacht werden können, bleiben die Ausnahme: die Justizministerinnen und Justizminister der anderen Bundesländer lehnen weiterhin strikt ab, daß die dort inhaftierten Aktiven aus RAF und Widerstand von Journalisten befragt werden. Der Rechtsstaat verhängt eine Kontaktsperre besonderer Art.

Wenige Wochen nach der überraschend abgegebenen Erklärung der RAF vom 10. April 1992, zumindest vorübergehend »gezielt tödliche Aktionen gegen Spitzen aus Staat und Wirtschaft« zu unterlassen, die Eskalation zurückzunehmen, entsteht so ein Bild von der Staatsgewalt, dem die scharfen Konturen fehlen: ein Stück Liberalisierung für einige wenige Gefangene, Verlängerung der harten Linie für die meisten, milde Rhetorik und neue Ermittlungsverfahren. Daß diese Unentschiedenheit, dieser offene, wenn auch nicht laut artikulierte Widerspruch bei den Haftbedingungen im (für die Gefangenen allerdings ziemlich wichtigen) Detail möglich ist, ohne daß es darüber zu einer scharfen Kontroverse kommt und die Parteien sich gegenseitig Staatsverrat vorwerfen, hat auch damit zu tun, daß die RAF, die jahrelang ein maßgeblicher Orientierungspunkt für die Staatssicherheitspolitik war, diese Funktion längst verloren hat.

Das hat sie auch für die außerparlamentarische Linke. Der Abschied der RAF vom bewaffneten Kampf wäre 1977 oder früher nicht nur eine Sensation gewesen, sondern hätte die eigene politische Praxis nachhaltig beeinflussen können. In den achtziger Jahren wäre eine solche Erklärung nicht vorstellbar gewesen, heute nimmt die Linke sie kaum mehr als zur Kenntnis: vorbereitet durch Auflösungserscheinungen bei den Revolutionären Zellen, irritiert über den Zeitpunkt. Ausgerechnet nach der Wiedervereinigung, 1992, als Deutschland aggressiv wie nie zuvor in der Nachkriegszeit danach eifert, Großmacht zu werden, versucht die bewaffnete Gruppe, die sich 1970 auch gegen Willy Brandts Integrationskonzept »mehr Demokratie wagen« gegründet hatte und so kompromißlos, konsequent und ausdauernd wie keine andere ihren politischen Vorstellungen hat Taten folgen lassen, zu deeskalieren, um dadurch einen »Raum« für die Organisierung von neuer »Gegenmacht von unten« zu öffnen.

Die Erklärung der RAF vom 10. April hat wenig dazu beigetragen, diesen Widerspruch zu erklären oder ihn als scheinbaren Widerspruch zu entlarven. Und auch die nachgeschobene ausführliche Positionsbestimmung der RAF vom August 1992, in der zustimmend gefangene GenossInnen zitiert werden, die konstatiert hatten, daß »die RAF hat auch Verantwortung an die Linke abgegeben« hat, löst dieses Rätsel nicht. Wahrscheinlich ist das auch nicht möglich.

Der Zerfallsprozeß der bundesdeutschen Linken hat jetzt eben auch die bewaffnete Fraktion, die RAF, erreicht. Auf die Restauration Deutschlands, das Auseinanderbrechen des real-sozialistischen Staatenblocks, die blutige Aktualisierung der Nationalitätenkonflikte war sie genauso schlecht vorbereitet wie andere Gruppen der Linken. Innerhalb von nur zwei Jahren haben sich so viele linke Prognosen blamiert, sind so viele linke Gewißheiten ad absurdum geführt worden, daß nicht die Unterbrechung der autonomen, kommunistischen und antiimperialistischen Praxis erstaunlich ist, sondern wie lange noch weitergemacht werden konnte, als ob nichts wirklich passiert wäre – in der Hoffnung auf baldige »Normalisierung«, eine Sehnsucht, die sich in manchen Gruppen und Zusammenhängen auch heute noch zu halten scheint. Insofern kommt der Entscheidung der RAF, diesen Rückzug in die Sackgasse auszuschließen, dann doch wieder eine über das enge antiimperialistische Spektrum hinausweisende Bedeutung zu.

Für die Auseinandersetzung mit der Politik der RAF, die sich selbst lange Zeit als Speerspitze des Widerstands gesehen hat und die von FreundInnen und FeindInnen oft auch so gesehen wurde, bedeutet der gleichzeitige Niedergang bundesdeutscher linker Fraktionen aber auch besondere Gefahren: Im Allgemeinen wird das Besondere übersehen. Auch in der Erklärung der RAF vom 10. April wird das deutlich: am beharrlichen Schweigen über die seit vielen Jahren geübte Kritik an der eigenen Politik. Ein Schweigen, das in der ausführlicheren Erklärung vom August 1992, auch wenn hier Kritik wenigstens indirekt aufgegriffen wird, ebenfalls kaum durchbrochen wird.

»Der Fehler der RAF war weder die Anwendung von Gewalt, noch waren es Kriminaldelikte, sondern ihr Fehler war die Niederlage im antiimperialistischen Kampf«, stellte Hermann L. Gremliza im Juni 1992 seiner KONKRET-Kolumne »Kein Konzept statt Guerilla« ein älteres Pohrt-Zitat voran. Das klingt radikal und gegen den Zeitgeist – aber was helfen diese staatsfeindlichen Besinnlichkeiten? Statt zu untersuchen, auf welchen Grundlagen der antiimperialistische Kampf basierte, was die inneren Bedingungen für die Niederlage sind, wird undifferenziert räsonniert. Ärgerlich wird das vor allem, wenn den Gefangenen und damit wohl auch der RAF die Erkenntnisfähigkeit abgesprochen wird und damit die Fähigkeit, sich an einer Diskussion über die Grundlagen des eigenen politischen Handelns zu beteiligen: »Doch so präzise sie die an ihnen vollzogene Gewalt beschreiben können, so unfähig sind sie geworden, gemacht worden, die Niederlage ihrer Politik als ihre Niederlage zu akzeptieren ... und sich entsprechend zu verhalten ... Der größte Respekt vor einer zwanzigjährigen Tapferkeit und die mitfühlende Kenntnis, was Haftbedingungen, wie die den RAF-Gefangenen auferlegten, an Körper und Geist anrichten, dürfen nicht das Urteil unterdrücken, das die sich hier (gemeint ist die Erklärung der RAF vom 10. April und wohl auch das KONKRET-Streitgespräch in 6/92, Anm. O. T.) dokumentierende Entwicklung politischen Denkens benennt: Regression.«

Daß nun auch noch ein linker Verleger meint, über die Gefangenen und ihre Organisation, die RAF, als politischer Psychologe urteilen zu müssen, zeigt, wie wichtig eine wirkliche Auseinandersetzung ist. Jetzt einen neuen Weg zu suchen, ohne im einzelnen zu reflektieren, warum der alte in die Irre geführt hat (und wo die einzelnen Fraktionen und Individuen, die ihn beschritten haben, eigentlich angekommen sind), jetzt Mut, Konsequenz und Tapferkeit der RAF zu rühmen, ohne sich zu überlegen, ob das die wesentlichen und einzigen Werte linker Politik sind, heißt nichts anderes, als die Diskussion des (beendeten und möglicherweise wieder aufgenommenen) bewaffneten Kampfs in der Bundesrepublik Deutschland der »Entsolidarisierungslinken« (K. H. Roth) zu überlassen, die wenig anderes im Sinn hat, als die Anerkennung des staatlichen Gewaltmonopols auch für oppositionelle Politik zur Voraussetzung zu machen.

Die RAF schreibt in ihrer Erklärung vom 10. April 1992: »Wir hatten unsere Politik ganz stark auf Angriffe gegen die Strategien der Imperialisten reduziert, und gefehlt hat die Suche nach unmittelbaren positiven Zielen und danach, wie eine gesellschaftliche Alternative hier und heute schon anfangen kann zu existieren.« Der Streit darüber, ob »eine gesellschaftliche Alternative hier und heute schon anfangen kann zu existieren«, wie sie gegebenenfalls zu organisieren wäre und was man sich unter »der Suche nach unmittelbaren positiven Zielen« vorzustellen hat, ist alles andere als neu: die Gründung der ersten Kommunen; der Rückzug vieler Linker aufs Land, in Wohn- und Arbeitsprojekte nach dem Deutschen Herbst; der Aufbau von Arbeitskollektiven; der Aufstieg und Niedergang der »taz«; das Projekt Hafenstraße – alles Etappen in der Geschichte der bundesdeutschen Linken, die von dieser Auseinandersetzung geformt wurden. Daß dieser – oft erbitterte – Streit, schon als ihn die RAF selbst nicht sonderlich interessant fand, im Abseits der deutschen Verhältnisse ausgetragen wurde und auf diese, so interessiert sich die Medien auch immer wieder zeigten, keinen nachhaltigen Einfluß hatte und auch nicht haben wollte, macht die heutige Akzentsetzung der RAF so fragwürdig.

Und zu was soll eine Alternative entwickelt werden, wenn über die gesellschaftlichen Verhältnisse weltweit, vor allem aber hier in Deutschland, ein hohes Maß an Unklarheit besteht? Sind die Angriffe auf Flüchtlinge Aktionen eines rassistischen Mobs, sind sie »Übergriffe« von Modernisierungsverlierern, sind sie gesteuerte Aktionen, werden sie von den Herrschenden initiiert, geduldet, nicht scharf genug bekämpft? Gehören sie zu Deutschland wie die Hitze zum Feuer, oder sind sie bloß eine vorübergehende Erscheinung? Artikuliert sich dort Wut auf den Staat, die umzulenken wäre, oder sind die Angreifer unversöhnliche Gegner der Flüchtlinge (und von uns)?

Für die künftige Strategie linker Gruppen in Deutschland, wenn sie denn wieder entwickelt werden kann, hängt von der Beantwortung dieser Fragen fast alles ab. Die Konstruktion einer bequem in zwei Gruppen, die Herrschenden und die Beherrschten, zu unterteilenden Gesellschaft, wie es die RAF in ihrer Grußadresse an die GegnerInnen des Weltwirtschaftsgipfels in München tut, verhindert dagegen, daß die Fragen überhaupt gestellt werden. Im wesentlichen scheint ja alles noch klar:

»Ihre unmittelbare Bestimmung (gemeint ist die Aktion gegen Treuhandchef Rohwedder, Anm. O. T.) war es, der kapitalistischen Walze, die gegen die Menschen in der Ex-DDR von hier aus losrollte, auch unsere Kraft entgegenzusetzen und eine Verbindung zu den Kämpfen dort herzustellen.« Ein Bild der Gegen-Aufklärung: Die »kapitalistische Walze«, eine gewalttätige Maschine, »rollt los«, ohne daß es dafür eines Willensaktes bedurft hätte, einfach so, einer Naturgewalt gleich, »gegen die Menschen«. Diejenigen, die Ausbeutungsstrategien entwerfen, realisieren und durchsetzen sind aber ebenso Menschen und Teil der Gesellschaft wie die, deren Monatseinkommen weniger als 5000 Mark beträgt. Und die, »die Menschen«, haben einiges dafür getan, daß in den Gegenden, die sie bewohnen, heute die Treuhand schaltet, CDU-Regierungen walten und Flüchtlingen Gefahr für Leib und Leben droht. Wenn man den Aufmarsch der deutschen Deutschen vor der Rostocker Flüchtlingsunterkunft als Zusammenrottung Verführter begreifen will, was waren dann die gerühmten Leipziger Demonstrationen, deren viel zitierte Ursprungs-Losung »Wir sind das Volk« kaum weniger völkisch war als ihre Fortsetzung »Wir sind ein Volk«? Welche Kämpfe meint die RAF? Daß sich die Menschen, die sich vom real existierenden Sozialismus befreit haben, das kapitalistische Regime nicht so ohne weiteres gefallen lassen würden, ist zwar oft prophezeit worden, aber weder die Streiks auf den Werften, noch die Protestmärsche der Bauern oder die Versammlungen in den abgewickelten Universitäten lassen die Wut und Wucht spürbar werden, die sie zu Kämpfen machen würden. Es bleibt bei Unmut und Protest – »Widerstand«, in diesem Fall gewalttätige Aggressionen, gibt es bislang nur gegen den Aufenthalt von AusländerInnen in diesem Land.

»Heute wissen wir«, heißt es in der Grußadresse weiter, »daß dieser Prozeß, aus zwei völlig unterschiedlichen Realitäten und Erfahrungen heraus zu einem gemeinsamen Kampf zu kommen, intensive Auseinandersetzungen und Verstehen, voneinander lernen aus diesen unterschiedlichen Geschichten erfordert. Das ist die Voraussetzung für den Aufbau einer gemeinsamen Gegenmacht.« Und im August-Papier wird dieser Gedanke weitergeführt: »Tatsächlich haben wir die, die sich in der Ex-DDR für eine andere Entwicklung organisiert haben, als die vom BRD-Staat/Kapital aufgedrückte, mit einer Ebene von Kampf konfrontiert, die nicht aus ihrer Erfahrung entwickelt war. Für die sind wir also in ihre Entwicklung wie von außen eingedrungen.« Die einfühlsame Sorge, der Ex-DDR-Opposition etwas Fremdes aufzudrücken, ist also ein wesentliches Motiv für die RAF, eine Zäsur in ihrer Politik zu setzen. Der Zeitpunkt folgt, auch wenn die RAF das nicht so schreibt und wahrscheinlich nicht so gewollt hat, damit noch einer anderen Logik: Die Gruppe, die 1970 den bewaffneten Kampf in der Bundesrepublik Deutschland aufgenommen hat, hat als Hauptfeind den US-Imperialismus ausgemacht. Die bundesdeutsche Elite war dabei zwar auch gemeint (und einzelne ihrer Exponenten fielen den Anschlägen zum Opfer) – aber sie galten eher als ausführende Organe, als Handlanger und Schergen. 1992 haben die USA sich weitgehend aus Europa zurückgezogen und ihren Einfluß auf die BRD fast gänzlich verloren. In Geheimpapieren des Pentagons wird eine künftige Atommacht Deutschland bereits als potentieller Gegner beurteilt. Das alte Feindbild der Metropolen-Guerilla ist zusammengebrochen – das neue, die Großmacht Deutschland, ist als solches noch nicht ausgemacht, seine Dimension analytisch nicht erfaßt: weil bereits die Tatsache, daß es existiert, die alten Raster sprengt.

Deutschland, Auschwitz und die RAF

»Wir sind Demokraten, auch wenn es die Besatzungsmächte an Demokratie mangeln lassen. Wir müssen die Demokratie verteidigen, auch gegen die Besatzungsmächte.«

Kurt Schumacher 1949

»Nicht weniger aggressiv als der US-Imperialismus, ist sie (die Bundesrepublik, Anm. O. T.) doch weniger angreifbar. Die politischen Möglichkeiten des Imperialismus sind hier weder in ihrer reformistischen, noch in ihrer faschistischen Variante erschöpft, seine Fähigkeit die von ihm selbst erzeugten Widersprüche zu integrieren oder zu unterdrücken nicht am Ende. Das Konzept Stadtguerilla der Roten Armee Fraktion basiert nicht auf einer optimistischen Einschätzung der Situation in der Bundesrepublik und Westberlin.«

Das »Konzept Stadtguerilla« der RAF, dem diese Passage entstammt, ist geprägt von der intensiven Auseinandersetzung der außerparlamentarischen Linken mit der Kontinuität des Nationalsozialismus in der BRD. Die Pläne der Regierung und vor allem des Ministers F. J. Strauß, bundesdeutsche Verfügungsgewalt über Atomwaffen zu erlangen; der Versuch, die Opposition im Inneren abzuschaffen; die Große Koalition und die offene Durchsetzung des Instrumentariums des autoritären Staates: die Notstandsgesetze haben in den sechziger Jahren den Stoff für zahlreiche Kolumnen Ulrike Marie Meinhofs abgegeben. Noch sind die USA, trotz ihres Kriegs in Vietnam, nicht das alles beherrschende Feindbild, zumindest werden sie nicht so dargestellt. Die RAF ist sich des Terrains, auf dem sie kämpfen will, Deutschland, und seiner Besonderheiten wohl bewußt. Allerdings nur was dessen staatliche Verfaßtheit betrifft – nicht was seine Bevölkerung angeht.

Hatte Ulrike Meinhof noch 1968 in KONKRET aus Anlaß der zehnten Sendung von »Aktenzeichen XY ungelöst« auf die langanhaltende »Anhänglichkeit der Deutschen an ihren Führer« verwiesen, deren Judenhaß, deren besondere Schwierigkeiten mit unterdrückten Aggressionen und die daraus resultierende permanente Suche nach neuen Sündenböcken, kennt die RAF im »Konzept Stadtguerilla« und den darauffolgenden Texten nur noch das Volk, die Massen und den Klassenfeind. Daß der Nationalsozialismus mit seiner Ideologie der Volksgemeinschaft Sympathien bis weit in die Arbeiterschaft hatte, daß der Antisemitismus nicht von oben kommandiert werden mußte, daß der Massenmord an Behinderten auch von Teilen der Bevölkerung geduldet und unterstützt wurde und nicht nur die Bourgeoisie Kriegsverbrechen beging – auf die politische Analyse der deutschen Verhältnisse der RAF hat das keinen erkennbaren Einfluß.

In der im April 1972 ein knappes Jahr nach dem »Konzept Stadtguerilla« veröffentlichten Schrift »Stadtguerilla und Klassenkampf« analysiert die RAF den Chemiearbeiterstreik 1971 als Ausdruck »subjektiv verschärfter Kampfbereitschaft (bei) objektiv verminderte(r) Kampfkraft« und resümiert erste Erfolge des illegalen Kampfes: »Sie (die Herrschenden, Anm. O. T.) sind gezwungen, ihre eigene Ordnung zu brechen und als das aufzutreten, was sie sind: als Feinde des Volkes.« Die RAF dagegen will, Mao folgend, »dem Volke dienen«, in ihrem Fall dem deutschen Volke, das in ihren Augen zwar durch besonders korrumpierte Organisationen der Arbeiterbewegung und geringe Widerstandskraft ausgezeichnet ist, sich ansonsten aber wenig von anderen Völkern unterscheidet.

Anders als in späteren Texten nehmen die RAF-Mitglieder in den beiden noch »draußen« verfaßten »Konzept Stadtguerilla« und »Stadtguerilla und Klassenkampf« die bundesdeutschen Verhältnisse als Ausgangspunkt für die Entwicklung der eigenen politischen Konzeption. Zwar wird in ihnen schon eine Analyse des Nationalsozialismus deutlich, in der Staat und Kapital als die Allein-Verantwortlichen benannt werden, die Um-Schuldung zu Lasten der USA, die Stilisierung des US-Imperialismus zum Hauptfeind der Menschheit findet aber noch keinen Niederschlag. Das ändert sich erstmals 1972 in der Erklärung des »Kommando 15. Juli« zum Bombenanschlag auf das Hauptquartier der US-Armee in Heidelberg, wo der Zentralcomputer installiert ist, mit dem die US-Air-Force-Einsätze gegen Nord-Vietnam koordiniert werden. Der Anschlag ist Teil der sogenannten Mai-Offensive – der ersten großen RAF-Aktionen nach der Befreiung von Andreas Baader.

Um das Ausmaß des Schreckens, das die USA über Vietnam bringen, anschaulich zu machen, rührt die RAF an alte Erinnerungen: Die Amerikaner werfen im Vietnamkrieg noch mehr Bomben als im Zweiten Weltkrieg auf Deutschland und Japan; es trifft, erklärt die Guerilla den Deutschen, die Vietnamesen noch härter als sie selbst damals. »Das ist Genocid, Völkermord, das wäre die ›Endlösung‹, das ist Auschwitz.«

Das für den Nationalsozialismus wesentliche Verbrechen wird im Zuge antiimperialistischer Propaganda nach Südostasien verlagert, aus den Siegern von einst, von denen sich die meisten Deutschen nie befreit fühlten, werden die Verbrecher der Gegenwart und der Zukunft. Die RAF ist zuversichtlich, daß diese Agitation verfängt und erklärt deswegen zusätzlich, warum die Bundesdeutschen, immerhin die Erfinder der Blockwart-Mentalität, den Fahndungsapparat der BRD im Stich lassen werden: »Die Menschen in der Bundesrepublik unterstützen die Sicherheitskräfte bei der Fahndung nach den Bombenattentätern nicht, weil sie mit den Verbrechen des amerikanischen Imperialismus und ihrer Billigung durch die herrschende Klasse hier nichts zu tun haben wollen. Weil sie Auschwitz, Dresden und Hamburg nicht vergessen haben ...«

Was aberwitzig ist, die Bombenangriffe der Alliierten auf Deutschland, die diesen von den Nationalsozialisten begonnenen und gnadenlos geführten Krieg beenden sollen, mit dem beispiellosen industrialisierten Völkermord gleichzusetzen, macht im Verständnis der RAF durchaus Sinn. In »Stadtguerilla und Klassenkampf« haben sie, um die besonderen Schwierigkeiten der Guerilla hierzulande zu verdeutlichen, eine ganz eigene Sicht auf Urheber und Wirkung der nationalsozialistischen Verbrechen präsentiert: »(Unsere Strategie) wird dadurch nicht falsch, daß das System es uns unendlich schwer macht, die Guerilla in den Massen zu verankern... Was erwarten die Genossen eigentlich in einem Land, das Auschwitz hat widerstandslos über sich ergehen lassen?«

Die Deutschen sind nicht, »das Land« ist nicht verantwortlich für die Vernichtung der Juden in Europa, sie erscheinen in der Sicht der RAF nicht als Täter, sondern als Mit-Opfer, die dieses einzigartige Verbrechen »des Systems« so haben »über sich ergehen lassen« wie die Bombenangriffe der Alliierten (das allerdings nicht ganz so passiv, wie die RAF meint: Die deutsche Jugend betätigte sich engagiert als Flakhelfer).

Die Haltung der Bevölkerung während des Nationalsozialismus, der in den linksradikalen Texten immer nur als Faschismus bezeichnet wird, beschäftigt die RAF-Mitglieder auch in den folgenden Jahren. Ihre Bewertung verändert sich allerdings nicht wesentlich – die Analyse wird lediglich zugespitzt. In einem Interview mit dem »Spiegel« während des dritten Hungerstreiks 1975 machen die Gefangenen aus der RAF bewußt, daß es »hier nicht wie in Frankreich, Italien, Jugoslawien, Griechenland, Spanien, selbst Holland massenhaften, bewaffneten antifaschistischen Widerstand gegeben (hat)«. Um dann fortzufahren: »Ansätze dazu sind seit 45 von den Westalliierten sofort zerbrochen worden.« Im Interview wird nicht verraten, aber auch seitens der ansonsten sehr interventionsfreudigen »Spiegel«-Interviewer nicht nachgefragt, was das denn für ein »massenhafter, bewaffneter antifaschistischer Widerstand« gewesen sein soll, dessen Ansätze von den Westalliierten »seit 45« zerbrochen worden sind. Unmißverständlich ist auf jeden Fall: Die Westalliierten werden im nachhinein mindestens zu Mitverantwortlichen für das Ausbleiben einer militanten antinazistischen Opposition gemacht. Vor allem wird ihnen die Restauration im Nachkriegs-Deutschland angelastet.

Die im Stammheim-Prozeß als »Erklärung zur Sache« von den Angeklagten Gudrun Ensslin, Jan Carl Raspe, Andreas Baader und Ulrike Meinhof vorgetragene »Geschichte der BRD« radikalisiert 1976 diese Interpretation: Selbst der Nationalsozialismus wird dort zur Funktion in den Plänen der »Strategen des US-Imperialismus«, deren Kalkül gewesen wäre, »die Sowjetunion durch die faschistischen Armeen vernichten zu lassen«. Erst als dieses Projekt offensichtlich scheiterte, wären, so die RAF, die USA zum Kriegseintritt bereit gewesen, um zu verhindern, daß »die Gegenoffensive der sowjetischen Armee die Kräfteverhältnisse in Europa umwälzen würde«. Die »Erklärung zur Sache« bleibt auch die Erklärung dafür nicht schuldig, warum die USA den komplizierten Weg gingen, ihren eigentlichen Verbündeten, den Faschismus, erst zu besiegen, um ihn dann für die eigenen Interessen einzuspannen – angesichts des von der RAF konstatierten hohen Maßes an politischer Übereinstimmung und ökonomischer Verflechtungen hätte ja nähergelegen, direkt zusammenzuarbeiten. Dagegen stand das deutsche Proletariat. Weswegen die USA auch nicht »die deutschen Industrieanlagen, die übrigens teilweise sowieso den US-Konzernen ... gehörten«, bombardierten, sondern »die Wohnviertel der Bevölkerung« als Ziele für die »Terrorbombardements« auserkoren, um so »die Deutschen insgesamt mit dem faschistischen Staat zu identifizieren« und »die totale Demoralisierung und präventive Ausschaltung jedes Widerstandes in Deutschland gegen die Pläne des US-Imperialismus zu erreichen ... Die militärische Eroberung und Besetzung Westdeutschlands 1945 bedeutete für die Arbeiter, daß nach zwölf Jahren Faschismus, Gestapo und KZs ihre Bedürfnisse weiterhin und erneut unterdrückt wurden – jetzt von den ›Besatzer-Bajonetten und den Gewehren des Terrors‹ des US-Imperialismus.«

Die RAF stellte sich mit dieser Sicht des Nationalsozialismus, der Rolle der USA und der Nachkriegszeit nicht außerhalb der bundesdeutschen Linken. Aus der Erkenntnis, »Kapitalismus führt zum Faschismus«, die Ende der sechziger Jahre gegen die übliche Behauptung, Hitler und ein paar Verrückte wären am Nationalsozialismus schuld gewesen, gesetzt wurde, folgte in der Regel, daß die bewußte und aktive Beteiligung weiter Teile der Bevölkerung an den Verbrechen des NS-Regimes ausgeblendet wurde. Indem so, im Kurzschluß und ganz abstrakt, der Kapitalismus zum Verantwortlichen für den Nationalsozialismus gemacht wurde, wurde das spezifisch Deutsche negiert. Die USA, als zu diesem Zeitpunkt ungleich einflußreichere kapitalistische Macht, konnten problemlos ins Zentrum der politischen Kritik gerückt werden. Schon Rudi Dutschke hatte auf dem »Internationalen Vietnam-Kongreß« im Februar 1968 die US-Truppen in der Bundesrepublik unwidersprochen als »amerikanische Besatzungsarmee« bezeichnet, und Bernd Rabehl hatte 1967 die marxistische Linke sogar aufgefordert, »Ansätze des Nationalismus weiter(zu)treiben, gerade auf den neuralgischen Punkt, daß Deutschland geteilt wurde durch den Bundesgenossen USA«. Die Politisierung vieler Menschen in der APO gegen den Vietnamkrieg, in dem die USA der Aggressor war und brutale Kriegsverbrechen beging, war eine wichtige Ursache für diese gegen die USA gerichtete Akzentsetzung militanter Politik in Deutschland. »Der Internationalismus der Studentenbewegung bestand im übrigen in aller Regel, was zumeist übersehen wird, darin, den nationalen Kampf eines Landes, das gleichzeitige Ringen um soziale Befreiung und nationale Unabhängigkeit, zu unterstützen. Die fast paradoxe Aufgabe internationaler Solidarität war es also, vor allem nationale Kämpfe zu stärken. Erreicht werden sollte die Beendigung von Fremdherrschaft«, erinnert sich Wolfgang Kraushaar in einem Aufsatz über »Rudi Dutschke und die Wiedervereinigung – Zur heimlichen Dialektik von Nationalismus und Internationalismus« (»Mittelweg 36«, 2/92).

Die RAF, deren Kader sich im Rahmen ihrer Auseinandersetzung mit dem Faschismus auch mit der Widerstandstradition von Teilen der deutschen Arbeiterbewegung beschäftigt haben, sieht keinen Unterschied zwischen der US-Politik gegenüber den lateinamerikanischen Staaten oder auch Vietnam und der »Fremdherrschaft«, die in der Bundesrepublik ausgeübt wird. Umstandslos wird das begriffliche Instrumentarium des Theoretikers des afrikanischen nationalen Befreiungskampfes Frantz Fanon auf die Situation der BRD übertragen: »Der Begriff für die militärische Besetzung eines Landes und die Unterwerfung seiner Bevölkerung mit dem Ziel ihrer Ausbeutung. Kolonisierung ist immer wesentlich charakterisiert durch den Versuch der Besatzungsmacht, die Identität des unterworfenen Volkes zu vernichten, das Bewußtsein seiner historischen Existenz auszulöschen. Kolonisierung ist der Begriff für das, was die US-Besatzungsmacht nach 1945 in Westdeutschland gegen die Arbeiter durchgezogen hat... Die Besatzungsmacht trat der deutschen Bevölkerung in der Reeducation-Kampagne nicht anders gegenüber als kolonialistische Eroberer der autochthonen Bevölkerung eines besetzten Landes in der dritten Welt.« Das Resümee: »Mit dem BRD-

Staat produzierte der US-Imperialismus 1945/49 seinen soundsovielten – damals wohl 31. – Bundesstaat.«

Auch wenn in dem Text immer mal wieder »die Arbeiter« oder »das Proletariat« als die eigentlichen Unterdrückten vorkommen, ist offensichtlich, daß der antiimperialistische und der nationale Kampf im Verständnis der AutorInnen längst eine unauflösbare Symbiose sind – der Imperialismus-Begriff ist ohne die USA, die auch nicht als Klassengesellschaft analysiert, sondern nur als Moloch, als »Führungsmacht des Weltsystems« dargestellt werden, nicht mehr denkbar. Der antiimperialistische Kurzschluß der siebziger Jahre bewirkt, daß die Erfahrungen der kleinen Nationen des Trikont, deren Kämpfe man unterstützt, auf die eigenen deutschen Verhältnisse übertragen werden, weil auch hier, nach dem Einmarsch der Alliierten, keine Revolution stattfand, sondern der Kapitalismus fortgeführt wurde.

Die verharmlosende und verfälschende Analyse des Nationalsozialismus als lediglich zugespitzter Herrschaftsform des Kapitalismus und ein auf deren imperialistische Interessen verengter Blick auf die US-Politik ergänzen und verstärken sich auf fatale Weise. Das Ergebnis ist eine Sicht der Situation im Nachkriegs-Deutschland, die in verblüffender Weise der Selbstentlastungsstrategie der meisten Deutschen damals entspricht. Die eigene Misere wird nicht etwa mit dem Krieg und als Folge des von der überwiegenden Mehrheit der Deutschen geduldeten oder gar unterstützten Nationalsozialismus erklärt, sondern als Fehler der Besatzungsmächte interpretiert.

Lutz Taufer, Gefangener aus der RAF, wählt eine sehr deutschenfreundliche Formulierung, wenn er heute (in einem Aufsatz für den Band »Odranoel«) in der Tradition der frühen RAF-Erklärungen schreibt: »Der Bevölkerung war in gewisser Weise bewußt, daß die Nazis ohne die Komplizenschaft der Deutschen Bank und Mercedes-Benz, von IG-Farben und Krupp nie an die Macht gekommen wären, nie ihre Verbrechen hätten begehen können.« In »gewisser Weise« mag der Bevölkerung auch bewußt gewesen sein, daß auch sie selbst als

Komplizin des Nationalsozialismus gehandelt hat – ein Schuldbewußtsein folgte daraus so wenig wie die richtigen Konsequenzen. Taufer erwähnt die »über 70 Prozent der hessischen Bevölkerung, die sich in einer Volksabstimmung für die Sozialisierung der Schlüsselindustrien sowie staatliche Aufsicht über die Großbanken aussprachen«. Daß er die Verantwortung dafür, daß diese Programme nicht umgesetzt wurden, umstandslos allein auf das Konto der USA verbucht – »selbstverständlich wischten die USA das Ergebnis vom Tisch« –, ist so falsch wie in diesem Fall das Ergebnis einer Volksabstimmung als Beweis dafür zu nehmen, daß sich »in der Arbeiterklasse und in der Bevölkerung« wenigstens im nachhinein ein »Antifaschismus und Antikapitalismus« entwickelt hätte, wenn das Diktat der Siegermächte die Ansätze dazu nicht zerschlagen hätte.

Die historische Forschung über die Entwicklung Deutschlands in den Nachkriegsjahren kann hier nicht, auch nicht kursorisch, wiedergegeben werden. Festzuhalten ist aber, daß es in den USA nach dem Tod Roosevelts unter Präsident Truman einen Kurswechsel gegeben hat und daß es zwischen War Department einerseits und State Department andererseits sowie innerhalb der OMGUS (Office of Military Government for Germany) und zwischen Teilen des OMGUS und den US-Wirtschaftseliten zum Teil erbitterte Auseinandersetzungen über die Besatzungspolitik gegeben hat. Der Historiker John Gimbel bilanziert in seinem Aufsatz »Amerikanische Besatzungspolitik und deutsche Tradition«: »Erfolge traten ein, wenn die Politik der Amerikaner mit der der Deutschen übereinstimmte, Mißerfolge, wenn die Deutschen sich sträubten, nach amerikanischen Wünschen zu handeln«.

Unbezweifelbar ist auch, daß der weitaus größte Teil der deutschen Bevölkerung nach der Niederlage eher im Sinn hatte, sich aus der Geschichte und der Verantwortung für die Verbrechen zu stehlen, von denen er, solange es ging, profitiert hatte. Die OMGUS-Untersuchungen 1945–49 ergaben, daß mehr als 70 Prozent der Befragten eine Gesamtverantwortung der Deutschen für den Krieg ablehnten. Kurt Schumacher machte sogar die Alliierten für Hitler mitverantwortlich, denn hätten die Alliierten Hitler so behandelt, wie sie jetzt die Deutschen behandelten, »wäre Hitler niemals eine Gefahr für die Welt geworden«. Auch der von 1946 stammende Bericht von Herman Knüfken, einem anarcho-syndikalistischen Widerstandskämpfer aus der Internationalen Transportarbeiter-Föderation, der sich nach dem Krieg für einen Neuaufbau der Gewerkschaften ohne belastete Funktionäre des alten ADGB engagierte, charakterisiert die Mentalität im Nachkriegs-Deutschland: »There is still a very strong Germanic sentiment amongst the workers, wich seems to be growing, and unless curtailed now, might result in the adherence of the Workers Group to the old Nazi Organisations, unless the International Organisations get control of the re-building of the German Organisations« (zit. n. Dieter Nelles, Herman Knüfken, in »1999«, 3/92).

Es bedurfte nicht, wie die RAF damals behauptete und Lutz Taufer heute unterstellt, einer »Kollektivschuld-These«, um der Bevölkerung »einen ersten Anlaß (zu bieten), Auschwitz nach 45 so zu verdrängen, wie sie Auschwitz vor 45 sorgfältig übersehen, wo nicht begrüßt hatte« (Taufer). Die Verdrängung und später Relativierung der beispiellosen deutschen Verbrechen war eine originär deutsche Leistung, keine »amerikanische Verdrängungslösung« (Taufer). Es gab den Kollektivschuld-Vorwurf schon kurz nach dem Krieg nur noch in der Phantasie derer, die ihm entgegentraten. Der der Sympathie für den US-Imperialismus unverdächtige Günther Anders erklärt das so: »In der Tat führt Ihr Euch so auf, als wenn wir Euch pausenlos den Vorwurf der ›Kollektivschuld‹ entgegenschleuderten. Und das tut Ihr deshalb, weil Ihr den Begriff benötigt ... weil Ihr wünscht, die Chance zu haben, ihn abweisen zu können und Euch durch diese Abweisung ins Recht setzen zu können. Gäbe es das Wort nicht, würdet Ihr es erfinden, um es zu bekämpfen« (zit. n. »Kritik und Krise« 4-5/91). Die RAF brauchte es auch – um ihrem Widerstand gegen den US-Imperialismus eine zusätzliche nationale Legitimation zu verschaffen und um ihr auf den Kampf zwischen Staat und Eliten auf der einen, Bevölkerung auf der anderen Seite reduziertes Gesellschaftsmodell zu bewahren. Daß die deutsche Gesellschaft geprägt ist durch die beharrliche Zuweisung aller Schuld an »Auswärtige«, durch das Mitläufertum, das Gefühl, stets und immer von anderen um den verdienten Wohlstand, um Ruhe und Ordnung betrogen zu werden, ist für die RAF kein Thema. Die einzigartigen Verbrechen des Nationalsozialismus werden in eine glatte, alle Besonderheiten einebnende Analyse, in der »das imperialistische System« zum schlimmsten Feind der Menschheit wird, eingepaßt und dadurch, wenn auch unfreiwillig, verharmlost.

»Der Nationalsozialismus war nur die politische und militärische Vorwegnahme des imperialistischen Systems der multinationalen Konzerne«, heißt es folgerichtig in der 1972 in Isolationshaft von Ulrike Meinhof verfaßten RAF-Schrift »Die Aktion des Schwarzen September in München/Zur Strategie des antiimperialistischen Kampfes«, die die antisemitische Vernichtungspolitik – »raffgierig wie die Kapitalistenklasse nun einmal ist ... ging sie das Bündnis mit dem alten absterbenden Kleinbürgertum ein, lud sich dessen irrationalen Antisemitismus auf« – als Nebensächlichkeit abhandelt und gleichzeitig selbst mit schneidendem Tonfall gegen Israel antisemitisch agitiert: »Brandt, Genscher, Merck, Vogel, Daume ... hatten nur ein Ziel, nur ja dem Moshe-Dayan-Faschismus (Dayan war damals israelischer Verteidigungsminister, Anm. O. T.) – diesem Himmler Israels – in nichts nachzustehen ... Israel vergießt Krokodilstränen. Es hat seine Sportler verheizt wie die Nazis die Juden – Brennmaterial für imperialistische Ausrottungspolitik«.

Deutsche Politiker müssen ihre Verbrechen israelischen Militärs abgucken, die Vernichtungsöfen werden indessen von Juden betrieben, und von Palästinensern ermordete Sportler sollen Brennmaterial imperialistischer Ausrottungspolitik sein. Die antiimperialistische Solidaritätsadresse gerät zum politischen Offenbarungseid: Angesichts der Geiselnahme und Ermordung der israelischen Sportler in Deutschland nationalsozialistischen

Völkermord und israelische Politik gleichzusetzen, Moshe Dayan als Heinrich Himmler Israels zu denunzieren ist eine schwer zu überbietende deutsche Verdrängungsleistung. Die damit verbundene Verwirrung der Begriffe und, indem die Geiselnahme von Israelis als antifaschistische Tat gelobt wird, Umwertung linker Werte verhindert auch die Wahrnehmung deutscher Wirklichkeit, in der sich längst wieder antisemitische Tendenzen zeigen und in der die nationalistische Rechte unter Führung von Franz Josef Strauß danach drängt zu zeigen, daß sie durchaus mehr und Schlimmeres kann »als Genossen abknallen« (bei der Fahndung nach RAF-Mitgliedern sind bis dahin Petra Schelm, Thomas Weißbecker, Georg von Rauch und Ian McLeod von polizeilichen Sonderkommandos erschossen worden).

Der Ursprung dieser desolaten Entwicklung, die ab 1972 ausgerechnet eine Gruppe aus der Studentenbewegung, deren Politisierung sich gegen die Verlängerung des Nationalsozialismus in die deutsche Gegenwart richtete, zu den radikalsten Verharmlosern der deutschen Verbrechen werden läßt, liegt bereits im »Konzept Stadtguerilla«: »Der sozialistische Teil der Studentenbewegung nahm ... sein Selbstbewußtsein aus der richtigen Erkenntnis, daß ›die revolutionäre Initiative im Westen auf die Krise des globalen Gleichgewichts und auf das Heranreifen neuer Kräfte in allen Ländern vertrauen kann‹ (These 55 von il manifesto). Sie machten zum Inhalt ihrer Agitation und Propaganda das, worauf man sich angesichts der deutschen Verhältnisse hauptsächlich berufen konnte: daß gegenüber der Globalstrategie des Imperialismus die Perspektive nationaler Kämpfe internationalistisch zu sein hat, daß erst die Verbindung nationaler Inhalte mit internationalen, traditioneller Kampfformen mit internationalistischen revolutionäre Initiative stabilisieren kann. Sie machten ihre Schwäche zur Stärke, weil sie erkannt hatten, daß nur so erneute Resignation, provinzialistische Abkapselung, Reformismus, Volksfrontstrategie, Integration verhindert werden können – die Sackgassen sozialistischer Politik unter post- und präfaschistischen Bedingungen, wie sie in der Bundesrepublik und Westberlin bestehen.«

Die »post- und präfaschistischen Bedingungen« in der Bundesrepublik und Westberlin werden nicht in den Mittelpunkt der eigenen Politik gestellt, nicht sie zu beseitigen wurde zur Voraussetzung für die Entfaltung eines revolutionären Kampfes genommen, die Internationalisierung des Engagements, das »Vertrauen in das Heranreifen neuer Kräfte in allen Ländern« sollten aus der Sackgasse führen, die durch die objektive Situation in der BRD bestand. Daß dabei »nationale Kämpfe« und »nationale Inhalte« die Basis abgeben sollten, der Internationalismus nicht als Zerstörung des Nationalismus verstanden wurde, sondern ihm die Perspektive vorgeben sollte, erwies sich als zweiter fataler Fehler. Internationalismus und Antiimperialismus sollten die eigene »Schwäche in Stärke« verwandeln und markierten damit von vornherein eine Fluchtbewegung vor den Verhältnissen im eigenen Land, die nicht darauf hin untersucht wurden, inwieweit sie sich von der Situation in den lateinamerikanischen, asiatischen oder afrikanischen Staaten unterschieden. Im Zentrum stand die verzweifelte Suche nach Identifikationsmöglichkeiten – was dazu führte, daß auch unbedeutende Widersprüche zwischen Regierten und Regierenden, sogar das Ausbleiben von »worst case scenarios« zu Ansatzpunkten für revolutionäre Initiative zurechtinterpretiert wurden. Im Abschnitt »Die Dialektik von Revolution und Konterrevolution« zog die RAF gegen die Kritiker des bewaffneten Kampfes (deren Kritik deswegen nicht unbedingt berechtigt war) zu Felde: »Sie sehen in dem Bullen mit der MP nur den Bullen mit der MP, nicht das Ausbleiben faschistischer Massenaufmärsche; sie sehen in dem Terror gegen uns nur den Terror, nicht die Angst vor der sozialen Explosion, die sie ›im Keim ersticken‹ müssen ... sie sehen in der hohen Selbstmordquote des Proletariats nur den Akt der Verzweiflung nicht den Protest. Sie sehen in unserer Isolierung von den Massen nur unsere Isolierung von den Massen, nicht die wahnwitzigen Anstrengungen, die das System unternimmt, um uns von den Massen zu isolieren.«

1982, Ulrike Meinhof, Andreas Baader, Jan Carl Raspe, Gudrun Ensslin und Ingrid Schubert sind unter bis heute nicht restlos aufgeklärten, eher gegen als für Selbstmord sprechenden Umständen in bundesdeutschen Gefängnissen gestorben (siehe dazu S. 62 ff.), Holger Meins und Sigurd Debus sind im Verlauf von Hungerstreiks und durch medizinisch fragwürdig durchgeführte Zwangsernährungen zu Tode gekommen, veröffentlicht die RAF erneut einen grundlegenden Text, das sogenannte Mai-Papier, mit dem das Konzept der »Antiimperialistischen Front« propagiert werden soll. Zwar wird in der Einleitung festgestellt: »Nach 77 war nichts mehr wie vorher. Der Staat nicht, die Linke nicht, die Rolle der BRD in der internationalen Politik nicht.« Doch wer neugierig geworden sein sollte, wird enttäuscht. Tatsächlich klingt alles, wenn auch mit anderen Worten, wie vorher. »Steilansteigende Selbstmorde« sind zwar nicht mehr ein Ausdruck des Protestes sondern des Hasses, und die BRD ist mittlerweile zum Kernstaat in Europa avanciert, aber die SPD ist nach wie vor der lange Arm der USA, die Konservativen sind bedeutungslose Spinner, und nach wie vor »kann das nationale Kapital gegenüber der hegemonialen, der amerikanischen Linie keine eigene Politik formulieren... wenn man nicht die provinziell-bornierten Varianten Kohls, Albrechts usw. oder das Grand Design von Strauß, aus dem seit über 20 Jahren nichts wird, dafür halten will«.

Verändert hat sich allerdings die Zusammensetzung der Gruppe: Einige sind in der DDR abgetaucht, andere sind verhaftet. Die Neuzusammensetzung der RAF geht so weit, daß, wie sie im August-Papier 1992 mitteilt, nach 1984 niemand mehr dabei ist, der das Mai-Papier 1982 mitverfaßt hat. Verändert hat sich auch die Einschätzung der internationalen Lage. Michi Dietiker, Bernhard Rosenkötter und Ali Jansen, Gefangene aus dem Widerstand, fassen das in ihrem Text »Über das Schleifen von Messerrücken« zusammen: »Die Vorstellung einer auf Messers Schneide stehenden ›instabilität des imperialistischen systems‹ wurde von der RAF erst 1982 im sogenannten Mai-Papier zu einer grundlegenden und strategiebestimmenden Einschätzung erklärt.«

Alles, was in der bundesdeutschen Gesellschaft anders geworden ist, findet im Mai-Papier nicht einmal Erwähnung: Massenarbeitslosigkeit, die Krise der sozialdemokratischen Regierungspolitik, Stimmengewinne für die CDU/CSU, die Parlamentarisierung der einstmals außerparlamentarischen Opposition, der Wechsel vom antimilitaristischen zum ökologischen Paradigma in der Anti-AKW-Bewegung, das nationale Erwachen der Friedensbewegung (ausführlicher dazu: Oliver Tolmein/Detlef zum Winkel, nix gerafft – Zehn Jahre Deutscher Herbst und der Konservativismus der Linken, Hamburg 1987).

Was sich beim fehlgeschlagenen Attentat des Kommandos Andreas Baader 1979 auf den NATO-Oberbefehlshaber Alexander Haig und 1981 bei den Angriffen auf das Hauptquartier der US-Air-Force in Ramstein und später auf den US-General Kroesen andeutete, wird von der RAF 1982 mit dürren Worten festgeschrieben: Nicht einmal der Deutsche Herbst, die innere Mobilmachung der Deutschen und ihre bedingungslose Bereitschaft, die Diktatur des Krisenstabs als ihre Demokratie zu loben, die freiwillige Selbstausschaltung der kritischen Öffentlichkeit und die Gnadenlosigkeit der Verantwortlichen gegenüber einem der ihren, dem früheren SS-Offizier Hanns-Martin Schleyer, der erste Kampfeinsatz einer bundesdeutschen Truppe im Ausland, der der GSG 9 in Mogadischu, haben die RAF ihre Sicht Deutschlands als US-Kolonie, als besetztes Land revidieren und seine kaum gebändigte, ganz eigenen Interessen folgende Aggressivität erkennen lassen.

Zwar wird im Mai-Papier am Ende eingeräumt, in Stammheim und Mogadischu sei »der offen reaktionär auftretende imperialistische Staat, der den Vergleich mit seiner faschistischen Vergangenheit nicht mehr scheute, sondern feierte« aufgetreten. Angesichts des Faschismus-Begriffes der RAF heißt das allerdings wenig und hat tatsächlich auch keine Konsequenzen für die Ausrichtung des für die achtziger Jahre als Strategie entwickelten Front-Konzeptes, das darauf zielt, die vermeintlich günstige Gelegenheit, daß der »US-Imperialismus ... in seiner historischen Krise, in der es seit 40 Jahren zum ersten Mal um seinen Existenz geht«, aufzugreifen. Die Einschätzung, daß das »imperialistische System« als Ganzes auf Messers Schneide stehe, erweist sich so als antiimperialistisches Pendant zum Katastrophismus der Ökologie- und dem zusehends auf den »nuklearen Holocaust« fixierten Blick der Friedensbewegung.

Was seit »Stadtguerilla und Klassenkampf« ohnedies nicht mehr getan wurde, »die inneren Veränderungen hier im einzelnen zu analysieren« (Mai-Papier), wird jetzt auch programmatisch für unnötig befunden: »Wir stellen einfach fest: Fundamentalopposition ist mit diesem System wie nie zuvor grundsätzlich fertig.« – »Damit waren dem Front-Konzept von vornherein die Grenzen gesetzt, an denen es auflaufen mußte«, konstatieren 1992 Michi Dietiker, Ali Jansen und Bernhard Rosenkötter in »Über das Schleifen von Messerrücken«. Sie können der Politik der Guerilla aber auch einen positiven Aspekt abgewinnen: »Trotzdem hat sich auf dieser Grundlage in den 80er Jahren breiter Widerstand entwickelt, Ansätze zu einer revolutionären Bewegung wie in keinem anderen europäischen Land zu dieser Zeit. Eine Entwicklung, die ohne den Kampf der Guerilla so sicher nicht stattgefunden hätte. Trotz der Fehler in der Analyse, der fehlenden wirklichen Verankerung war der Kampf der RAF eine wichtige Orientierung für viele: Die Existenz einer grundlegenden und unversöhnlichen Opposition in einem System, das alle Veränderungsimpulse, alle Subkulturen so umfassend aufschluckt ... umbiegt oder abblockt.«

Wenigstens aus heutiger Sicht wäre zu fragen, ob die (relative) Breite der Protestbewegung in den achtziger Jahren, bei allen gravierenden Unterschieden, die es zwischen den einzelnen Teilbereichbewegungen und den politischen Grundströmungen gab, nicht zu einem wesentlichen Teil darauf zurückzuführen sind, daß es in Deutschland einen gemeinsamen Feind gab, den die Linke in anderen europäischen Ländern *so* nicht hatte: die USA. Ob also auch der linksradikale Widerstand seine Mobilisierungsfähigkeit nicht zu einem wesentlichen, wenn auch unbewußten Teil aus nationalen Gefühlen speiste – und auch deswegen heute, da Deutschland wieder souverän deutsch ist, in Ermangelung eines zugkräftigen und gleichzeitig außerhalb zu verortenden Feindbildes seine Orientierung verloren und Stärke eingebüßt hat.

Großmacht Deutschland

Der Antiimperialismus der RAF, der auch ihre Aktionen bestimmt, hat jedenfalls, aus den Bekennerschreiben läßt sich das ohne große Mühe herauslesen, einen national-revolutionären Unterton. Insofern ist sie der Friedensbewegung in ihren Zielen, zum Beispiel der Souveränität Deutschlands, näher, als es den Anschein hat. Der bewaffnete Kampf ist in seinen Mitteln zwar kompromißlos und insofern propagandistischer Gegner Nr. 1 der BRD, tatsächlich ist die Opposition aber nicht grundlegend – weil sie an den Grundlagen der Politik seit der »Wende«, dem Versuch, Deutschland »aus Hitlers Schatten treten« zu lassen, ein Nationalbewußtsein zu rekonstruieren und die letzten von den Siegermächten durchgesetzten politischen Beschränkungen abzuschütteln, gar nicht rührt, sie nicht einmal wahrnimmt.

Die RAF schreibt in ihrem Papier vom August 1992, ab 1984 habe sie die »Angriffsrichtung« verändert: »Es wurde damals immer deutlicher, daß Westeuropa mit der BRD an der Spitze zur Weltmacht aufsteigen wird.« Tatsächlich werden ab 1985 mit dem MTU-Manager Ernst Zimmermann, dem Vertrauten des Außenministers Gerold von Braunmühl und dem Siemens-Vorstandsmitglied Karl-Heinz Beckurts Vertreter der deutschen politischen und ökonomischen Elite Opfer der Attentate (den Anschlag auf die US-Air-Base und die Ermordung des GIs Edward Pimental – siehe S. 123 ff. – wertet die RAF selbst im nachhinein als Ausnahme und schweren Fehler). Die harte Haltung gegenüber den Gefangenen wird aber weiterhin wie bisher als »die US-Linie« qualifiziert (in der auf den 2. Februar 1985 datierten Aufforderung an die Hungerstreikenden, den Streik zu beenden) – gerade so, als ob der traditionsreiche deutsche Sicherheitsapparat nicht selbst über ein ausreichendes Reservoir an Erfahrung, wie der politische Gegner niederzuhalten, zu foltern und zu vernichten wäre, verfügte.

Im Aufstieg der BRD und Westeuropas wird auch nicht die Gefahr einer späten Realisierung deutscher Großraum-Pläne gesehen, so wenig, wie er als Resultat der Auseinandersetzung konkurrierender imperialistischer Staaten verstanden wird. Die USA bleiben in der Sicht der RAF die Führungsmacht, die schematische Vorstellung vom »imperialistischen Weltsystem« prägt weiterhin ihr Denken. Der Hegemonie-Verlust der USA resultiert, so formuliert im Bekennerschreiben nach dem Anschlag auf Karl-Heinz Beckurts, »aus der (internationalen, Anm. O. T.) Dialektik der Klassenkämpfe und der Zuspitzung des Elends, der Widersprüche gegen Völkermord, Hunger und Zerstörung menschlicher Substanz in der imperialistischen Lebensrealität«.

Im Bekennerschreiben zum Anschlag auf den Vorstandsvorsitzenden der Deutschen Bank Alfred Herrhausen wird, ein Novum in der Geschichte der RAF, der US-Imperialismus nicht einmal erwähnt – allerdings wird auch nicht daran erinnert, daß es das »Office of Military Government for Germany, United States Finance Division« war, das nach der Niederschlagung des Nationalsozialismus die Liquidierung der Deutschen Bank gefordert hat. Die Chance, jetzt, angesichts eines sich zur alten Größe befreienden Deutschlands, die eigene Version von der Kolonisierung Deutschlands durch die USA zu korrigieren, festzustellen, daß das Engagement der »unmilitärischen Captains aus dem Finanzministerium Morgenthau« die »bankpolitische Restauration für Jahre in eine Warteposition abgedrängt (hatte) und damit wenigstens eine Fraktion des OMGUS eine »bruchlose Kontinuität« verhindert hatte (K. H. Roth im Nachwort zum OMGUS-Bericht über die Deutsche Bank), wurde nicht genutzt.

Herrhausen wurde »hingerichtet«, weil seine »Pläne gegen die Länder im Trikont... die Leiden der Völker (verlängern und verschärfen)« und weil unter seiner Regie die »Deutsche Bank (sich) zur europaweit größten Bank aufgeschwungen (hat). Sie hat ihr Netz über ganz Europa geworfen und steht an der Spitze der faschistischen Kapitalstruktur, gegen die sich jeder Widerstand durchsetzen muß.« Noch deutlicher wird die Position der RAF zum neuen Deutschland nach dem mißglückten Anschlag auf den Staatssekretär im Innenministerium Hans Neusel, der im diesmal ausführlicheren Bekennerschreiben in einer knappen Bemerkung als Mitverantwortlicher für die »menschenverachtende Flüchtlingspolitik« benannt wird, der »wenn auch indirekt die personelle Kontinuität des deutschen Faschismus vom 3. Reich zum ›Großdeutschland‹, das auf das 4. Reich zusteuert, (verkörpert)«. Nun läßt sich eine personelle Kontinuität nicht indirekt verkörpern – es wäre dann eine politische Kontinuität, die zu behaupten die RAF aber zu vorsichtig ist. Deswegen schreibt die Gruppe nicht einfach vom 4. Reich, sondern vom 4. Reich, auf das »zugesteuert wird«. Andere Gruppen und Leute aus dem autonomen, antiimperialistischen und kommunistischen Spektrum lehnen den Begriff 4. Reich unabhängig von der RAF sogar ganz ab. Nun ist Zurückhaltung bei Faschismus-Analogien angebracht, aber der Begriff »4. Reich« macht ja gerade die deutsche Kontinuität über das 2. und 3. Reich hinaus deutlich, verweist also auf die Restauration und behauptet keineswegs die Identität von wiedervereinigtem und nationalsozialistischem Deutschland.

Eigentümlich mutet an, daß gerade diejenigen, die in früheren Jahren so großzügig mit dem Etikett Faschismus umgegangen sind, gerade jetzt ängstlich bemüht sind, sich auf keinen Fall zu weit vorzuwagen. »Der dritte Überfall, den das deutsche Kapital in diesem Jahrhundert auf die Völker Europas führt, wird nicht mit militärischen Mitteln, sondern mit Mitteln der Wirtschaft und Politik geführt ... Es werden diesmal nicht Millionen Tote und ausgelöschte Dörfer sein, sondern Millionen entwürdigte und unterdrückte Menschen, die an der Zerstörung ihrer Lebensstrukturen und menschlichen Beziehungen verzweifeln und innerlich – in ihrer Seele – zugrunde gehen sollen.« Wer hätte an verzweifelten und seelisch zugrunde gegangenen Menschen, die damit nicht mehr produktiv sind, aber dafür als Kostenfaktoren ins Gewicht fallen, ein Interesse?

Die RAF scheut die Konsequenzen ihrer Erkenntnis: War sie angesichts der Mittelstreckenstationierung in der BRD schnell dabei, vor »fünf Millionen Toten bei uns« zu warnen, befürchtet sie jetzt, da diskutiert wird, wie die Bundeswehr wieder kriegsfähig gemacht werden könnte, nicht den Tod von Millionen: Die wären ja auch nicht »Tote bei uns«, sondern Opfer einer deutschen Soldateska in anderen Ländern. »Entwürdigte Menschen« dagegen gibt es hier wie dort. Der dritte kriegerische deutsche Überfall, der dann auch echte Tote, blutiges Gemetzel und hingeschlachtete Menschen zur Folge hätte (warum nicht), würde, das weiß auch die RAF, so wenig vom »deutschen Kapital« allein verübt werden wie die ersten beiden. Denn die deutschen Industriellen trugen zwar tatsächlich eine erhebliche Verantwortung für den Nationalsozialismus und dessen Politik, der Erste und Zweite Weltkrieg wurden aber keineswegs von ihnen alleine geführt, mitgemacht haben: eine kriegsbegeisterte deutsche Bevölkerung im Ersten Weltkrieg, eine siegeswillige Armee im Zweiten, eine planerische Intelligenz, die ihre Großraum-Planspiele in die Realität umsetzen wollte, etliche Berufs- und Bevölkerungsgruppen, die bereitwillig bis begeistert jeweils von einzelnen Erfolgen des nationalsozialistischen Deutschlands profitierten und sich an allen seinen Verbrechen beteiligten... Der konstruierte Gegensatz zwischen »deutschem Kapital« und den »Völkern Europas« sagt wenig über das deutsche Kapital, die ersten beiden Weltkriege, den Nationalsozialismus und die Gegenwart, aber viel über das starre Weltbild der RAF: Das Kapital gegen die Völker Europas, hier das kalte Geld und die böse Macht, dort das menschliche Leben.

Stimmig ist das so wenig wie die Beschreibung des Jugoslawien-Krieges, der ersten machtvollen außenpolitischen Intervention Groß-Deutschlands, als »Aufteilungskampf um Ressourcen, (als) Konkurrenzkampf um eine Chance für die

Anbindung an den kapitalistischen Weltmarkt, (der) zum blutigen Nationalitätenkrieg eskaliert (ist)«. (August-Papier 1992)

Gerade eine Gruppe, der der Befreiungskampf der Völker ein zentrales Anliegen ist, müßte die dem nationalen Bewußtsein innewohnende Aggression untersuchen, fragen, wie denn eine Eskalation vom Kampf um die Weltmarktanbindung zum Nationalitätenkrieg möglich sein kann. Aber schon die Beschreibung der Ausgangssituation ist falsch: Der Konflikt zwischen Kroaten, Serben und Bosniern war von vornherein nationalistisch bestimmt und folgt keiner rein ökonomischen Logik. Ein Krieg, der zunehmend von marodierenden Söldnerhaufen geführt wird, in dem Neonazis Legionen bilden, »ethnische Säuberungen« und Internierungslager auf allen Seiten existieren, läßt sich nicht in schematisierten ökonomischen Kategorien erfassen.

Daß der deutsche Staat »aus diesem Krieg die Rechtfertigung für militärische Einsätze der Bundeswehr ziehen« will, ist zwar richtig, beschreibt sein Interesse an diesem Konflikt aber nur unzulänglich. Die Bundesrepublik, die in diesem Konflikt gegen den erklärten Willen der USA und einiger EG-Staaten forcierend gewirkt hat, hat die Auseinandersetzung innerhalb der Bündnisse NATO und EG geprobt, sie versucht, die Position der deutsch-dominierten WEU gegen die NATO zu stärken, und beginnt damit, die Kräfteverhältnisse in Europa weiter so zu ihren Gunsten zu verschieben, daß langfristig eine Abkoppelung von den USA möglich erscheint. Es stimmt also eigentlich, wenn die RAF schreibt: »Die Politik der EG wie auch der NATO gegenüber diesem Krieg hat selbst für sie nicht mehr die Qualität einer Krisenbewältigung« – falsch ist nur das »mehr«: Auf dem Balkan tobt kein außer Kontrolle geratener Krieg, der als Krise zu bewältigen wäre. Die Auseinandersetzungen dort sind Teil einer sich abzeichnenden innerimperialistischen Konfrontation – und zeigen eine Bundesrepublik Deutschland, die mit Kroatien einen sich offen faschistisch organisierenden Staat zum Verbündeten erkoren hat.

Auch der ins August-Papier der RAF eingefügte Verweis auf den Golf-Krieg, der in gewisser Weise als Vorläufer des Bürgerkriegs im ehemaligen Jugoslawien dargestellt wird, trifft anders zu, als die RAF es glauben machen will. In beiden Fällen geht es für Deutschland weit mehr um die doppelte Entlastung von der eigenen Geschichte als um den eigenen Anteil an der direkten Intervention: Der Nationalsozialismus wird durch beharrliches Gleichsetzen überall verortet (nur nicht in Deutschland) – gleichzeitig fallen im Innern die letzten Beschränkungen, werden alte Großmacht-Pläne modernisiert und damit diskutabel.

Die RAF zielt allerdings auf etwas anderes: Zwar wird in dem Bekennerschreiben zu den Schüssen auf die US-Botschaft der »Konkurrenzkampf der imperialistischen Kern-Staaten« immerhin erwähnt, der BRD sogar zu Recht unterstellt: »Groß-Deutschland (will) endlich wieder freie Hand für die militärische Unterwerfung und Ausplünderung der Völker schaffen«, der Anschlag selbst richtet sich aber wie selbstverständlich gegen die USA. Verantwortlich gemacht für den Krieg wird »das imperialistische System«, und im August-Papier ist ebenfalls wieder nur von der »one world des Kapitals« die Rede. Passend zu dieser Imperialismus-Moloch-Theorie wird resümiert: »Diesem System ist jeder Hitler, Shamir, Özal, Pinochet, Cristiani und wie sie alle heißen, ein Freund, solange er – egal mit welchen Mitteln – die Interessen des internationalen Kapitals durchsetzt.« Daß direkt nach Hitler der damalige israelische Staatschef Shamir genannt wird, daß die Angriffe mit deutschem Giftgas auf Israel unerwähnt bleiben – das ist die charakteristische Verdrängungsleistung, die es auch möglich macht zu behaupten, daß »all die als Rassisten und Antisemitisten (Wortlaut im Original, O. T.) denunziert werden, die gegen diesen Völkermord aufgestanden sind«. Daß der Antisemitismus-Vorwurf keineswegs nur von Staatsseite oder aus dem Lager der KriegsbefürworterInnen erhoben wird, schert die RAF nicht – und auch heute, nachdem selbst Teile der RZ sich selbstkritisch zur militanten Praxis und Rhetorik der deutschen Linken gegenüber Juden und Israel geäußert haben, bleibt die RAF in dieser, übrigens nicht nur für die deutsche Linke, entscheidenden Frage borniert wie zu ihren Anfangszeiten.

Ähnlich wie in ihren Bemerkungen zum jugoslawischen Bürgerkrieg zeichnet die RAF in ihrem Bekennerschreiben zur Golfkriegs-Aktion auch im übrigen ein Bild, das keine ineinandergreifenden Formen kennt, sondern nur klar umrissene Blöcke. Daß der irakische Staat »einen Ausrottungsfeldzug gegen die Kurden geführt (hat)«, wird zwar bemerkt, auf die aktuelle Analyse hat das aber keinen Einfluß. Daß dieser Krieg kein »Völkermord« war, daß am ehesten noch die Massaker des irakischen Regimes an den Kurden nach der militärischen Niederlage (die von den Alliierten hingenommen wurden) diese Bezeichnung verdienen – das wird nicht einmal heute, im August-Papier 1992, eingestanden. Statt dessen wird das Engagement der Friedensinitiativen, gerade so, als hätte es sich kontinuierlich gehalten und nicht recht bald nachgelassen, insgesamt als großer Erfolg bewertet (auch damit steht die RAF allerdings keineswegs allein, siehe Tolmein/Zum Winkel, Herr P. und die Bombe, Hamburg 1991, S. 50 f.), der »den Herrschenden« signalisiert habe, »daß 100 000e hier nicht bereit sein werden, eine zukünftige militärische Interventionspolitik zu tragen«. (August-Papier 1992) Eine Behauptung, die gewichtiger klingt, als sie ist, denn »nicht tragen« ist bestenfalls ein politisches Minimalprogramm, vom entschiedenen Protest oder gar effizienten Widerstand weit entfernt. Und auch »100 000e« sind ja alles andere als eine massenhafte Opposition. Die Zustimmung eines solch verschwindend kleinen Teils der Bevölkerung zur militärischen Interventionspolitik ist ziemlich entbehrlich, solange die anderen mittlerweile etwa 79 Millionen Bundesbürger sie bereitwillig akzeptieren – was sie, wie sich angesichts des ausbleibenden Protests oder gar Widerstands gegen die Entsendung von Bundeswehrtruppen nach Kambodscha und der Zerstörer in die Adria gezeigt hat, offensichtlich tun.

Eine neue deutsche Kolonie

Der schiefe Blick auf das Engagement der Bundesrepublik Deutschland im Ausland und die optimistische Einschätzung eines möglichen Widerstands dagegen resultierten aus einer Analyse der Wiedervereinigung, die die Bewohner der DDR zu ihrem eigenen Besten als unmündig darstellt. Die Restauration Deutschlands wird, im Bekennerschreiben zum Attentat auf den Treuhandchef Detlev Karsten Rohwedder Anfang April 1991, wie in vielen linksradikalen Kreisen üblich, als »Annexion der DDR« beschrieben, seitdem sei »die Ex-DDR faktisch Kolonie der Bundesrepublik... Land und Leute(n) (soll) die Struktur aufgezwungen werden, die das internationale Kapital für seine Herrschaft braucht«. Die Analogie zur RAF-Darstellung der Kolonisierung Deutschlands 1945 durch die Besatzungsmacht USA ist, wenngleich von der RAF wahrscheinlich nicht beabsichtigt, offensichtlich. Damit soll nicht gesagt werden, daß die Verhältnisse in der DDR mit denen im nationalsozialistischen Groß-Deutschland in irgendeiner Weise gleichzusetzen wären, so wenig, wie die zumindest zeitweilig zivilisierende Auswirkung der Besetzung Deutschlands durch die US-Army (und selbstverständlich auch die Rote Armee) mit den Folgen der Restauration kapitalistischer Verhältnisse in der Ex-DDR durch das Zusammenspiel (fast) aller gesellschaftlichen Kräfte Groß-Deutschlands gleichgesetzt werden kann. Deutlich wird daran im Gegenteil, wie durch eine schematische Darstellung der Geschichte, in der die Bevölkerung immer nur als Opfer erscheint, alle Unterschiede verwischen, analytische Kategorien unbrauchbar und moralische Wertungen zweideutig werden.

Besonders offensichtlich wird das in den Versuchen der RAF, den offenen Rassismus weiter Teile der Bevölkerung, der seit der Wiedervereinigung durch Anschläge und Überfälle die regierungsoffizielle Ausländerpolitik forciert, zu erklären und zu bewerten. Nicht nur, daß der Rassismus im Bekennerschreiben zum Rohwedder-Anschlag, indem er als »offen ausgebrochen« beschrieben wird, zu einer Krankheit mutiert. Als eine wichtige Quelle wird verblüffend nah an der bundesdeutschen antikommunistischen Doktrin ausgemacht, »daß in der Zeit des SED-Staates Solidarität und Gleichberechtigung von

Frauen staatlich verordnet war«. Für den westlichen Teil gilt hingegen: »Auf der anderen Seite ist Rassismus und Frauenunterdrückung im kapitalistischen System nicht wegzudenken. Es war und ist die staatliche Politik, die Nationalismus wieder salonfähig gemacht hat.« Der Staatsapparat kann aber nur etwas »salonfähig« machen, was bis dahin nicht im Salon, sondern z. B. auf der Straße stattfand, ein Ressentiment wird nicht konstruiert oder beschlossen, sondern bestenfalls geweckt – in Deutschland bei den Deutschen erweist sich das als leichte Aufgabe.

Wie der deutsche Rassismus und Nationalismus zu bekämpfen ist, ist für linksradikale Politik seit einigen Jahrzehnten die schwierigste, bislang nicht erfolgreich beantwortete Frage. Die bisherigen Versuche jedenfalls, die im wesentlichen darin bestanden, das Volk als verführt anzusehen, das nicht weiß, was es tut, und die kommunistische Politik darauf auszurichten, es bloß nicht zu verschrecken und deswegen auf seinen niedrigen Bewußtseinsstand erst mal Rücksicht zu nehmen, haben sich als fatal erwiesen: Letztlich haben sie, statt die Bevölkerung zur Emanzipation zu bewegen, Ressentiments und Nationalismus auch in der linken Politik durchsetzungsfähig gemacht.

Im Rohwedder-Bekennerschreiben formuliert die RAF einen anderen Ansatz: »Wir begreifen unsere Aktion gegen einen der Architekten Großdeutschlands auch als Aktion, die diese reaktionäre Entwicklung an einer Wurzel trifft. Es ist klar und gerade an der deutschen Geschichte bis zum 3. Reich deutlich, daß Verarmung, Verelendung und Massenarbeitslosigkeit nicht von alleine zu einer Mobilisierung für menschliche Ziele und gegen die Herrschenden führen.« Das ist ein wichtiger, aber noch inkonsequenter Abschied von der Theorie, die von einer zwangsläufigen Verknüpfung von Verelendung und revolutionärem Engagement ausgeht. Trotzdem müssen die Verhältnisse, wie die RAF sie darstellt, auf die Füße gestellt werden: Verarmung, Verelendung und Massenarbeitslosigkeit führen nicht nur »von alleine« zu keiner Mobilisierung für menschliche Ziele, von alleine führen sie sehr viel eher in die Barbarei – wobei fragwürdig auch an dieser Feststellung die Qualifizierung »von alleine« ist: Denn Massenarbeitslosigkeit, Verelendung und Verarmung sind nicht »von alleine«, bleiben nicht von alleine und führen deswegen auch nicht von alleine irgendwohin. Richtig wäre festzustellen: Gelingt es nicht, gegen die Politik, die den größten Teil der Bevölkerung in die ökonomische Misere führt, eine starke emanzipatorische Gegenkraft zu entwickeln, verwandelt sich in engem Zusammenhang damit voraussichtlich auch die Gesellschaft in eine barbarische.

Auf die gegenwärtigen deutschen Verhältnisse läßt sich aber auch dieser auf die Füße gestellte Leitsatz nur eingeschränkt anwenden: Zwar prägt unbezweifelbar Massenarbeitslosigkeit die Situation in der Bundesrepublik (in den ehemals die DDR bildenden Ländern noch massiver als im Westen), von Verelendung läßt sich seriös und angesichts der Verhältnisse in den östlichen und südlichen Nachbarstaaten aber nicht reden. Das Anwachsen rassistisch motivierter Gewaltakte, das Aufkommen der vor allem Alte und Behinderte bedrohenden »Euthanasie«-Debatte, die Attacken gegen das Selbstbestimmungsrecht der Frauen sind auch nur teilweise in Zusammenhang mit der sich verschärfenden ökonomischen Situation zu bringen. Zumal als Gewalttäter nicht diejenigen in Erscheinung treten, denen es hierzulande am schlechtesten geht: arbeitslose Frauen, Flüchtlinge oder in Werkstätten gezwungene Behinderte, zumeist sind es junge Männer, die Ausbildungsstellen oder Arbeitsplätze haben, die ihren Aggressionen freien Lauf lassen. Tatsächlich bewirken also noch andere, weniger präzise bestimmbare, gleichwohl aber für die Entwicklung von Gegenstrategien wesentliche Faktoren die Eskalation der Gewalt: der Wille zum Wohlstand, die Sehnsucht nach starker Gemeinschaft und klarer Ordnung, der Ekel vor dem Elend anderer, das Ressentiment gegen Fremde.

Eine Aktion gegen einen der Architekten Groß-Deutschlands zielt mithin nicht auf die Wurzel dieser »reaktionären Entwicklung«, die keineswegs von oben diktiert werden muß (wenngleich sie auch auf Regierungs- und Wirtschaftsführerebene ihre Entsprechung hat), sondern lenkt den Blick in die falsche Richtung – selbst die von der RAF im August-Papier behauptete »emotionale Nähe« der Aktion zu den »vielen, (die) sich über diese Aktion gefreut haben«, muß in Frage gestellt werden: Es war wahrscheinlich nicht die erleichterte Freude, daß jetzt ein Weg freigemacht ist, sondern wohl eher die Schadenfreude darüber, daß es »die da oben« auch mal trifft, eine Schadenfreude, die nicht nur deswegen kein emanzipatorisches Engagement vorangetrieben hat, weil die Erfahrungen zwischen Ost und West so unterschiedlich sind, sondern auch weil die Stimmung, die bei vielen angesprochen wird, an sich eine rohe ist – wenn's mir nicht gut geht, warum soll's »denen« besser gehen. Einen Unterschied zwischen Rohwedder und dem Asylbewerber, auf den einer wütend ist, weil der, ohne zu arbeiten, Sozialhilfe kassiert, gibt es in dieser Bewußtlosigkeit nicht.

Die wirkliche Schwierigkeit, mit der alle linken Fraktionen derzeit konfrontiert sind, ist, daß die gesellschaftliche Basis für die Entwicklung einer emanzipatorischen Kraft derzeit weitgehend zerstört scheint und die traditionellen Vorstellungen, wie eine linke Mobilisierung zu erreichen wäre, sich als überkommen erwiesen haben.

Wer ist die Gegenmacht?

Die »sozialen Aneignungsprozesse«, die die RAF in ihrem August-Papier als Ansatzpunkt für die Herausbildung einer »Gegenmacht von unten« benennt, sind schwach entwickelt, und es erscheint zweifelhaft, inwieweit sie tatsächlich für die Herausbildung einer neuen Kraft taugen. Das Beispiel des Protestes in der Hamburger Stresemannstraße, wo, nachdem ein Mädchen von einem Laster überfahren wurde, über mehrere Tage Blockaden stattfanden, bis eine Busspur eingerichtet und Tempo 30 eingeführt wurde, macht eher die Grenzen dieses Ansatzes deutlich. »Wenn sich die Leute gegen den ständig anwachsenden Verkehr zur Wehr setzen ... stoßen sie darauf, daß die kapitalistische Organisation mit der Ausrichtung auf Profit kaum einen Raum für sie läßt. Die Frage liegt auf der Hand, für wessen Interesse der Transportverkehr ins Unermeßliche steigt...« Mag sein, daß Menschen dort auf diese Frage gestoßen sind – tatsächlich ist der Protest gegen den Verkehr in der Stresemannstraße aber nach einiger Zeit zum ohnmächtigen Ritual erstarrt und schließlich aufgegeben worden. Eine Erfahrung, die schon bei sehr viel größeren aus unmittelbarer Betroffenheit von AnwohnerInnen erwachsenen Bewegungen gemacht wurde: Nur in ganz seltenen Fällen ist es gelungen, aus so einem Protest heraus einen längerfristigen, weiterreichenden Widerstand zu entwickeln. Die Angst vor der Bedrohung der bislang als im wesentlichen »heil« oder wenigstens »erträglich« empfundenen Welt durch außen ist in der Regel eben ein fragwürdiger Ansatz für emanzipatorisches Handeln.

Wie nah beieinander Protest und Ressentiment liegen können, wird anläßlich der Auseinandersetzungen um den jüdischen Friedhof in Hamburg-Ottensen im Frühjahr 1992 deutlich. Auf dem Gelände des von den Nazis weitgehend, aber nicht völlig zerstörten Friedhofes will die Investorengemeinschaft Büll und Liedtke ein Einkaufszentrum errichten – eine Planung, gegen die seit längerem und überaus engagiert ein breites Bündnis von Gruppen und Einzelpersonen im stark Szene-beeinflußten Stadtteil opponiert. Anfang des Jahres, Büll und Liedtke haben mit ersten Bauarbeiten begonnen, intervenieren zusätzlich orthodoxe jüdische Gruppen, unterstützt von Juden in aller Welt, und besetzen den Bauplatz: Sie wollen die Schändung der verbliebenen, noch nicht zerstörten Gräber verhindern. Wo bislang die Investorengruppe der Feind »in unserem Viertel« war, geraten jetzt die orthodoxen Juden ins Blickfeld: Am Bauplatz werden von AnwohnerInnen offen antisemitische Klischees – »denen geht es doch nur ums Geld« – und antizionistisch verklausuliertes Ressentiment – »wir können doch nicht mit Leuten zusammenarbeiten, die für die Vertreibung der Palästinenser aus der Westbank verantwortlich sind« – verbreitet. Innerhalb der Bürgerinitiative kommt es zu scharfen Auseinandersetzungen über die Frage, ob der Protest der Juden, der mit einemmal bundesweit Beachtung, aber kaum nennenswerte Zustimmung findet, unterstützt werden soll oder nicht. »Es geht nicht nur um die deutsche Geschichte…«, versucht ein AnwohnerInnen-Flugblatt die Dimension der Auseinandersetzung herunterzuspielen und die eigenen Ängste vor einer Zerstörung des Viertels, zuviel Autoverkehr etc. wieder in den Mittelpunkt zu stellen.

Selten überschneiden sich Interessen und Konfliktlinien so offensichtlich wie in diesen Wochen in Ottensen – das zugrunde liegende Problem existiert aber fast überall in Deutschland.

Die RAF versucht im August-Papier, an einem anderen Beispiel, dem Kampf um die Erhaltung der Häuser in der Hafenstraße, eine weitere Eingriffsmöglichkeit für linke Politik zu benennen: »Es hat bei uns viele Diskussionen ausgelöst und uns ins Nachdenken gebracht, wie die Leute es dort geschafft hatten, einen entschlossenen Kampf für ihr Ziel, ihre Lebensperspektive zu führen und mit der gleichen Entschlossenheit, mit der sie dem Staatsapparat gegenüberstanden, auch um die Verbindung mit Tausenden Menschen in der Stadt und darüber hinaus gekämpft haben. Es war nicht diese alte Art Bündnispolitik, in der alles nach dem Prinzip funktioniert, welche Position kann sich durchsetzen… sie haben diesen Prozeß bis zu ihrer Durchsetzung mit großer Offenheit anderen gegenüber gemacht. Mit dieser Stärke haben sie sich gegen die Politik der ›harten Haltung‹ des Staates durchgesetzt. Das war nach 77, wo der Staat mit der Ermordung von Gudrun (Ensslin), Andreas (Baader) und Jan (Raspe) eine absolute Grenze dagegen, daß Widerstand hier durchkommen kann, setzen wollte, das erste Mal, daß es wieder die Erfahrung gab, daß ein Kampf sich gegen den Staat durchsetzen konnte.« Nüchtern betrachtet wurde die Legalisierung eines Wohnprojekts durchgesetzt. In gewisser Hinsicht war das ein später Abschluß des Häuserkampfes der frühen achtziger Jahre. Insofern ist es eine Mystifizierung, vom ersten Kampf, der sich nach dem Deutschen Herbst gegen den

Staat durchsetzen konnte, zu sprechen (zumal man sich fragt, welcher Kampf sich eigentlich 1977 und davor durchsetzen konnte?). Wirklich neu an den Auseinandersetzungen um die Hafenstraße und zukunftsweisend war allerdings die Entstehung des »Initiativkreises für den Erhalt der Hafenstraße«, dessen undogmatische politische Interventionen an der Durchsetzung von Mietverträgen für die besetzten Häuser wesentlichen Anteil hatten und der in Folge, worauf auch die RAF verweist, mit seinem Aufruf für die Zusammenlegung der politischen Gefangenen einen »großen Schritt dazu getan (hat), daß die Kriminalisierung der Forderung zurückgedrängt worden ist«. Selbst dieses erfolgreiche Bündnis, dem gelungen ist, aus den Erfahrungen zur Unterstützung eines Projekts im Häuserkampf weitere Schritte zu entwickeln, ist aber, wie wir heute zur Kenntnis nehmen müssen, auseinandergebrochen und seit der Wiedervereinigung, insbesondere in den Versuchen, sich Wiedervereinigung und grassierendem Rassismus entgegenzustellen, nicht mehr in Erscheinung getreten.

Ohne diese Auflösung hier im einzelnen erklären zu können oder ein Resümee der Arbeit des Initiativkreises ziehen zu wollen (das, aus dessen Reihen gezogen, allerdings sicher von einigem Wert wäre), läßt sich zumindest sagen, daß es auch mit den außerordentlichen Schwierigkeiten des antirassistischen Engagements im wiedervereinigten Deutschland zu tun hat, das sich eben nicht so einfach bewerkstelligen läßt, wie es die RAF am Ende ihres August-Papier nahelegt: »In Mannheim, wo es vor kurzer Zeit eine rassistische Mobilisierung aus der Bevölkerung eines Stadtteils gegen Flüchtlinge gab, war die Situation vorher so: In dem Stadtteil, wo die Flüchtlinge hingekommen sind und angegriffen wurden, hatten vorher Jugendliche einen Raum für sich gefordert, der ihnen von der Stadt verweigert wurde[1]. In genau dieses Gebäude mußten die Flüchtlinge einziehen. Hätte es vorher eine Auseinandersetzung um die Situation im Stadtteil gegeben, hätten die Jugendlichen von z. B. Antifas in der Region, die dann auch später den Schutz für die Flüchtlinge übernommen haben, Unterstützung bekommen, und hätte sich dort schon etwas gemeinsames Solidarisches entwickelt, dann hätte das Kommen der Flüchtlinge auch etwas ganz anderes auslösen können, denn wo Flüchtlinge hinkommen, da ist auch schnell die Auseinandersetzung daran da, warum sie hierher fliehen müssen und in ihren Ländern nicht mehr leben können: Daran, daß die Ursachen für das weltweite Elend im gleichen System liegt, das hier Jugendlichen keine Räume läßt. Dann hätte es die Auseinandersetzung daran geben können, wie sie sich zusammen den Raum für das Leben erkämpfen können.«

Zwischen den Zeilen enthält dieser Passus eine Idealisierung der Flüchtlinge, die als Ansatz für eine Intervention die Niederlage bereits in sich birgt und auf den schematischen Antiimperialismus zurückzuführen ist. Keineswegs fliehen die Flüchtlinge nämlich notwendigerweise vor dem gleichen System, das auch die hier Lebenden unterdrückt – andererseits sind die Probleme von Jugendlichen, die hier kein Jugendzentrum bekommen, auch nicht ansatzweise mit dem Elend oder der Unterdrückung in den Herkunftsländern der Flüchtlinge gleichzusetzen. Islamische Fundamentalisten aus dem sozialistisch regierten Algerien, bürgerlich-oppositionelle Irakis, aus dem türkisch unterdrückten Teil Kurdistans geflohene Nationalisten, dem Rassismus in mehreren Ländern zum Opfer gefallene staatenlose Roma bilden eine weder politisch noch sonstwie homogene Gruppe, die gegen den deutschen Nationalismus und sein völkisches Selbstverständnis in Schutz genommen werden müssen, die dennoch in einer anderen als der deutschen politischen Landschaft oftmals Gegner sind.

Gravierender aber ist die Verharmlosung der rassistischen Gewalt, indem die vergebliche Bemühung von Jugendlichen, eigene Räumlichkeiten zu bekommen, und die rassistische Mobilisierung der Mannheimer in einen ursächlichen Zusammenhang gebracht werden. Solidarisches Handeln und rassistische Attacken sind nicht einfach Alternativen, deren Wahl von glücklichen Umständen oder einer geschickten Taktik abhängt. Ein Klima, das so von Ressentiment bestimmt ist, daß es sich in Gewalt entlädt, wenn Flüchtlinge in ein Gebäude eingewiesen werden, das man für sich selbst gefordert hat, ist nicht mit einer »Auseinandersetzung über die Situation im Stadtteil« zu entspannen oder gar in die richtige Richtung zu lenken. Daß, wie die AutorInnen der Dokumentation »Hoyerswerda in Mannheim-Schönau?« feststellen, auch viele Nicht-Deutsche Teil des Mobs gegen die Flüchtlinge waren, ändert nichts an dessen rassistischer Qualität, sondern sagt lediglich etwas darüber aus, daß sich in deutschen Verhältnissen eben nicht nur gebürtige Deutsche brutalisieren (auch das ist durchaus eine Lehre aus dem Nationalsozialismus). Selbstverständlich lassen sich, auch darin ist den Broschüre-AutorInnen recht zu geben, »›rassistische Denkweisen‹ eben nicht von den sozialen Verhältnissen ablösen«, die sozialen Verhältnisse bestimmen sich aber nicht nur durch die Höhe (oder Tiefe) des Einkommens und die Klassenlage – diesem Reduktionismus ist die Linke schon einmal aufgesessen.

Die Entwicklung emanzipatorischen Bewußtseins ist Arbeit an sich selbst, ist eine Herausforderung, kein Angebot, so wie auch die rassistische Aggression nicht einfach Folge einer Verführung, sondern eine Entscheidung ist, zu der es bei jedem Schritt eine Alternative gibt. Gegenmacht kann deswegen, gerade angesichts der volksgemeinschaftlichen Mobilisierung, nur aus kompromißloser Abgrenzung erwachsen, nicht aus der Betonung einer, wie weit auch zurückliegenden oder wie tief verborgenen Gemeinsamkeit mit den militanten RassistInnen und ihren MitläuferInnen, sondern aus der konsequenten und weitreichenden Entwicklung des Gegensatzes.

Das Problem eines Aufbaus der »Gegenmacht von unten«, auf die die RAF setzt, weil sie sozialrevolutionäre Wege aus der Militarisierung des eigenen Kampfes und der Niederlage der Linken insgesamt sucht, ist also derzeit vor allem in der konzeptionellen und tatsächlichen Schwäche der linken Fraktionen zu suchen, im unklaren Verhältnis zum Volk, zu den potentiellen TrägerInnen der Gegenmacht – nicht so sehr darin, »daß der Staat keinen Raum zuläßt, in dem sich so was organisieren läßt« (August-Papier).

ZIVILE FASCHISIERUNG

Die für die »Innere Sicherheit« zuständigen Gremien und Experten wissen um die Notwendigkeit der Wiederholung: Nur was beharrlich repetiert wird, gräbt sich fest und dauerhaft ins Gedächtnis ein; nur die stetig vorgebrachte, höchstens etwas aktualisierte Lüge wirkt auf Dauer wie selbstverständliche Wahrheit. Aber wie alle präsentieren auch die Staatssicherheitsbehörden lieber mal eine Premiere als das übliche Repertoire. Die Zeiträume zwischen beiden werden, da die deutsche Geschichte derzeit ohnehin bemerkenswert beschleunigt vonstatten geht, kürzer.

»Der Bundesjustizminister wies auf die nach wie vor bestehenden Querverbindungen zwischen den RAF-Terroristen hin, die sich noch in Freiheit befinden, und denen, die in den Gefängnissen sitzen...«, referiert die »Süddeutsche Zeitung« noch im April 1991 Klaus Kinkel, damals noch Bundesjustizminister: Eine alte Legende, die angebliche Steuerung der Attentate durch die Gefangenen, wird neu aufbereitet. Die Konsequenz sind wenige Wochen später Razzien in den schon hundertmal durchsuchten Zellen, Ermittlungsverfahren wegen Verdachts der Bildung einer terroristischen Vereinigung (im Gefängnis), Verschlechterung der Haftbedingungen für einige der Inhaftierten – Staatsschutz-Routine, an der sich die bundesdeutschen Medien genauso routiniert beteiligen. Von der Bundesanwaltschaft mit Material versorgt, veröffentlichen sie bedenkenlos private Briefe und zitieren aus Ermittlungsakten, von deren Existenz noch nicht einmal die AnwältInnen der Gefangenen wissen.

Ein gutes halbes Jahr später präsentiert die »Süddeutsche Zeitung« der kurz zuvor noch mit der Gefährlichkeit der inhaftierten RAF-Mitglieder konfrontierten Öffentlichkeit eine Überraschung: »Informationen aus dem Bundeskabinett: Sieben verurteilte Terroristen sollen vorzeitig entlassen werden.« Die »taz« kommentiert kurz darauf, als wären bereits Fakten geschaffen: »Die Entlassung einiger Häftlinge trägt zur Zivilisierung der Bundesrepublik bei.« Die »Kinkel-Initiative« ist seit dieser plötzlichen Premiere auch in anderen Medien auf Zustimmung gestoßen und von Politikern aller Fraktionen wenig kritisiert worden. Nicht einmal die CSU hat ernsthaft versucht, die Kreise des Justizministers zu stören, und auch die sicherheitspolitischen Hardliner aus der SPD haben sich nach anfänglichem Protest mehr schmollend als überzeugt zurückgezogen.

Bemerkenswert an der Initiative ist, daß sie aus nichts anderem besteht als der Idee, die geltenden Bestimmungen von Strafprozeßordnung und Strafgesetzbuch auch auf Gefangene aus der RAF und dem Widerstand anzuwenden: Die eine sieht vor, daß StraftäterInnen nach Verbüßung von zwei Dritteln ihrer Haftzeit entlassen werden können, die andere schreibt fest, daß bei Gefangenen, die zu lebenslanger Haft verurteilt wurden, auf deren Antrag hin nach 15 Jahren zu prüfen ist, ob ihre vorzeitige Entlassung möglich ist. Aber niemand stellt fest: Der Bundesjustizminister ist nackt. In diesem deutschen demokratischen Märchen funktioniert die Illusion perfekt ...

Phantasievoll abgerundet wird die Idee des Ministers, öffentlich die Namen von sieben Gefangenen, die entlassen werden könnten, zu nennen, durch Berichte über angeblich existierende Spannungen zwischen RAF und Inhaftierten. Der schon in Sachen »RAF in der Hafenstraße« von Geheimdienstseite gerne für die ausführliche Darstellung falscher Informationen herangezogene »Stern« macht sich zum Ministersprachrohr: »Kinkel befürchtet ..., daß die RAF-Desperados im Untergrund einen letzten verzweifelten Versuch machen könnten, den Entlassungswilligen einen Strich durch die Rechnung zu machen. Der Minister: ›Ich rechne sehr stark mit einem neuen Anschlag‹.« Eine vergebliche, aber aufschlußreiche Hoffnung des FDP-Politikers, der sich selbst durch ein paar klug kalkulierte Sätze als »versöhnungsbereit« dargestellt hat.

»Eine vorzeitige Entlassung dient dem Rechtsfrieden, sie wird Sympathisantengruppen eher das Wasser abgraben als umgekehrt«, resümiert der SPD-Bundestagsabgeordnete Peter Conradi die eigentliche Intention: Den Gefangenen werden die strafprozessual verbrieften Rechte erst in Aussicht gestellt, als es politisch opportun erscheint – die Haftentlassung wird nur als ein weiteres Mittel der Terrorismusbekämpfung eingesetzt (und dadurch erst legitimiert). Deswegen erfolgen die Entlassungen auch nicht einfach – sie werden erwogen, in die Diskussion gebracht, in Aussicht gestellt. Auch dieses zermürbende und zögerliche Verfahren wird noch in einen Vorzug des Rechtsstaates umgemünzt. Zwar ist die Initiative so offenkundig politisch motiviert wie die Sonderhaftbedingungen der ehemaligen RAF-Mitglieder – die Stichwortgeber in dem Streit und ihre Kontrahenten sind samt und sonders PolitikerInnen –, gleichzeitig wird aber übereinstimmend und mit großem Ernst behauptet, daß es hier keineswegs um politische Justiz, sondern ausschließlich um ein strikt rechtsstaatliches Verfahren gehe. Folgerichtig können auch keine verbindlichen Zusicherungen gemacht oder gar Zeitpläne eingehalten werden – die Richter der Staatsschutz-Senate sind schließlich unabhängig.

Als die RAF am 10. April 1992 einen vorläufigen Abschied vom bewaffneten Kampf erklärt (so wie vorher schon Gruppen aus dem Zusammenhang der Revolutionären Zellen begründet hatten, warum sie sich auflösen bzw. keine Anschläge mehr machen wollen), kann Bundesjustizminister Kinkel zufrieden einen großen Erfolg verbuchen. Das Brainstorming in der »Koordinierungsgruppe Terrorismusbekämpfung«, in der entgegen dem Zusammenarbeitsverbot Polizei und Geheimdienste, Bundesanwaltschaft und Bundesregierung in der Art eines permanenten Krisenstabes arbeiten, hat sich gelohnt: Nicht weil die RAF tatsächlich auf die »Kinkel-Initiative« reagiert hat, sondern weil sich mit der von den Meinungsführern in den Medien übernommenen Behauptung, sie hätte es, schon ausreichend gute Öffentlichkeitsarbeit machen läßt. Daß sich bald herausstellt, daß die Erklärung der RAF, anders als in den Jahren zuvor die

Hungerstreiks der Gefangenen, kaum eine Intensivierung des Engagements gegen die Sonderhaftbedingungen der politischen Gefangenen zur Folge hat, wirkt zusätzlich beruhigend.

Das Deutschland-Magazin »Spiegel« gibt mal wieder den Grund-Ton vor, mit dem die Haltung des Staates und die der Guerilla und der Gefangenen künftig beschrieben werden: »Grundgebot der Versöhnung« und »Wir wollen niemanden demütigen« sind zwei Interviews überschrieben, in denen Klaus Kinkel und Generalbundesanwalt von Stahl sich als Vertreter von Humanität und Menschenrecht präsentieren können. »Wir haben absolut gehaßt« ist das Gegenstück dazu, ein Selbstbezichtigungs-Schreiben des RAF-Aussteigers Klaus Jünschke, betitelt. Daß der Justizminister im Interview »dringend an die inhaftierten RAF-Mitglieder« appelliert, »ebenfalls Gewalt abzulehnen... und sich auf die politische Auseinandersetzung zu verlegen«, ist Versöhnungs-Neusprech: Gegen Gewalt hat Bundesjustizminister Kinkel nichts – entscheidend ist, wer sie ausübt. Die Gefangenen sollen der Gewalt, die die erdrückenden kapitalistischen Verhältnisse revolutionieren will, abschwören und das Gewaltmonopol des Staates bedingungslos anerkennen.

Am Rande des FDP-Parteitags im Januar 1992 bringt der ehemalige BND-Präsident seinen Versöhnungsgedanken zur historischen Vollendung: Versöhnung, erklärt er JournalistInnen, setze keineswegs Schuld auf beiden Seiten voraus. Das zeige sich an der Versöhnungsbereitschaft der Juden nach dem Zweiten Weltkrieg gegenüber dem einseitig schuldigen Deutschland. Der Geschichtsrevisionismus ist zur Vielzweckwaffe im deutschen politischen Tagesgeschäft geworden, die Verwirrung der Begriffe gehört zum Staatsschutz-Geschäft. Die antifaschistischen RAF-Mitglieder, von denen die meisten seit Jahren menschenunwürdigen Haftbedingungen ausgesetzt sind, werden mit NS-Verbrechern gleichgesetzt – der NS-Nachfolgestaat Bundesrepublik, dessen Justiz die Verfolgung und Bestrafung der nationalsozialistischen Verbrechen systematisch verschleppt und verhindert hat, gebärdet sich als Opfer einzigartiger Verbrechen. Und niemand gibt dem Minister wenigstens eine Ohrfeige.

Das wiedervereinigte Deutschland gründet sein nationales Selbstbewußtsein auf einer totalen Neubewertung seiner Vergangenheit, die ermöglicht, seine ganze Geschichte für die Zukunft nutzbar zu machen: Die Deutschen, einmal aus Hitlers Schatten getreten, erinnern sich an die DDR als terroristischen Stasi-Staat auf deutschem Boden, und Stammheim wird ihnen zum Ort wegweisender Rechtsstaatlichkeit. Daß DDR-Geheimdienst und RAF zumindest kurzzeitig kooperiert haben, erweist sich für die Durchsetzung der Legende vom zivilen Rechtsstaat als besonderer Glücksfall in der jüngsten Vergangenheit. Die Verhaftung der in die DDR abgetauchten ehemaligen RAF-Mitglieder, die Aussagen der so überraschend Verhafteten haben erheblich dazu beigetragen, die in den siebziger Jahren gegen spürbaren innenpolitischen und zum Teil massiven Protest aus dem europäischen Ausland durchgesetzte Anti-Terrorismus-Strategie im nachhinein als legitim erscheinen zu lassen.

»Durch die in der DDR festgenommenen Aussteiger wurden schon frühere Erkenntnisse bestätigt«, freut sich Generalbundesanwalt von Stahl, »kein Urteil hat sich im nachhinein im Schuld- oder Strafausspruch als falsch erwiesen.« Vergessen und verdrängt die Verfolgung der Wahlverteidiger der Angeklagten, die Manipulation des Strafprozeßrechts während der Verfahren gegen die RAF-Mitglieder, die fragwürdige Kollektivitäts-Theorie, die den Einzelnachweis von Taten obsolet machen sollte und Voraussetzung für viele Urteile war: nicht mehr anzweifelbar. Und die 1987 gegen den Widerstand vieler Juristen eingeführte Kronzeugen-Regelung hat sich wenigstens für diesen Fall als nützlich erwiesen: Die RAF-Aussteiger wurden durch sie motiviert, sich gegenseitig zu be- und den deutschen Staat damit zu entlasten. Trotzdem konnten sie noch zu respektablen Strafen verurteilt werden, die lediglich im Vergleich zu den mehr als zehn Jahren Haft, zu denen andere RAF-Mitglieder routinemäßig verurteilt wurden, als »mild« erscheinen mögen.

Daß durch Aussagen von RAF-AussteigerInnen aus der DDR auch ein anderer, trotz aller Reuebekundungen zu lebenslanger Haft verurteilter Aussteiger, Peter Jürgen Boock, zusätzlich belastet wird und schließlich ein zweites, weitgehendes Geständnis macht, paßt den Bundesanwälten in Karlsruhe zusätzlich gut ins Konzept. Der Fall Peter Jürgen Boock hat in der liberalen Öffentlichkeit für einigen Unmut gesorgt. Das Urteil, das sich nicht auf Beweise, sondern auf Vermutungen und Unterstellungen stützt, ist als zu hart empfunden und als kontraproduktiv eingeschätzt worden, weil es Aussteigern, die zwar zur eigenen Tatbeteiligung, aber nicht zu der anderer aussagen wollen, nicht entgegengekommen ist. Gerhard Mauz, die graue Eminenz der Justiz-Kritiker in der BRD, schreibt 1992: »Boock wurde zum Sinnbild für die Erbarmungslosigkeit des Staates und der Justiz.« – »Das Geständnis von Boock hat unserer damaligen Sicht der Dinge nachträglich recht gegeben. Aber Rechthaberei ist nicht unsere Sache«, resümiert kurz darauf Generalbundesanwalt von Stahl in Siegerlaune, aber keineswegs triumphierend – ihm geht es schließlich um Größeres als den Fall Boock, er zielt auf die Herstellung eines nationalen Konsenses, auf die deutsche Einheit im Glauben an den starken Rechtsstaat.

Deswegen legen Bundesanwaltschaft und Regierungen in ihrer Aufarbeitung der deutschen Geschichte ganz besonderen Wert darauf, ihre Version der Todesnacht von Stammheim am 18. Oktober 1977 im allgemeinen Bewußtsein fest zu verankern – und betreiben dementsprechende Öffentlichkeitsarbeit.

»Nach den bisher gewonnenen Erfahrungen sind Auskünfte zu Einzelheiten des Verfahrens (gemeint ist das Todesermittlungsverfahren, Anm. O. T.)... von interessierter Seite immer wieder benutzt worden, um mit neuen Einwänden Mißtrauen gegen das Ermittlungsergebnis (Selbstmord, Anm. O. T.) zu schüren. Eine ›ausführliche Berichterstattung‹ könnte zur Erfüllung eines sachlich berechtigten Informationsinteresses nichts weiter beitragen.« Seit 1983, als die baden-württembergische Landesregierung die Fraktion der Grünen so barsch beschied, hat sich Entscheidendes verändert. Ausführliche Berichterstattung braucht nicht mehr in Anführungszeichen gesetzt zu werden, weil sie mittlerweile die Staatsschutzversion des Todes von Jan Carl Raspe, Gudrun Ensslin und Andreas Baader stützt – das sachlich berechtigte Informationsinteresse der Medien als vierter Staatsgewalt und das sachlich begründete Mitteilungsbedürfnis der Exekutive erweisen sich nach der Wiedervereinigung zumindest angesichts dieser Frage – wer hat tatsächlich in Stammheim in der Nacht vom 17. auf den 18. Oktober 1977 getötet – als deckungsgleich. Nachdem Jahre nach dem Tod der Gefangenen in »Stern« und »Spiegel« wenigstens auf einige Widersprüchlichkeiten und Merkwürdigkeiten der staatlichen Selbstmordversion hingewiesen wurde, kehren diese Blätter heute zurück zu den ersten Stunden, Tagen und Wochen nach der Tat, als die kritischsten bundesdeutschen Medien die staatliche Selbstmordversion rückhaltlos gegen die Fragen und Recherchen ausländischer Zeitungen verteidigten.

»Zwei ehemalige Terroristinnen haben die Stammheim-Legende der Roten Armee Fraktion zerstört«, beschreibt der »Spiegel« 1990 vermeintliche Tatsachen: »Die im Juni in der DDR festgenommenen Ex-Terroristinnen Susanne Albrecht und Monika Helbing... haben vor der Karlsruher Bundesanwaltschaft ausgesagt, die Stammheimer Häftlinge hätten ihren Tod von vornherein für den Fall eingeplant, daß ihre Befreiung scheitern würde... Die Preisgabe des 13 Jahre lang sorgsam gehüteten Geheimnisses ist geeignet, das Selbstverständnis der Roten Armee Fraktion tief zu erschüttern... Denn der Glaube an die Mordtheorie ist für die RAF eine Art Lebenslüge.«

Für die Bundesrepublik Deutschland ist dagegen gerade jetzt, da der Großmachtanspruch nach außen durchgesetzt werden soll, von erheblicher Bedeutung, vergessen zu machen, wie zusehends enger die Staatsgewalt im Inneren an nazistische Traditionen bereits angeknüpft hat: Noch ist Deutschland nicht auf offene Konfrontation aus, noch (wenngleich immer weniger) sorgt man sich um das zivile Image des bundesdeutschen Staates im Ausland. Und auch um die letzten kritischen StudienrätInnen und SozialpädagogInnen mit sich und diesem

Land vollends zu versöhnen, ist eine um Gerechtigkeit offensichtlich besorgte Politik der Härte geeigneter als rücksichtslose Brutalität, denn für viele von ihnen ist der Stammheim-Komplex – seine Fahndungsmethoden, Haftbedingungen, Sonder-Prozeß-Regeln, die Kanzlerdiktatur im Krisenstab und vor allem die ungeklärten Todesfälle im 7. Stock des Hochsicherheitstraktes – noch heute im Bewußtsein.

Der Deutsche Herbst

In den Jahren 1972 bis 1977 hat die Bundesregierung gegen einen ausgewählten Feind, die RAF, mit großer Entschiedenheit und möglicherweise bis zur letzten Konsequenz sämtliche Errungenschaften einer parlamentarisch-rechtsstaatlichen Demokratie beiseite geräumt. Erlaubt war, was gefiel und nützlich schien. Spätestens seit der Gefangennahme der meisten Kader der RAF nach ihrer Mai-Offensive 1972 ist offensichtlich, daß sich die Nützlichkeitserwägungen der Anti-Terrorismus-Strategen nicht in erster Linie an vermeintlichen oder tatsächlichen Sicherheitserfordernissen orientieren. Mit den Gefangenen wird experimentiert. Sie werden nicht nur voneinander getrennt, sondern auch von anderen Gefangenen isoliert. Geräusche, Bilder, Austausch mit anderen Menschen – den Gefangenen wird alles entzogen. Und als sie sich gegen die Isolation, gegen ihre Unterbringung in toten Trakten und den Versuch einer Psychiatrisierung von Ulrike Meinhof mit Hungerstreiks wehren, wird ihnen, um sie »zur Besinnung zu bringen«, wie ein hoher Justizbeamter erklärt, tagelang das Trinkwasser entzogen.

Ulrike Meinhof beschreibt in einem Brief, wie sie den toten Trakt erlebt: »das Gefühl, es explodiert einem der Kopf (das Gefühl, die Schädeldecke müßte eigentlich zerreißen, abplatzen) –/ das Gefühl, es würde einem das Rückenmark ins Gehirn gepreßt / das Gefühl, das Gehirn schrumpelt einem allmählich zusammen, wie Backobst z. B. / das Gefühl, man stünde ununterbrochen, unmerklich unter Strom, man würde ferngesteuert –/ das Gefühl, die Assoziationen würden einem weggehackt –/ das Gefühl, man pißte sich die Seele aus dem Leib, als wenn man das Wasser nicht halten kann –/ das Gefühl, die Zelle fährt. Man wacht auf, macht die Augen auf; die Zelle fährt; nachmittags, wenn die Sonne reinscheint, bleibt sie plötzlich stehen. Man kann das Gefühl des Fahrens nicht absetzen. / Man kann nicht klären, ob man vor Fieber oder vor Kälte zittert –/ man kann nicht klären, warum man zittert –/ man friert./ Um in normaler Lautstärke zu sprechen, Anstrengungen, wie für lautes Sprechen, fast Brüllen – / das Gefühl, man verstummt –/ man kann die Bedeutung von Worten nicht mehr identifizieren, nur noch raten –/ der Gebrauch von Zischlauten –s, ß, tz, z, sch – ist absolut unerträglich ...«

Daß in der Bundesrepublik Haftbedingungen entwickelt werden, die, wenn sie auch nicht auf den Tod der Gefangenen zielen, ihn zumindest gelassen in Kauf nehmen, die als psychische Folter beschrieben werden müssen, löst keinen öffentlichen Skandal aus. Selbst viele Linke bleiben bei ihrer von dem Marsch durch die Institutionen, dem entbehrungsreichen K-Gruppen-Alltag oder sonstigen politischen Beschäftigungen diktierten Tagesordnung. »Die meisten von uns haben die grauenhaften Berichte der Anwälte und Angehörigen«, schreibt später Karl Heinz Roth in einer Serie für den kommunistischen »Arbeiterkampf«, »glatt verdrängt, sie sind den Dementis der Staatsschutzbehörden und der Medien hilfesuchend nachgejagt ... Wir haben die RAF-Gefangenen 1972– 74/75 ihrem Schicksal überlassen, der aberwitzigen Situation aufsitzend, daß das, was wir nicht wahrhaben wollen, in der bundesrepublikanischen Wirklichkeit auch tatsächlich nicht vorkommt.«

Die Verteidiger der Gefangenen, selbst von Berufsverbot und Strafverfahren bedroht, versuchen juristisch gegen die Isolationshaft anzugehen: erfolglos. »Für die Behauptung des Beschwerdeführers, die angeordneten Beschränkungen verfolgten das Ziel, ihn in seiner physischen Existenz zu vernichten, liegen keinerlei Anhaltspunkte vor«, befindet der 2. Senat des

Bundesverfassungsgerichts am 14. März 1973 und sichert damit die Isolationshaft rechtsstaatlich ab.

Hier kann und soll der Umgang von Justiz, Polizei und Regierungspolitik mit den Gefangenen aus der RAF nicht im einzelnen nachgezeichnet und bewertet werden. Um sich einen Begriff davon zu machen, wie der Staat in diesen Jahren in Aktion getreten ist und warum gerade heute die Umwertung dieses Abschnitts der Nachkriegsgeschichte von zentraler Bedeutung ist, soll nur kurz umrissen werden, was den Herbst 1977 zum Deutschen Herbst, zur bislang schärfsten Konfrontation des bundesdeutschen Staates mit seinen Feinden gemacht hat (eine ausführliche Darstellung findet sich in: Oliver Tolmein / Detlef zum Winkel, nix gerafft, Hamburg 1987).

Erklärtes Ziel der RAF zu diesem Zeitpunkt ist, die Gefangenen aus der RAF zu befreien: Bestärkt werden die Militanten durch die unerträglichen Haftbedingungen, den ungeklärten Tod der »erhängt in ihrer Zelle aufgefundenen« Ulrike Meinhof, den Tod Holger Meins' nach brutaler medizinischer Behandlung im Hungerstreik und das Sterben des 1975 trotz lebensgefährlicher Verletzungen aus Stockholm nach Stammheim transportierten Siegfried Hausner.

Die »Big Raushole« 1977 soll gleichzeitig den BRD-Staat an seinen Wurzeln treffen: Erstes Opfer der RAF ist Generalbundesanwalt Siegfried Buback, als nächstes soll der Chef der Dresdner Bank, Jürgen Ponto, entführt werden. Der Versuch mißlingt – Ponto wird erschossen. Die Geiselnahme des Präsidenten des Arbeitgeberverbandes und früheren SS-Offiziers und Heydrich-Assistenten Hanns-Martin Schleyer am 5. September 1977 soll die Entscheidung für die Freilassung der Gefangenen bringen.

Was sich auf seiten der Bundesregierung, der Justiz und der Polizei in diesen Tagen und Wochen genau ereignet hat, ist bis heute nur in groben Zügen bekannt. Die Protokolle des kleinen Krisenstabes sind immer noch nicht zugänglich – auch sonstige Materialien, die es mit an Sicherheit grenzender Wahrscheinlichkeit gibt, zum Beispiel die Bänder von Abhöraktionen in den Zellen der Gefangenen, die befreit werden sollten, werden der Öffentlichkeit bis heute vorenthalten.

Aber schon die wenigen bekannten Fakten zeigen einen starken Staat, der offen an seine autoritäre, antidemokratische Tradition anknüpft. Als erstes wird die freie Presse gebeten, freiwillig ihre Funktion, Öffentlichkeit herzustellen und Kontrolle auszuüben, aufzugeben: »Intendanten, Chefredakteure und Redakteure haben diese Bitte der Bundesregierung (um ›Zurückhaltung bei der Berichterstattung‹, wie es verklausuliert heißt, Anm. O. T.) respektiert ... Für diese freiwillige Leistung hat die Bundesregierung zu danken.« Die Nachrichtensperre wird während der gesamten Dauer der Entführung von den deutschen Medien zuverlässig akzeptiert – eigene Recherchen werden gar nicht erst angestellt.

Der erste Politiker, der nach der Entführung zur besten Sendezeit zum deutschen Volk spricht, ist Oppositionsführer Helmut Kohl: »Ich meine in dieser Stunde: Wir alle müssen jetzt begreifen, daß es fünf vor zwölf ist.« Der Rechtsstaat rüstet auf, die innere Mobilmachung erfolgt, noch bevor die Forderungen der Entführer bekannt sind. In Bonn werden der große und der kleine Krisenstab eingerichtet – die Gewaltenteilung wird damit aufgehoben, eine parlamentarische Kontrolle der Exekutive findet nicht mehr statt. Faktisch wird, ohne daß das bis heute nachhaltig kritisiert worden wäre, eine Kanzlerdiktatur errichtet.

Der Generalbundesanwalt, im kleinen Krisenstab vertreten, ordnet unmittelbar nach der Entführung eine totale Kontaktsperre gegenüber 100 politischen Gefangenen an – eine Maßnahme, die der Ermittlungsrichter am Bundesgerichtshof zwei Tage später insofern modifiziert, als er Verteidigerbesuche zulassen will. Landesjustizminister und Gefängnisleitungen weigern sich dennoch, die Anwälte zu ihren MandantInnen vorzulassen: Damit wird der Rechtsstaat ganz offiziell suspendiert – zumindest knapp drei Wochen lang. Dann ist mit dem »Kontaktsperregesetz«, das im Bundesgesetzblatt abgedruckt war, bevor es beschlossen worden ist, der Rechtsbruch Gesetz. Lediglich vier Abgeordnete stimmen gegen das Gesetz – von ihnen sitzt heute keiner mehr im Parlament, das Gesetz ist aber, wenngleich leicht modifiziert, immer noch in Kraft.

Während der gesamten Dauer der Schleyer-Entführung sind 72 politische Gefangene vollständig isoliert: Sie können keine Briefe mehr nach draußen schreiben, keine Post mehr bekommen, weder Freunde noch Verteidiger dürfen sie sehen – sie sind der Staatsgewalt vollständig ausgeliefert. Lediglich Angehörige des Staatsschutzes, der Justizverwaltung und Beauftragte des Krisenstabes haben überhaupt noch Zutritt zu ihnen. »Das Kontaktsperre-Gesetz ist nicht bloß ein Kontaktsperre-Gesetz, auch nicht bloß ein Isolationsgesetz; es ist ein Gesetz zur Gegengeiselnahme«, schreibt Peter Lister (Ein deutscher Herbst – Zustände, Dokumente etc., Frankfurt a. M. 1978). Gegen-Geiselnahme – der Begriff ist treffender, als es zu diesem Zeitpunkt jemand außerhalb des Krisenstabes wissen kann. Dort werden nämlich nach Erlaß der Kontaktsperre, aber vor der Durchsetzung des Gesetzes, auch »exotische Lösungen«, wie Bundeskanzler Helmut Schmidt sie nennt, diskutiert. Vorschlag Nummer 6 lautet dem »Spiegel« zufolge, der zehn Jahre später Ausschnitte aus dem Krisenstabsprotokoll zugespielt bekommt: »Der Bundestag ändert unverzüglich Artikel 102 des Grundgesetzes, der lautet: ›Die Todesstrafe ist abgeschafft‹. Statt dessen können nach Grundgesetzänderung solche Personen erschossen werden, die von Terroristen durch menschenerpresserische Geiselnahme befreit werden sollen. Durch höchstrichterlichen Spruch wird das Todesurteil gefällt. Keine Rechtsmittel möglich.« Auch die Vorschläge Nummer 7 und Nummer 8 zeugen von beachtlicher krimineller Energie: »Nummer 7: Das vorhergehende Modell wird öffentlich als Absicht der Bundesregierung oder des deutschen Bundestages angekündigt. Die Geiselnehmer sollen zum Nachgeben bewegt werden, um das Leben der RAF-Häftlinge nicht zu gefährden. Nummer 8: Für Terroristen wird ein erweitertes Haftrecht geschaffen. Sie werden in einem ›Internierungslager‹ festgehalten.« Generalbundesanwalt Kurt Rebmann und CSU-Chef Franz Josef Strauß waren nach heutigem Kenntnisstand die entschiedensten Verfechter dieser terroristischen »Lösungen«.

Als am 18. Oktober 1977 frühmorgens, in der Nacht ist die vom Kommando »Martyr Halimeh« nach Mogadischu entführte Lufthansa-Urlaubermaschine »Landshut« von der GSG 9 gestürmt worden, die gefangenen RAF-Mitglieder Jan Carl Raspe, Gudrun Ensslin und Andreas Baader tot, Irmgard Möller schwerverletzt aufgefunden werden, ist von den Ermordungs-Szenarien nicht die Rede: »Die zu lebenslanger Freiheitsstrafe verurteilten Terroristen ... haben sich am Dienstagmorgen das Leben genommen«, meldet dpa. Und dabei bleibt es – zumindest in Deutschland. Offenkundige Widersprüche zwischen der offiziellen Version und den Ergebnissen der kriminaltechnischen Untersuchungen werden nicht zur Kenntnis genommen, Fragen nach dem Sinn eines solchen kollektiven Selbstmordes nicht gestellt, und Informationen, zum Beispiel über die 1976/77 gezahlten Spendengelder der deutschen Industrie an den BND, die antiterroristische Sonderfahndungsaktionen ermöglichen sollten, werden mit den Todesfällen nicht in Zusammenhang gebracht.

Um nur an einem Punkt die Zweifel an der staatlichen Version deutlich zu machen (ausführlich sind sie in »nix gerafft« nachzulesen und noch ausführlicher in Karl-Heinz Weidenhammer, Selbstmord oder Mord? Todesermittlungsverfahren Baader, Ensslin, Raspe): Selbst wenn die Waffen, was unwahrscheinlich ist, in den Hochsicherheitstrakt in Stammheim geschmuggelt worden sein sollten, bleibt die Frage offen, wo sie von den Gefangenen versteckt wurden. Andreas Baader soll die Selbstmord-Waffe zum Beispiel in einem Plattenspieler plaziert haben – just dieser Plattenspieler wurde ihm zu Beginn der Kontaktsperre aber zusammen mit allen anderen technischen Geräten abgenommen, gründlich durchsucht und erst dann wiedergegeben. Jan Carl Raspe soll seine Pistole in einer Mauerausssparung in seiner Zelle verborgen haben: Dagegen spricht nicht nur, daß an der Waffe keine Mörtelspuren entdeckt werden konnten, obwohl loser Mörtel in der Mauerausssparung lag. Raspe ist außerdem während der Kontaktsperre von Zelle 716 in Zelle 718 verlegt worden: er hätte also die

Waffe bereits vorher in einer anderen Zelle verstecken oder beim Umzug mit sich nehmen und sie dann erneut wieder verbergen müssen – und das alles unter den Hochsicherheits-Bedingungen während der Schleyer-Entführung.

Und das sind bei weitem nicht alle Unklarheiten, Widersprüche und Fragen, die die staatliche Selbstmordversion offen läßt: Zum Beispiel bleibt der Todeszeitpunkt unklar. Erst um 0.38 Uhr gab es die erste Rundfunkmeldung über die Erstürmung der »Landshut« in Mogadischu – der frühestmögliche Todeszeitpunkt, den die deutschen Experten für möglich halten, ist aber bereits 0.15 Uhr, einige ausländische Experten meinen sogar »vor Mitternacht«. Routinemäßige gerichtsmedizinische Tests werden nicht durchgeführt, die Schußwege der Geschosse bei Baader und Raspe sind kaum erklärlich, es sei denn die Gefangenen hätten abenteuerliche Verrenkungen gemacht, um sich zu töten. Bei Gudrun Ensslin werden Verletzungen festgestellt, die offensichtlich nicht von der Strangulation herrühren, und die einzig Überlebende dieser Nacht, Irmgard Möller, bestreitet vehement, sich selbst die tiefen Stichverletzungen ins Herz zugefügt zu haben. Gegen sie, die ohnedies vor der Entlassung stand, wird kurz nach dem Deutschen Herbst ein neues, sich lediglich auf Aussagen eines fragwürdigen Kronzeugen stützendes Verfahren eröffnet. Weil weder die Wahl- noch die Zwangsverteidiger die skandalosen, sogar die Entkleidung vorsehenden Kontrollen vor jedem Verhandlungstag auf sich nehmen wollen, das Gericht aber gegen alle Proteste sogar der Anwaltskammer darauf besteht, findet der Prozeß schließlich ohne die Angeklagte und ohne ihre Anwälte statt. Neue Zwangsverteidiger, die infolge der kurzen Vorbereitungszeit und ohne Kontakt zur Angeklagten gar nicht als Verteidiger tätig sein können, wahren den rechtsstaatlichen Schein. Das Urteil gegen die einzige Überlebende der Todesnacht von Stammheim: lebenslange Haft. Ihr ist dadurch jede Möglichkeit genommen, ihre Erlebnisse und Beobachtungen frei mitzuteilen oder gar selbst Untersuchungen darüber anzustellen, was sich im 7. Stock ereignet hat.

»Zehn Jahre nach Stammheim haben die offenen Fragen nichts an Brisanz verloren«, haben Detlef zum Winkel und ich 1987 in »nix gerafft« geschrieben. Uns wurde damals entgegengehalten, einen Mythos hochhalten zu wollen. Fünfzehn Jahre nach Stammheim, nach der Wiedervereinigung halten die Unterstützer der staatlichen Selbstmordthese das Thema offenbar selbst für brisant genug, es wieder aufzubringen. Die Aussagen von Monika Helbing, Susanne Albrecht und schließlich Peter Jürgen Boock werden in den Zeitungen und den Rundfunknachrichten jeweils gut plaziert. Der Tenor ist stets der gleiche: Jetzt wäre endlich bewiesen ... – was doch, in der Logik der Regierung und der staatstragenden Publizistik, gar nicht mehr hätte bewiesen werden müssen. Schließlich müßte schon am Tag danach, glaubte man der Regierung und den Medien, alles so eindeutig und klar gewesen sein, wie es den neuen Berichten zufolge angeblich jetzt durch die Aussagen der Aussteiger ist.

»Suicide Action« hat der »Spiegel« seinen Bericht über die angebliche Zerstörung der »Stammheim-Legende« überschrieben: Die darin wiedergegebenen Aussagen von Monika Helbing und Susanne Albrecht erweisen sich allerdings als eher dürftig. Weder Susanne Albrecht noch Monika Helbing können von Fakten berichten, die die Widersprüchlichkeiten und offenen Fragen des offiziellen Todesermittlungsverfahrens erklären oder beantworten würden. Susanne Albrecht hat der Bundesanwaltschaft zufolge ausgesagt: »Aus den Gesprächen der Mohnhaupt habe ich entnommen, daß die Stammheimer Gefangenen vorhatten, Selbstmord zu begehen, wenn die Freipressungsaktion nicht klappt.« Auch Monika Helbing berichtet, daß sie von Brigitte Mohnhaupt von den Selbstmord-Plänen erfahren habe. Selbst wenn das stimmen sollte, wäre damit nichts bewiesen als: Gefangene haben über Selbstmord nachgedacht, Angehörige des Krisenstabes haben über Mord an Gefangenen räsonniert.

Die Aussagen Peter Jürgen Boocks, nachzulesen in einem ausführlichen Interview der »taz«, sind einerseits allgemeiner, da er nicht Brigitte Mohnhaupt als Quelle für die Informationen über den angeblich geplanten Selbstmord nennt, sondern nur »eine

Frau«, andererseits konkreter, denn er behauptet, er selbst habe die Waffen präpariert, die »in sechs oder sieben Transporten reingegangen waren«.

Boocks Aussage ist nicht ganz so überraschend, wie es zunächst scheint: Tatsächlich ist er der dritte Zeuge der Bundesanwaltschaft, der angibt, gewußt zu haben, daß sich im 7. Stock in Stammheim Waffen im Besitz der Häftlinge befanden. Der erste ist Volker Speitel, der am 2. Oktober 1977 verhaftet wurde und sofort als Kronzeuge aussagte, daß den Gefangenen zwischen März 1977 und Juni 1977 Waffen übergeben worden seien (bei den darauffolgenden Zellen-Durchsuchungen wurden allerdings keine Waffen gefunden). Als nächster teilt der RZ-Aussteiger Hans-Joachim Klein in einem Interview mit der französischen Tageszeitung »Liberation« mit, er habe bereits »seit 1975 gewußt, daß sie Waffen im Knast hatten«. Klein, dessen Aussage in offenem Widerspruch zu der von Speitel steht, ist dazu nie vernommen worden. Boocks Angaben sind vage genug, um zu keiner der beiden Versionen in Widerspruch zu geraten – sie geben auch keinen Aufschluß darüber, wie viele Waffen er präpariert hat und wie es ihm gelungen ist, die Waffen so zu präparieren, daß die Metalldetektoren bei der Anwaltskontrolle nicht angeschlagen haben und sie nicht einmal bei der Blattkontrolle der Anwaltsakten aufgefallen sind.

Aber selbst den unwahrscheinlichen Fall angenommen, Boocks Angaben erwiesen sich diesmal als wahr, sind die Selbstmorde damit noch lange nicht bewiesen: »Aus den Verhandlungen des Untersuchungsausschusses wird hinreichend klar, daß die Gefangenen weder Einfluß darauf hatten, in welche Zelle sie verlegt würden, noch wann und wie lange sie ihren Plattenspieler behielten, von denen einer als Waffenversteck ... gedient haben soll«, faßt Karl-Heinz Weidenhammer zusammen, »somit standen die beiden Tatwaffen, selbst dann, wenn sie im 7. Stock vor dem 18. Oktober vorhanden gewesen sein sollten, den beiden Gefangenen nur dann zur Verfügung, wenn sie durch die Anstaltsleitung oder sonstige Staatsdiener dazu in die Lage versetzt wurden.«

Wenn aber so relativ belanglose Aussagen wie die von Helbing und Albrecht sowie vage Angaben wie die von Boock 13 bis 15 Jahre nach der Todesnacht in Stammheim als Legenden-Killer aufbereitet werden, dann steht es um die angebliche Legende offensichtlich besser als um das, was als Wahrheit durchgesetzt werden soll. »Man kann die Perfidie auch so weit treiben«, zitiert der »Spiegel« 1990 Innenminister Maihofer von 1977, »daß man seine eigene Tötung zur Hinrichtung macht.« Was aber hieße das im umgekehrten Fall? Wenn die Hinrichtung als Selbstmord dargestellt wird?

Faschisierung oder Sicherheitsstaat?

Am Stammheim-Komplex wird ein zum äußersten entschlossener Staatsapparat erkennbar, der die rechtsstaatlichen Normen nicht nur restriktiv und repressiv faßt, sondern auch bereit ist, die selbstgesetzten Grenzen zu überschreiten – und das auch noch, ohne tatsächlich ernsthaft bedroht zu sein. Die RAF und andere militante politische Gruppen, wie zum Beispiel die RZ, hatten, anders als Guerillaorganisationen in anderen europäischen Ländern wie die IRA oder die ETA, zu keinem Zeitpunkt eine Massenbasis, sie sind nicht und waren nie, weder politisch noch militärisch, in der Lage, die Machtfrage zu stellen – und es hat sich auch nie eine Entwicklung abgezeichnet, die dorthin hätte führen können.

Trotzdem wurden und werden von Staatsseite routinemäßig illegale Methoden bzw. rechtlich fragwürdige Mittel eingesetzt: Dazu gehören die Einvernahme von Kronzeugen ohne entsprechende gesetzliche Grundlagen, die Suspendierung von Richterentscheidungen durch Justizminister, weitgehende Überwachungsmöglichkeiten, die Schaffung eines Sonderrechtssystems wie des Paragraphen 129a, dessen Anwendung den individuellen Tatnachweis weitgehend entbehrlich macht, Haftbedingungen, die als Menschenrechtsverletzungen beschrieben werden müssen und die den Tod von mindestens sieben politischen Gefangenen zur Folge hatten, illegale Geheimdienstaktionen wie das »Celler Loch« oder, Jahre später, Zwangsmaßnahmen gegen einen drogensüchtigen ehemaligen V-Mann, Siegfried Nonne, um ihn als Kronzeugen gegen ein RAF-Kommando zu gewinnen.

Offensichtlich ist auch, daß der Protest gegen diese, wesentliche Grundrechte verletzenden geheimen und weniger geheimen Staatsaktionen, deutlich schwächer geworden ist. Wobei allerdings zu bezweifeln ist, daß die von Infas 1971 ermittelten »17,5 Prozent aller Interviewten«, die sich bereit erklärten, »Mitgliedern der Baader-Meinhof-Gruppe praktische Unterstützung zu gewähren – und zwar selbst im Bewußtsein der Strafbarkeit solcher Handlungen«, tatsächlich alle ihre Sympathien mit der antiimperialistischen Politik der RAF ausdrücken wollten oder ob sie nicht, zumindest teilweise, »heimliche Systemopposition« zum Ausdruck brachten und sich aus Unzufriedenheit mit der eigenen Situation, heimlich und ohne Nachteile befürchten zu müssen, auf die Seite des entschiedensten Systemgegners stellten.

In den auf 1971 folgenden Jahren, besonders im Deutschen Herbst, zeigt sich jedenfalls kein Widerspruch weiter Teile der Bevölkerung zu den Staatsmethoden der Bekämpfung der RAF, sondern Zustimmung. Die »Terroristenjagd« dient als Katalysator für gesellschaftliche Aggressionen und läßt einen Vernichtungswillen gegen SystemgegnerInnen spürbar werden, der für eine autoritäre Gesellschaft, nicht aber für eine freiheitlich verfaßte Demokratie charakteristisch ist. Die RAF hat, so gesehen, nicht nur die bereits vorhandenen »post- und präfaschistischen« Strukturen des Staatsapparats freigelegt, sondern auch das entsprechende Bewußtsein der Gesellschaft insgesamt.

Irritierenderweise hat der Deutsche Herbst aber nicht zur Folge, daß die linken StaatskritikerInnen ihre Analyse, daß es im Staatsapparat und in der Gesellschaft eine Tendenz zur Faschisierung gibt, weiterentwickeln und verfeinern, indem sie zum Beispiel die Ansätze, die Bevölkerung für die Sympathisantenhatz und Terroristenfahndung zu aktivieren, registrieren. Statt dessen schließen sich in den folgenden Jahren immer mehr Linke, auch radikale, der eher von gemäßigt sozialistischen Positionen aus entwickelten Vorstellung an, daß die Verhältnisse hierzulande als »Sicherheitsstaat« bzw. »präventiver Sicherheitsstaat« zutreffend beschrieben wären. Das Interesse daran, Kontinuitäten vom nationalsozialistischen zum demokratischen Deutschland, restaurative Entwicklungen zu entdecken, geht in dem Maß verloren, wie solche Tendenzen an Aktualität gewinnen. Die deutschen Verhältnisse scheinen den meisten, auch linken, Kritikern »normal« zu sein, den Verhältnissen in anderen wesentlichen Staaten ohne nazistische Vergangenheit ähnlich.[1]

Der Abschied von der Kritik der »Faschisierung«, die Hinwendung zur Warnung vor dem »Sicherheitsstaat« erfolgt in engem Zusammenhang mit dem Paradigmenwechsel der politischen Bewegungen. Die Ökologie rückt in den Mittelpunkt der Auseinandersetzungen, und in der Anti-AKW-Bewegung wird eine Politik, die gegen eine mögliche atomare Bewaffnung Deutschlands zielt, auf einen Randplatz verbannt. Beschleunigt und verstärkt wird diese Entwicklung durch die Hoffnung vieler Linker, daß sich aus den neuen sozialen Bewegungen, die Ende der siebziger, Anfang der achtziger Jahre entstehen, ein neuer, systemoppositioneller Massenprotest entwickeln könnte. Im Kurzschluß werden die eigenen Wünsche mit den Befürchtungen des Staatsapparats und der Realität gleichgesetzt und daraus eine Analyse der Repressionspolitik abgeleitet. Die staatlichen Möglichkeiten, Hunderttausende durch den Einsatz der elektronischen Datenverarbeitung zu überwachen, geraten ins Zentrum der Kritik. Die Warnung davor, daß die »Sicherheitsmaßnahmen« des Staates sich gegen jeden richten können, ergänzen die auf unterschiedslose Betroffenheit zielende Agitation in ökologischen Fragen.

»Schließlich wird das diffuse Syndrom der Sicherheitsideologie auch dadurch erschüttert, daß es der Staat selber ist, der permanent Unsicherheit verbreitet, sei es durch eine in der Tat abenteuerliche Atompolitik oder symbolisch anläßlich großmaßstäblicher inszenierter Terroristenjagden«, schreibt Joachim Hirsch in seiner grundlegenden Arbeit zum »Sicherheitsstaat«. »Der ›innere Feind‹ scheint jedoch zwangsläufig vage bestimmt und zugleich allgegenwärtig. Wenn aber jeder zum potentiellen ›Verfassungsfeind‹ wird, treibt diese Form der ideologischen Integration zugleich Irritation und Angst hervor.«

Je deutlicher wird, zum Beispiel bei den großen Friedensdemonstrationen in Bonn, daß sich keineswegs »jede« und »jeder« als potentieller Verfassungsfeind fühlen muß und die überwiegende Mehrheit der DemonstrantInnen sich auch nicht so fühlt, desto eindringlicher versuchen weite Teile der Linken genau dieses theoretisch »alle« bedrohende Moment der staatlichen Repression herauszukehren. Eine Volks-Gemeinschaft der von staatlicher Verfolgung Bedrohten wird konstruiert – wobei die Produktion »existentieller Unsicherheit ... im Gefolge einer forcierten Großtechnologie« durch Staat und Industrie und die »immer aufwendigeren Sicherheitsmaßnahmen ..., die dann jedoch in erster Linie dazu benutzt wurden, die außerparlamentarische Opposition gegen die Zerstörung der Lebensgrundlagen zu kriminalisieren und in Schach zu halten«, als einander bedingend gesehen werden und im dramatischen Szenario einer von einem verselbständigten Apparat total in den Griff genommenen Bevölkerung kulminieren: »Wir sehen uns gegenwärtig konfrontiert mit einer modernen Ausdifferenzierung staatlicher Mittel und Methoden der Kontrolle und Überwachung, die nicht mehr nur wenige verdächtigte Menschen betreffen, sondern verdachtsunabhängig orientiert sind auf die gesamte Bevölkerung.« (Rolf Gössner, Das Anti-Terror-System).

Die Kritik fixiert sich auf die Technik des Polizeiapparates und lenkt damit von den politischen Interessen, die ihn leiten, und vor allem von der gesellschaftlichen Wirklichkeit, in der die Polizei ordnend, befriedend und einschüchternd tätig werden soll, ab. Der Staat erscheint so als weitgehend unberechenbarer Moloch – die Unterschiede zwischen der tatsächlichen Anwendung von Staatsgewalt und ihrem theoretisch möglichen Einsatz verschwimmen.

Dabei liefert gerade die Vorgehensweise des Staates gegen die RAF – die Isolationshaftbedingungen, Verhöre schwerverletzter Gefangener, das Einsperren haftunfähiger politischer Gefangener manchmal für über fünfzehn Jahre, die Präparierung von Zeugen – ein anschauliches und bedrückendes Beispiel dafür, daß nicht die technischen Mittel, sondern die politischen Zielsetzungen Grundlage einer Grund- und Menschenrechte verletzenden Repression sind, wohingegen die durch die technische Aufrüstung des Fahndungsapparates erhofften Erfolge bisher weitgehend ausgeblieben sind. Aus der Verfolgung der RAF ist auch zu lernen, daß »Sicherheit«, also die Gefangennahme der Kader mit dem Ziel, die Anschläge zu stoppen, nur ein und möglicherweise nicht einmal das wichtigste Ziel der Staatssicherheitspolitik ist. Folgerichtig spielt der Verfassungsschutz, der sich als politische Beratungsinstanz präsentiert, Öffentlichkeit strukturiert und Interpretationen vorgibt, eine zunehmend größere Rolle und ist oftmals gegenwärtiger als das BKA.

Der Versuch, die Bevölkerung in die Fahndung einzuspannen, das vehemente Engagement dafür, die gefangengenommenen Feinde zum »Abschwören« zu bewegen, um sie für die Staatsschutz-Propaganda einsetzen zu können, das Bestreben, sie in der Haft politisch und menschlich zu brechen, zeigen, daß die Bekämpfung des »politischen Verbrechers« gleichzeitig die Komplizenschaft innerhalb des Systems, die gegenseitigen Loyalitäten stärken soll. Eine Analyse der politischen Herrschaft, die den Ausbau des unterschiedslos alle bedrohenden »Überwachungsstaats« in den Mittelpunkt rückt, ist auch deswegen fatal, weil sie einen systembedingten Gegensatz zwischen Apparat und Bevölkerung konstruiert. Dabei käme es darauf an herauszuarbeiten, wie Feindgruppen definiert und schließlich, wenn es opportun erscheint, unter Einbeziehung der Bevölkerung bekämpft werden. Deren teilweise Kollaboration mit dem Staatssicherheitsapparat erfolgt dabei keineswegs nur aus irregeleitetem Bewußtsein. Viele wollen von Ruhe und Ordnung, von der Machtausweitung des Regimes im Inneren (und nach außen), von ihrer Zugehörigkeit zur Gruppe der Stärkeren profitieren – daß sie dabei in der Regel weniger einheimsen werden, als sie sich davon versprechen, ändert an ihrer Haltung und Verantwortung nichts.

Das beantwortet, zumindest zum Teil, auch die von Rolf Gössner am Schluß seiner Analyse des »Anti-Terror-Systems« gestellte Frage: »Wann endlich wird sich die historische Erkenntnis durchsetzen, daß die wirklichen und systematischen Gefahren für die Menschen und die Menschenrechte nicht zuletzt von staatlicher Seite, vom staatlich organisierten Gewaltapparat drohen?« Wir leben eben nicht, wie Gössner unterstellt, in Verhältnissen, deren Wesen durch den Begriff der »Risikogesellschaft« zutreffend beschrieben wäre: Die »Gefahrenpotentiale und (Beinahe-)Katastrophen im Gefolge einer forcierten Großtechnologie (u. a. Atomenergie, High-Tech-Waffen-Produktion, Computerisierung, später: Gentechnologie etc.)« existieren zwar tatsächlich, die Menschheit ist aber keine Schicksals- oder Sicherheitsgemeinschaft, der gemeinsame »Kampf gegen die Zerstörung der Lebensgrundlagen« erweist sich als gefährliche Illusion. Die Auseinandersetzungen um das Lebensrecht des Waldes und die Reinheit der Luft können nicht einfach um eine emanzipatorische Dimension erweitert werden – wenn sie nicht das Zentrum der Politik bildet, existiert sie überhaupt nicht.

Auch der Politologe Joachim Hirsch, der immerhin sieht, daß »die Menschen« nicht einfach gut oder unterdrückt, sondern auch reaktionär sein können, beharrt auf dem unauflösbaren Widerspruch zwischen Sicherheitsstaat und politischen Bewegungen jedweder Orientierung: »Das Dilemma des Sicherheitsstaates besteht darin, daß wegen der gesellschaftlichen Ausgrenzungs- und Spaltungsprozesse, auf denen er beruht und die er reproduziert, und wegen der bürokratischen Verfestigung und Abschottung des Massenintegrationssystems auf umfassende Mobilisierungskampagnen, um die Risse im Herrschaftssystem zu schließen, verzichtet werden muß – die bestehende Form des Staates würde auch von einer reaktionären Massenbewegung bedroht. Breitere politisch-soziale Bewegungen, die immer auch Eigendynamiken entwickeln, sind mit seinem Funktionsmodus schlecht vereinbar und können deshalb von den Herrschenden nicht risikofrei stimuliert werden.«

Heute zeigt sich offen, was bislang nur notdürftig zu belegen war: Die reaktionäre Bewegung, die die im Grundsatz emanzipatorisch orientierten sozialen Bewegungen der achtziger Jahre überrollt, bedroht mit ihrem Ressentiment gegen Ausländer und ihrer chauvinistischen, deutschen Grundeinstellung den Staat in keiner Weise – und wird dementsprechend zuvorkommend behandelt. Der »Überwachungsstaat«, seine Geheimdienste und die Polizei arbeiten eben keineswegs »verdachtsunabhängig« und ungezielt – ihre Stärke ist gerade die Fähigkeit und große Bereitschaft zur Selektion und zu taktischer Flexibilität. Das Legalitätsprinzip wird durch den Opportunitätsgrundsatz abgelöst. Erst wenn offener staatlicher Autoritätsverlust droht, nimmt die Polizei – zum Beispiel in der dritten Nacht der Angriffe auf das Flüchtlingsheim in Rostock – die Lage in den Griff. Und selbst in dieser Situation wird deutlich gemacht, daß der Hauptfeind im linken, antifaschistischen Spektrum angesiedelt ist. Vorfelderfassung, Einkesselung auf dem Weg nach Rostock – das bleiben Probleme der DemonstrantInnen, die zum Schutz der Flüchtlinge angereist sind, um zu zeigen, daß den nazistischen Gruppen und ihren Claqueuren die Straße eben noch nicht ganz gehört.

»Die Brüchigkeit der ideologischen Legitimationsbasis wird zusätzlich dadurch verstärkt, daß eine nationalistische, rassistische und chauvinistische ideologische Mobilisierung angesichts der Weltmarktabhängigkeit und Weltmarktverflechtung des westdeutschen Kapitals nicht ohne weiteres möglich ist«, heißt es bei Joachim Hirsch in der 1986 überarbeiteten Fassung des »Sicherheitsstaates«: Das traf schon damals die Zustände im sich erneuernden Deutschland nicht mehr, weil es den Übergang vom tatsächlich sehr viel stärker (keineswegs ausschließlich) technokratisch geprägten Sicherheitsverständnis der Sozialdemokratie zum wertebewußten der Konservativen ausblendet.

Heute erweist sich die Aussage trotz entsprechender Presseerklärungen z. B. des Bundesverbandes der Deutschen Industrie als vollends überholt: Die ideologische Mobilisierung wird längst von einer tatsächlichen flankiert. »Ausländer-raus!«-Parolen sind nicht mehr nur Material für die ersten Seiten der »National-Zeitung« und nazistischer Kleinstblätter. Sie sind unter den Augen und mit Billigung des Staates praktische Politik geworden. Hoyerswerda ist ausländerfrei, die Ausländer aus Rostock-Lichtenhagen mußten die Stadt verlassen, in Mannheim-Schönau befinden sich Flüchtlinge quasi in Schutzhaft, und wo immer sich ein Mob zusammenrottet und eine gutorganisierte Gruppe findet, können innerhalb weniger Tage ähnliche Verhältnisse geschaffen werden – solange die Bundespolitik, unterstützt von dieser Volks-Mobilisierung, Ausländer noch weitergehend entrechtet und außer Landes drängt. Die Verschärfung der gesetzlichen Grundlagen und die Einschüchterung durch nicht verhinderte Übergriffe greifen dabei wirkungsvoll ineinander. Nicht die Bedrohung der gesamten Bevölkerung, sondern die Isolierung einzelner Gruppen und die von einer rechten Massenbewegung mit Duldung bzw. in Zusammenarbeit mit dem Polizei- und Geheimdienstapparat gegen sie geführten Angriffe sind die eigentliche Gefahr, die hierzulande droht.

Mit der Vorstellung vom »Sicherheitsstaat« mit einem im Prinzip auf Konfliktprävention und Befriedung zielenden Apparat ist diese konfrontative Politik und der begrenzte Verzicht des Staates auf sein Gewaltmonopol schwer zu erklären. Um die Aktionsbedingungen radikaler Linker zu bestimmen und die Zielrichtung der staatlichen Repression und ihr Zusammenwirken mit dem Terror von Rechts analysieren zu können, bedarf es anderer Kategorien. Die Vorstellung von einer Faschisierung verweist, wenn sie sich nicht den traditionellen, verkürzten, Faschismus-Begriff zu eigen macht und die hiesigen Verhältnisse nicht als identisch mit denen im 3. Reich mißdeutet, auf die spezifischen Bedingungen und Traditionen des Rechtsstaates hierzulande, der den Keim des Staatsterrorismus in sich birgt.

Das wiedervereinigte Deutschland fühlt sich durch seine Weltmarktabhängigkeit nicht mehr an die Einhaltung zivilisatorischer Standards gebunden – eine Entwicklung, die nicht nur im Inneren Konsequenzen zeitigt, sondern auch in einer neuen expansiven Außenpolitik ihren Niederschlag findet. Da kann es nicht als Zufall durchgehen, daß Klaus Kinkel, ehemals Präsident des Bundesnachrichtendienstes, dann als Bundesjustizminister Initiator der »Koordinierungsgruppe Terrorismusbekämpfung«, innerhalb nur eines Jahres eine öffentlichkeitswirksame Kurskorrektur in der Politik der »Inneren Sicherheit« gegenüber den Gefangenen aus der RAF bewirkt und kurz darauf, mittlerweile Bundesaußenminister geworden, im Parlament den Weg für deutsche Truppen in die Krisengebiete der Welt freikämpft.

Versöhnungsoffensive

Lutz Taufer, Gefangener aus der RAF seit 1975, hat in seinem »Brief an einen Gefangenen« (in: »Odranoel«) die Versöhnungsinitiative Kinkels gegenüber der RAF als erste Amtshandlung des Bundesaußenministers bezeichnet: Wer Krieg nach außen führen will, muß die Bevölkerung hinter sich wissen. »Die Mentalität jener Gesellschaft, die für die Eroberung wirtschaftlicher Führungspositionen in der Welt taugte, taugt nicht für imperialistische Großmachtpolitik, für die Eroberung politisch-militärischer Führungspositionen ... Ich denke, diese Kinkel-Initiative hat etwas zu tun mit dem Umbau der alten BRD-Gesellschaft in eine andere ... in eine Gesellschaft, die die tatsächlich oder vorgeblich gemeinsamen Probleme, Aufgaben und Konflikte annimmt und durcharbeitet, statt sich ihnen aus Risikoscheu, aus Egoismus, aus klassen- und gruppenspezifischen Interessengegensätzen zu verweigern.«

Es mag etwas verwegen anmuten zu unterstellen, daß der frühere Bundesjustiz- und heutige Außenminister zur Schaffung des neuen Gemeinschaftsbewußtseins ausgerechnet eine Versöhnungsinitiative gegenüber der RAF gestartet habe – tatsächlich spricht aber einiges dafür, daß diese Überlegung ihn zumindest auch motiviert hat. Die Mißhandlung der Gefangenen durch den Staat ist ein Thema, das neben den für Kinkels Überlegungen wahrscheinlich eher weniger interessanten fundamentaloppositionellen Linken, vor allem die ins System integrierten Alt-68er und Neu-78er und deren tägliches Besinnungsblatt, die »taz«, immer wieder zu Reaktionen motiviert hat: Vor allem aus biographischen Gründen, die für ihr politisches Handeln auch sonst von zentraler Bedeutung sind, engagieren sie sich für ein Ende der »Gewalteskalation« zwischen Staat und Guerilla.

Den Gewinnern des Modernisierungsprozesses der BRD-Gesellschaft Ende der siebziger, Anfang der achtziger Jahre kommt jetzt, da es erneut um eine tiefgreifende Veränderung der deutschen Verhältnisse geht, wieder einige Bedeutung zu: Der bislang nach innen gerichtete Blick muß nach außen gelenkt, die satte Genügsamkeit in missionarische Begehrlichkeit verwandelt, künftige Interventionspolitik begründet und legitimiert werden.

Lutz Taufer weist darauf hin, daß der Rassismus, der Motor für die gegenwärtigen Angriffe auf Flüchtlinge, mit der Parole »Ausländer raus!« eher eine Ausgrenzungs- und Abschottungsmentalität zeigt. Von einem auf Ausbreitung und Eroberung neuen Lebensraums zielenden Rassismus ist das, ohne daß die beiden strikt voneinander zu trennen wären, noch entfernt. Für die zukünftige deutsche Außenpolitik kommt es aber darauf an, die isolationistische in eine Eroberungsmentalität weiterzuentwickeln.

In der Konstruktion der dafür auch nötigen »höheren Ziele«, die sich zusehends als Re-Konstruktion erweisen wird, ist die geläuterte, systemkritische Linke erfahren. Ihr Ruf in der Welt ist noch unbescholten, die Bereitschaft zum Missionarischen ist vorhanden. Für die expansive Politik des wiedervereinigten Deutschlands ist das Engagement dieser Intelligenz deshalb von Nutzen – ein Grundmotiv der zukünftigen Großmachtpolitik hat sie bereits fest in der politischen Diskussion verankert: gehandelt wird, wie auch immer, im Namen der Zivilität, für Mitteleuropa.

Die Kinkel-Initiative ist auch ein Versuch, den letzten Rest schlechten Gewissens dieser Söhne-und-Töchter-Gesellschaft noch in zukunftsträchtigen Tatendrang zu verwandeln. Deswegen sprengt die Initiative auch nicht den Rahmen des Symbolischen – sie ist so ernst wie das schlechte Gewissen der »Entsolidarisierungslinken«: Die Freilassung des schwerkranken Günter Sonnenberg kann nicht einmal notdürftig den Skandal verdecken, den seine 15 Jahre währende Inhaftierung trotz schwerer Hirnverletzungen und lebensbedrohlicher Anfälle bedeutet hat. Zumal Sonnenbergs Krankheit von den Vollzugsbehörden, LKA und BKA als Ansatzpunkt für zusätzlichen Terror genutzt wurde: »Ich hatte mir immer so ein Heft genommen, wo ich alles aufgeschrieben habe, weil ich mir (infolge der schweren Hirnverletzung, Anm. O. T.) nichts merken konnte. Das haben sie mir einfach weggenommen – immer mal wieder. Das war für mich schlimm, weil ich dann nicht mehr wußte, was war ... es ist, als wenn sie dir ein Teil von deiner Geschichte wegnehmen, du weißt nicht mehr, was davor war.« Bernd Rössner, der zweite Gefangene aus der RAF, dessen chronische, in seinem Fall: haftbedingte Erkrankung lebensbedrohlich ist, wird günstigstenfalls im Spätherbst 1992, nach 17 Jahren Haft, entlassen – und hätte er sich nur auf die Kinkel-Initiative verlassen und nicht auch auf seine AnwältInnen und einige engagierte GenossInnen, er wäre trotz allem eher in einer geschlossenen psychiatrischen Abteilung als in Freiheit angekommen. Andere Gefangene, deren Gesundheitszustand bedrohlich ist, wie Isabel Jakob und Ali Jansen, werden in absehbarer Zeit nicht entlassen werden. Die politische Forderung der Gefangenen aus der RAF und dem Widerstand, für alle eine Lösung zu finden, die Freiheit in absehbarer Zeit bedeutet, ist auch von Kinkel entschieden zurückgewiesen worden. Nicht einmal die Zusammenlegung der Gefangenen in großen Gruppen zeichnet sich ab. Statt dessen werden die Isolationshaftbedingungen, die derzeit besonders scharf gegen Brigitte Mohnhaupt angewandt werden, fortgeschrieben. Isolation – das heißt nicht nur Einzelhaft, rigide Besuchsbeschränkungen, scharfe Zensur der Post (politische

Texte werden in der Regel angehalten), Trennung von GenossInnen – sie beinhaltet auch eine totale Kontrolle des reduzierten menschlichen Kontakts, der überhaupt noch zugelassen wird. Christa Klar, die Mutter von Christian Klar, der ebenfalls außerordentlich scharfen Haftbedingungen unterworfen ist, hat in einem Brief geschildert, wie Durchsuchungen der Besucherin und des Besuchten und die Anwesenheit von LKA-Beamten im Raum, die Notizen über den Gesprächsverlauf machen, selbst die zwei Stunden Besuch pro Monat noch in das Konzept der Isolationshaft integrieren.

Im Grunde vergleichbare Isolations-Haftbedingungen in Uruguay haben zu einer Intervention des Menschenrechtsausschusses der Vereinten Nationen geführt, weil sie mit dem Artikel 10 des UN-Vertrages nicht vereinbar waren. Der UN-Vertrag über bürgerliche und soziale Menschenrechte ist zwar von der Bundesregierung unterzeichnet worden, nicht aber das dazugehörige Fakultativ-Protokoll, das möglich machen würde, daß sich bundesdeutsche Gefangene ebenso wie Häftlinge aus Uruguay mit einer Individualbeschwerde an den Menschenrechtsausschuß wenden können.

Die Versöhnungsinitiative Kinkels, die das Ausschöpfen des rechtsstaatlich Möglichen als Ziel proklamiert, macht deutlich, daß ihr an der Einhaltung der Menschenrechte nicht allzuviel liegt. Sie ist in erster Linie eine ideologische Offensive, in zweiter Linie ist es tatsächlich ihr Ziel, durch ein Minimum an Zugeständnissen zu erreichen, was ein Maximum an polizeistaatlichem Engagement bislang tatsächlich nicht bewirkt hat: dem bewaffneten Kampf der militanten Linken ein Ende zu setzen – und zwar auf Dauer.

Für die verbleibenden linken Fraktionen lohnt der Streit darum nicht, ob wir die Kinkel-Initiative verneinen, was Lutz Taufer als Flucht in die Wagenburg kritisiert, oder ob wir sie ... ja was? – Niemand hat uns gefragt, und unsere Antwort interessiert auch ernstlich kaum jemanden. Wollen wir die Freilassung der politischen Gefangenen und die Durchsetzung grundlegender Menschenrechte im Gefängnis überhaupt erreichen, werden wir unsere eigenen Ideen und Aktivitäten entwickeln müssen. Die Gefangenen aus Celle und Lübeck, die einige Interviews geben durften, haben klar gemacht, daß sie raus wollen, daß sie aber nicht bereit sind, dafür das aufzugeben, was sie durch zehn, fünfzehn, zwanzig Jahre Haft gerettet haben: ihre Geschichte und ihre Erfahrungen – auch mit diesem Staat und seinen zerstörerischen Gefängnissen.

ZWISCHEN STAMMHEIM, FRONTKONZEPT UND HUNGERSTREIK 1984/85

Auf den »Deutschen Herbst« 1977 folgt eine Phase der innenpolitischen Restauration. In Sammelbänden wie »Briefe zur Verteidigung der Republik« und »Briefe zur Verteidigung der bürgerlichen Freiheit« wehren sich linksliberale Meinungsführer wie Jürgen Habermas, Klaus Staeck oder Walter Jens gegen das spürbar autoritär werdende Klima und die Intellektuellenhetze – aber nicht ohne die militante Linke, vornehmlich »die Terroristen«, als hauptverantwortlich für die Rechtsentwicklung zu denunzieren. 1978-79 findet in Frankfurt und Köln das 3. Russell-Tribunal, u. a. gegen die Berufsverbote in der BRD, statt.

Rechtsentwicklung: Das ist z. B. 1979 die Wahl des ehemaligen NSDAP-Mitglieds Karl Carstens zum Bundespräsidenten. 1982 wird als »Wende« vollzogen, was in Wirklichkeit bloß eine, wenngleich spürbare, Verschärfung des politischen Kurses nach rechts bei gleichzeitiger Beschleunigung des Tempos der Restauration ist. Die neue Koalition aus CDU/CSU und FDP, die die SPD/FDP-Regierung 1982 ablöst, wird bei den Wahlen 1983 deutlich bestätigt. In einer Rede vor dem Deutschen Bundestag am 15. Juni 1983 erklärt CDU-Generalsekretär Heiner Geißler, daß »der Pazifismus der dreißiger Jahre Auschwitz erst möglich gemacht hat« – in den folgenden Jahren werden CDU/CSU-Politiker und Intellektuelle, die an ihrer Seite stehen, immer wieder und immer deutlicher die NS-Verbrechen relativieren bzw. die Linken als die eigentlich Verantwortlichen angreifen. Auch das Spektakel um die gefälschten Hitler-Tagebücher, die der »stern« als echte veröffentlicht, ist in diesem Zusammenhang zu sehen. 1985 besucht US-Präsident Reagan auf Bitten Bundeskanzler Helmut Kohls, gegen den Widerstand jüdischer Gruppen und Organisationen in aller Welt, den Militärfriedhof in Bitburg, auf dem auch SS-Soldaten beerdigt sind, und legt einen Kranz nieder. In diese Zeit fallen auch erste folgenreiche und erfolgreich populistisch begründete Bemühungen, das Asylrecht nachhaltig zu demontieren. Am 30. August 1985 nimmt sich der türkische Flüchtling Kemal Altun das Leben, weil er die Abschiebung in die Türkei fürchtet.

Während die Konservativen im Parlament eine hegemoniale Position erobern können, entfalten im außerparlamentarischen Bereich rechtsextreme Organisationen und nazistische Wehrsportgruppen enorme Aktivitäten, die von der bundesdeutschen Justiz nur sehr nachlässig verfolgt werden. Selbst als 1980 bei einem rechtsextremistischen Bombenattentat auf das Oktoberfest in München 13 Menschen getötet werden, stellen Staatsanwaltschaft und Polizei bald das Verfahren ein, obwohl zahlreiche Indizien dagegen sprechen, daß der beim Anschlag ums Leben gekommene Gundolf Köhler den mörderischen Anschlag tatsächlich allein vorbereitet und begangen hat.

Teile der Linken reagieren auf das offene und aggressive Auftreten der Rechten mit »Rock gegen Rechts« und der Intensivierung ihres, ideologisch allerdings zumeist sehr eingeengten, antifaschistischen Engagements. Der Trend weist jedoch in eine andere Richtung. Weite Teile der bundesdeutschen Linken orientieren sich Ende der siebziger Jahre neu: Auf dem Tunix-Kongreß wird die »Politik in der ersten Person«, die radikale Absage an organisiertes linkes Engagement, zum Programm erhoben. Nur scheinbar im Widerspruch dazu werden allerorten grüne, bunte und alternative Listen gegründet: Maßgebliche Fraktionen der außerparlamentarischen Opposition haben sich auf die Suche nach einem Weg in die Parlamente begeben. Die Grünen konstituieren sich Anfang 1980 als Bundespartei und ziehen bereits 1983 in den Bundestag ein – viele nehmen das als erstes Anzeichen für eine neue Reformphase. Eine Hoffnung, die durch das erste rot-grüne Regierungsbündnis 1985 in Hessen bestärkt wird. Tatsächlich verändern sich in diesen Jahren aber vor allem die Grünen selber. Sie treten an mit der Vorstellung, parlamentarische RepräsentantInnen der außerparlamentarischen Bewegung zu sein – Einheitslohn, Rotationssystem und quasi-imperatives Mandat scheinen selbstverständlich – und wandeln sich innerhalb weniger Jahre zu einer ganz normalen, im wesentlichen den ökoliberalen Mittelstand vertretenden Partei.

Bewegungen wie die Anti-AKW- und die Friedensbewegung, in denen linksradikale Gruppen zwar aktiv, aber nicht dominant sind, prägen weiterhin den politischen Alltag – erleiden aber dauerhafte Niederlagen. Der Häuserkampf erreicht 1981 seinen Höhepunkt – und wird teils durch Legalisierungen und teils durch rücksichtslose Räumungen beendet. Der Widerstand gegen den Bau der auch militärisch nutzbaren Startbahn-18-West bei Frankfurt wird zeitweise von Hunderttausenden unterstützt, zieht Kreise bis weit in die Gewerkschaften hinein – und verfehlt sein Ziel letztlich doch. Insbesondere die Opposition gegen die Stationierung von US-amerikanischen Atomwaffen auf dem Territorium der BRD kann sich über großen Zulauf freuen – in das Engagement für Frieden mischen sich allerdings unüberhörbar deutschnationale Töne. Einer der wesentlichen Ansatzpunkte der Friedensbewegung für ihre Massenmobilisierungen ist die angeblich fehlende Souveränität und das Übermaß an Fremdbestimmung Deutschlands. 1983 überschreitet die Bewegung, die den NATO-Doppelbeschluß und seine Umsetzung nicht verhindern kann, ihren Höhepunkt – und beschränkt sich zunehmend auf symbolische Aktionen wie Blockaden von Prominenten vor US-Militärkasernen. In Wackersdorf beginnt im Februar 1985 der Widerstand gegen die geplante Wiederaufbereitungsanlage.

Die »taz«, die ab dem 20. Januar 1979 regelmäßig erscheint, ist Ausdruck und in gewisser Weise auch Organisator der Nach-1977er-Opposition: »Die Zeitung soll ein Teil der öffentlichen Meinung werden ...« heißt es im »Prospekt Tageszeitung«. Schon ein halbes Jahr nach Erscheinen der ersten täglichen »tazzen« wird die Zeitung besetzt: »In einer Situation, in der inzwischen über 70 Gefangene im Hungerstreik sind ... und in den gleichgeschalteten Medien Nachrichtensperre über den Hungerstreik herrscht, hat die taz bis jetzt nichts über Inhalte und Hintergründe des Streiks gebracht.« Die »taz« reagiert auf die Forderung, die Hungerstreikerklärungen abzudrucken, schroff: »Wir haben als langjährige Leser linker Zeitschriften den militärisch stereotypen Sprachstil der ›Kommandoerklärungen‹ über uns ergehen lassen müssen ... Nur Beiträge, die die Situation der Gefangenen so beschreiben, daß ein Zugang auch für die Leser möglich ist, die sich bislang mit diesem Bereich nicht auseinandergesetzt haben ... hat Platz in einer linken Tageszeitung.« Jahre später, die Diskussion über die deutsche Asylgesetzgebung wird belebt und Ausländerfeindlichkeit wird als Problem offensichtlich, veröffentlicht das Sprachrohr der Alternativszene eine seitenfüllende, aber ernst gemeinte Diskussion: »Linke diskutieren Ausländerstopp.«: »Man muß auch den Mut haben zu sagen, ich bin für Ausländerstopp. Deutschland und Europa sind nicht in der Lage, Millionen von Menschen einzugliedern.«

Auch international sind die Jahre 1978 bis 1985 bewegt: 1979 flieht der Schah aus dem Iran. Zwei Wochen später etabliert der Ayatollah Khomeini einen Revolutionsrat. In der internationalistischen Bewegung kommt es zu erbitterten Debatten über die Haltung zum neuen islamischen Regime – soll man es als antiimperialistischen Verbündeten betrachten oder wegen der diktatorischen Durchsetzung religiöser Doktrinen und der Mißachtung der Menschenrechte verurteilen? Am 20. Juli siegen die Sandinistas über das Somoza-Regime und übernehmen die Regierungsgewalt in Nicaragua.

Die USA und die UdSSR einigen sich auf den SALT-II-Vertrag. Gleichzeitig beschließen die NATO-Staaten, mit Zustimmung der BRD-Regierung, die sogenannte Nachrüstung – die Stationierung atomarer Marschflugkörper und Mittelstreckenraketen in der BRD. Am 24. Dezember 1979 marschiert die Rote Armee in Afghanistan ein – auch das ein Anlaß für scharfe Kontroversen in der Friedensbewegung und den linken Gruppen insgesamt. 1980 wird in Polen die oppositionelle Gewerkschaft »Solidarność« gegründet. In Peking beginnt im selben Jahr der als Abrechnung mit der Kulturrevolution geplante Prozeß gegen die »Viererbande«, der mit Todesstrafen endet.

Die USA und die BRD schließen das für Kriegsfälle gedachte »Wartime-Host-Nation-Support«-Abkommen, das für Interventionen im Nahen und Mittleren Osten wichtig werden wird. Der Abschuß eines südkoreanischen Jumbos über Sachalin 1983 durch sowjetische Jagdflugzeuge führt zu einer internationalen Krise, wohingegen die im selben Jahr stattfindende US-Intervention in Grenada folgenlos hingenommen wird. 1985 wird von den USA ein Handelsembargo gegen Nicaragua verhängt.

Die Gefangenen aus der RAF versuchen, sich mit mehreren Hungerstreiks gegen ihre nach 1977 noch einmal dramatisch verschärfte Haftsituation zu wehren – und erreichen einige, wenngleich keine durchgreifenden Verbesserungen. Das hat auch damit zu tun, daß es nicht gelingt, eine breite Solidaritätsbewegung für die Hungerstreikforderungen ins Leben zu rufen. Zum einen stößt die ins Zentrum gerückte Forderung nach Anerkennung als Kriegsgefangene[1] auf sehr wenig Verständnis und Zustimmung auch bei linksradikalen Gruppen, die sich für humane Haftbedingungen engagieren, die politischen Positionen der RAF aber deutlich kritisieren; zum anderen wirkt die verschärfte Repression des »Deutschen Herbstes« nach, und gerade die linke und linksliberale Intelligenz zeigt sich ängstlich bemüht, auf keinen Fall einen Sympathisanten-Verdacht auf sich zu ziehen. Zu öffentlichen Kontroversen kommt es im Verlauf des Streiks 1981 vor allem um die Zwangsernährung, die auf Anweisung der Bundesanwaltschaft bei allen Gefangenen angewandt werden soll. Dagegen protestieren auch zahlreiche Ärzte – und weigern sich z. B. in West-Berlin, entsprechende Behandlungen durchzuführen. Am 15. April 1981 stirbt Sigurd Debus an der Folgen der Zwangsernährung – der Arzt Karl Heinz Roth spricht anläßlich einer Demonstration zum Gedenken an Debus von einer »medizinisch schlecht getarnten Behandlungsfolter«. Der Hungerstreik wird nach Debus' Tod abgebrochen. Den nächsten großen Hungerstreik beginnen die Gefangenen aus der RAF am 4. Dezember 1984. Am 1. Februar 1985 brechen sie ihn ab. Auch diesmal sind die Auseinandersetzungen um die »richtige Solidaritätsarbeit« programmiert: Zwischen dem Vorschlag einer Amnestie[2], der vor allem von Intellektuellen wie Wolfgang Pohrt und Gefangenen wie Klaus Jünschke und Gert Schneider, die sich von der RAF abgewandt haben, forciert wird, und den Forderungen der Gefangenen nach Zusammenlegung und Anerkennung als Kriegsgefangene gibt es keine Vermittlung. Gruppen aus dem autonomen und kommunistischen Spektrum haben ähnliche Probleme, den Hungerstreik zu unterstützen wie 1981 – sie engagieren sich zwar für die Verbesserung der Haftbedingungen, nicht aber für die Taktik und Strategie der RAF. Kirchliche Gruppen und Personen aus dem linksliberalen Spektrum beziehen erst spät, nach Beginn der Zwangsernährung für Gefangene, Position. Im Verlauf des Hungerstreiks werden über 40 Anschläge auf Einrichtungen vor allem der US-Army und wichtiger Rüstungsunternehmen, aber auch auf Banken und Konsulate verübt. »Die besten Aktionen, die gelaufen sind, blieben ein propagandistischer Selbstzweck und drücken keine wirkliche Gegenmacht aus. Mobilisiert wird nur noch, wenn 30 Genossen erklären, daß sie ihren Tod in Kauf nehmen. Mobilisiert wird für eine Form von Guerilla, die sich selbst diskreditiert und mit der kein Mensch mehr Befreiung verbinden kann« kommentieren die »Revolutionären Zellen« den Hungerstreik und diesen Versuch militanter Mobilisierung, die kurz vor Ende des Streiks noch ein Todesopfer fordert: Am 20. Januar 1985 wird Johannes Thimme von einer fehlgezündeten Sprengladung, mit der er eine Aktion zur Unterstützung des Hungerstreiks machen wollte, getötet, Claudia Wannersdorfer wird schwer verletzt.

Das Mai-Papier 1982

Wir reden von dem, was wir in den letzten Jahren erfahren haben und was wir daraus machen wollen. Das muß hier natürlich auf seine allgemeinen Bestimmungen begrenzt bleiben. Wir sagen, daß es jetzt möglich und notwendig ist, einen neuen Abschnitt in der revolutionären Strategie im imperialistischen Zentrum zu entfalten. Hier wollen wir als eine Voraussetzung dafür, aus dem was sich in den letzten 2, 3 Jahren in Diskussionen, Versuchen, realen Schritten zusammengeschoben hat, ein Stück von dem Boden holen, auf dem die Sache laufen kann.

Die Idee, die Vorstellung hat eingeschlagen, davon kann man ausgehen. Die praktischen Anfänge zeigen, daß es geht und daß es trifft: *Guerilla und Widerstand, eine Front.* Jetzt geht es darum, was insgesamt als Möglichkeit quer durch alle Gegenden und Szenen schon lebt, oft diffus und nur als ungefähre Vorstellung spürbar auf neuer Stufe Kampf werden zu lassen, daß heißt zur Wirksamkeit und Strategie zu bringen. Jetzt, weil sonst das Neue, Produktive und Offene, der Stachel des Ganzen, die Möglichkeit so noch nicht dagewesener Entwicklungen wieder verschwimmt und zerfällt.

Wir haben 77 als den Übergang von der ersten zur nächsten Etappe der Guerilla bestimmt. Der Zusammenstoß zwischen Guerilla und Staat 77 war Katalysator für einen Umschlag der politischen Situation hier. Die Bedingungen des Kampfs haben sich in der Dialektik von Angriff und Reaktion verändert. Und wie sich die Bedingungen ändern, können und müssen sich die Formen des Kampfs ändern. Nach 77 war nichts mehr wie vorher, der Staat nicht, die Linke nicht, die Rolle der BRD in der internationalen Politik nicht, die Stellung des bewaffneten Kampfs im Zentrum im Rahmen des internationalen Klassenkriegs nicht.

Wir haben 77 Fehler gemacht und die Offensive wurde zu unserer härtesten Niederlage. Dazu werden wir hier noch im einzelnen etwas sagen. Die Situation heute – daß wir durch die Wirkung, die die Konfrontation entwickelt hat, stärker als vorher daraus hervorgekommen sind – zeigt, daß Fehler und Niederlage nicht das Entscheidende waren. In grundsätzlicher Sicht hat die Offensive 77 unseren Kampf seit 1970 zusammengefaßt und zur Entscheidung gestellt.

Die gesamte Phase der Kämpfe um die Entstehung und Entwicklung der RAF war in der einen Machtfrage konzentriert: ob diese Gefangenen freikommen, mit denen der Staat die RAF und die Staatsraison verbunden hat – wie überhaupt der Kampf um die Durchsetzung des Konzepts der Metropolenguerilla: ob bewaffnete Politik in der BRD sich tatsächlich verankern und so die revolutionäre Perspektive eröffnen kann, die erste grundsätzliche Machtfrage war, die in allen Aktionen, Gefechten, Fahndungen, Medienkampagnen in den Jahren bis dahin als Kern enthalten war.

Hundertmal hat die Regierung deshalb unser »Scheitern« verkünden lassen. Tausendmal hat deshalb das Gezeter des größten Teils der Linken die »Aussichtslosigkeit« bewaffneten Kampfs beschworen. Isolation, Trakts, der Schauprozeß in Stammheim sollten auslöschen, was aufgetaucht war. Schließlich 77.

Wir sind uns heute sicher, daß sie sich für den Tod Schleyers, für die Möglichkeit, fast hundert Leute in Mogadischu in die Luft fliegen zu lassen, entschieden haben und sich entschlossen haben, die Stammheimer Gefangenen zu liquidieren, weil sie wirklich gehofft und geglaubt hatten, daß damit ein für allemal oder jedenfalls für die nächsten Jahre Schluß ist. Die Dialektik der Entwicklung, durch die jetzt alles anders aussieht, zeigt genau, was Guerilla ist und was der Staat ist und wie der Kampf läuft. Sie hätten es fast geschafft – aber die Ironie ist, daß sie genau dadurch eine Situation geschaffen haben, in der wir unter veränderten und so besseren Bedingungen weiterkämpfen konnten.

In dieser äußersten Anstrengung, in der es für sie keine Grenzen mehr gab, durch die Niederschlagung der Offensive 77, die sie wie nichts vorher an der Gurgel hatte, unser Ende herbeizuführen, waren sie gezwungen, zum reinen starken Staat zu werden, die Unterwerfung des gesamten oppositionellen Spektrums zu erzwingen, jede auch nur kritische Geste niederzuwalzen und sich als unentrinnbarer Apparat der Gesellschaft bis in die feinsten Verästelungen gegenüberzustellen.

Damit haben sie im Herbst 77 jeder Fundamentalopposition neue Verhältnisse und existentielle Lebensbedingungen gesetzt – als aktuelle Erfahrung und als Perspektive zukünftiger Kämpfe, die jeden gezwungen haben, grundsätzlich neu zur Macht in Beziehung zu treten – oder sich aufzugeben.

An dem Punkt ist die objektive Situation in ihrer einfachsten Rückführung auf die Frage, ob jetzt vielleicht tatsächlich Schluß ist mit Guerilla, subjektiv für viele, für die es hier keine Perspektive mehr gibt, zum Augenblick der existentiellen Erfahrung geworden, daß wenn es wirklich so wäre, ihre ganzen Hoffnungen und Vorstellungen von einem anderen Leben auch verschwunden sind. Daß es nur Hoffnung gibt, solange es Kampf gibt. Daß sie die Guerilla wollen und brauchen, daß unsere Niederlage ihre Niederlage ist. Aus dieser neuen Erfahrung der Notwendigkeit der Guerilla kann der Sprung zu einem neuen Bewußtsein leicht sein: wenn der Kampf der Guerilla die eigene Sache ist, kann die Verwirklichung davon nur sein, sich selbst – auf welcher Ebene auch immer – politisch und praktisch in den Zusammenhang der Strategie der Guerilla zu stellen.

Der Sprung ist das innere, lebendige, in konkreten Personen verkörperte Moment der Veränderung der Bedingungen für den Kampf hier: *für die Entwicklung der revolutionären Front in der Metropole.*

Es ging 7 Jahre lang darum, in dieser politischen Wüste, in der alles nur Schein, Ware, Verpackung, Lüge und Betrug ist, den Geist und die Moral, die Praxis und die politische Orientierung des unwiderruflichen Bruchs und der Zerstörung des Systems hereinzubringen. Guerilla. Aus der Verbindung und der Identität mit den Kämpfen in Südostasien, Afrika und Lateinamerika, gewaltsam hier hereinzubrechen und sich festzusetzen. Was Che die Phase des Überlebens und der Verankerung genannt hat, war hier die Phase der Durchsetzung des Konzepts, das weiterlebt und aufgegriffen wird, selbst wenn die in einem bestimmten Moment existierenden illegalen bewaffneten Gruppen aufgerieben wären. Gewaltsam durchgesetzt, allerdings. In jeder Beziehung. Und isoliert. Nicht nur gegen einen historisch beispiellosen Repressionsapparat, auch gegen die Vorstellung von Leuten, mit denen wir lieber anders zusammengekommen wären. In dieser seit Generationen niedergewalzten und eingeebneten Landschaft konnte der Gedanke an Befreiung kaum mehr durch die meterdicken Schichten von Korrumpierung, Entfremdung, Deformierung die Herzen und Hirne erreichen. Jetzt ist die Frage, ob in der BRD und Westeuropa bewaffnet gekämpft werden soll und gekämpft wird, erledigt. Es ist evident. Das heißt nicht, daß Guerilla gesichert wäre, das ist nie so, aber die Existenz der Politik der Guerilla ist jetzt Grundlage, auf der der Kampf entwickelt wird.

Im internationalen Klassenkrieg ist die Entfaltung der authentischen revolutionären Strategie im imperialistischen Zentrum aktuell geworden.

Nachdem aus dem internationalen Zusammenhang der Kampf um Befreiung vom isolierten Guerillaprojekt zur greifbaren Wirklichkeit in den Auseinandersetzungen des Tages durchgebrochen ist, geht es jetzt um den Sprung mit beiden Beinen auf den Boden der Situation hier, um Widerstand in der Metropole in der umgekehrten Bewegung von hier aus zur Front im internationalen Klassenkrieg zu bringen.

Also die Strategie, die ihre Wurzel hier hat. Im existentiellen Hunger nach einem anderen Leben, in der Erfahrung der Totalität des imperialistischen Zentrums, in der Notwendigkeit des Widerstands hier. *Die daraus die revolutionäre Front im Zentrum als weiteren Abschnitt neben den Kämpfen in Asien, Afrika, Lateinamerika erobert.*

Das heißt, radikal sich selbst in dem, wo man mit Guerilla, Kampf um Befreiung verbunden ist, zum Ausgangspunkt der Entwicklung des antiimperialisitischen Kampfs zu machen. In einem offenen strategischen Konzept zu kämpfen, wo jeder, der aus dem Ernst seiner eigenen Lage, aus seiner Geschichte und seinem subjektiven Prozeß sich über das gemeinsame Ziel der Zerstörung des imperialistischen Systems und der revolutionären Umwälzung der Gesellschaft in den konkreten Kampf, den Zusammenhang der Politik der Guerilla stellt, Teil der revolutionären Front hier ist. Und es vom ersten Moment an seine wie unsere Sache ist, daß und wohin die Front im Zentrum sich entwickelt. Das meinen wir mit: zusammen kämpfen, eine Front.

Wenn man so will, unterscheidet sich unsere Aktionslinie bis 77 von der jetzt darin, daß es bis 77 immer auf das ankam, was direkt zum bewaffneten Kampf gekommen ist oder diesen Schritt vorbereitet hat und daß es jetzt darauf ankommt, daß Guerilla, militante und politische Kämpfe als integrale Komponenten im perspektivischen Fluchtpunkt der zu entfaltenden Metropolenstrategie zusammenkommen.

Wir sagen: Wenn auch bewaffnete, illegale Organisation der Kern dieser Strategie ist, bekommt sie erst ihre ganze notwendige Kraft, wenn bewaffnete Politik mit militanten Angiffen, mit den Kämpfen aus der ganzen Breite der Erdrückung und Entfremdung und mit dem politischen Kampf um die Vermittlung ihres Prozesses zusammen zu einem bewußten und gezielten Angriff gegen die Dreh- und Angelpunkte des imperialistischen Zentrums gebracht wird.

Wir stellen die subjektive Seite der Entwicklung aus der Dialektik von 77 – die Möglichkeit der Front im Zentrum – in den Mittelpunkt. Sie ist das Entscheidende im Kampf in den imperialistischen Zentren, aus denen gesetzmäßig – allein aus den sich entwickelnden objektiven Widersprüchen und Bedingungen unter dieser Herrschaftsweise von Krisenmanagement und Transformierung jeder gesellschaftlichen Entwicklung zum Herrschaftsmittel – keine revolutionären Bedingungen, sondern nur Zerstörung und Fäulnis kommen können.

Aber natürlich zieht sich keiner am eigenen Schopf auf eine neue Stufe, die qualitativ veränderte Situation jetzt ist aus der objektiven Entwicklung des internationalen Klassenkriegs entstanden und nur in ihm zu begreifen.

Im Kampf der Befreiungsfront in Vietnam war die lange Geschichte der Befreiungskriege in den kolonisierten Kontinenten wie in einem Brennpunkt konzentriert und ihr Sieg hat die gesamte historische Phase der nationalen, antikolonialen Befreiung der vom Imperialismus unterworfenen Völker entschieden.

Die Wirkungen dieses historischen Durchbruchs: Die neue Stärke der jungen Nationalstaaten auf der Ebene der internationalen Politik – die ökonomisch-politisch-soziale Gesamtkrise der imperialistischen Kernländer – und der mit den Befreiungskämpfen gleichzeitige Aufstieg der Sowjetunion zur den USA gleichwertigen Großmacht – haben das Gesamtkräfteverhältnis aus den Linien Nord-Süd, Ost-West und Staat-Gesellschaft innerhalb der imperialistischen Zentren zu einem zugespitzten, labilen Gleichgewicht zwischen Imperialismus und Befreiung gebracht. Mit anderen Worten: Die Instabilität des imperialistischen Systems bedeutet seitdem weltweit eine Situation, in der der Imperialismus mit einer Niederlage an jedem Punkt des Weltsystems, oder dem Verlust irgendeiner seiner Machtpositionen – ob es um eine militärstrategische Position (wie südliches Afrika, Naher

Osten), oder die Verfügung über eine ökonomische Komponente (wie Öl, strategische Rohstoffe, technologischer Vorsprung), oder die politische Dominierung einer geographischen Region (wie Mittelamerika, Golf) geht, in die endliche Krise des Systems kippen kann.

Die Auseinandersetzung hat sich nach Vietnam von einer Konfrontationsstellung: Zentrum des Befreiungskriegs, Front und Hinterland zu einer Linie hin verschoben, die weltweit quer durch jeden Abschnitt, jeden Kontinent, jedes Land geht. Weil jeder Abschnitt aus seiner Verflechtung und Bedeutung im Gesamtsystem zum Auslöser des Einsturzes des Kräfteverhältnisses werden kann – und so tendenziell zur Front des Befreiungskriegs.

Die imperialistische Reaktion mußte sich, bildlich gesagt, auf das Konzentrat ihrer Macht: Staat, die vereinheitlichten Apparate der US-Staatenkette, die Rekonstruktion ihrer militärischen, ökonomischen und politischen Handlungsfähigkeit und ihrer Durchsetzungsinstrumente zusammenballen, um von da aus, im Versuch die globale Entwicklung wieder zu bestimmen, überall: in den jetzigen Kämpfen in Asien, Afrika, Lateinamerika, in den jungen Nationalstaaten, am Ost-West-Gegensatz, in Westeuropa anzugreifen mit dem Ziel, aus dieser Gesamtoffensive die Übermacht wieder zu erreichen.

Für den antiimperialistischen Kampf heißt das, daß gegen diese Einheit der imperialistischen Reaktion die Kämpfe an allen Linien jetzt parallel geführt werden müssen. Es sind verschiedene Abschnitte einer einzigen Front. Und als Kämpfe, die Seite an Seite geführt werden, wird jeder Abschnitt – so auch der westeuropäische – nur aus seiner eigenen Kraft, aus seiner besonderen Entwicklung und seinen besonderen aktuellen und historischen Bedingungen wirklich zur Front, die den Imperialismus erschüttern kann.

So ist der Sprung aus der Dialektik der Konfrontation 77 zu qualitativ veränderten subjektiven Bedingungen des Kampfs hier und unser Schritt zur Basis des Prozesses des Widerspruchs im Inneren dieses Zentrums vollkommen in die Entwicklung, in die Notwendigkeiten und Möglichkeiten des internationalen Klassenkriegs integriert. Er kam sozusagen gerade rechtzeitig. Tatsächlich hat 77 der Staat auch in diesem Zusammenhang gehandelt. Gegen Ende der ersten Formierungsphase der US-Staatenkette hat er sich an unserer Niederlage als diese Übermacht, die so erscheinen wollte, als gäbe es für seine Grenzen, keineswegs als Nationalstaat, sondern in der Dimension des globalen konterrevolutionären Projekts aufgetürmt. Als die europäische Führungsmacht, die in ihrer Funktion für das US-Staatensystem, die innerstaatliche und innerwesteuropäische politische Stärke gegen jede Form von Widerstand durchsetzen will, um international den Angriff führen zu können. Aber damit haben sie die Auseinandersetzung in zwei Richtungen vorangetrieben, auf deren Linien die entscheidenden Kämpfe auch laufen werden: in die Breite zur Guerillabekämpfung als vereinheitlichte westeuropäische Staatspolitik – gegen die die Perspektive der westeuropäischen Front der Guerilla real geworden ist – und in die Tiefe der Gesellschaft, woraus die schärfste Polarisierung und der gesellschaftlich breiteste Riß aus der Einbindung in diesen Staat, aus seiner Logik und seinen Gesetzen in der Geschichte der BRD gefolgt ist – und damit die Möglichkeit der revolutionären Front hier.

Es ist jetzt nicht mehr der Punkt, die inneren Veränderungen hier im einzelnen zu analysieren. Denn die Haltung und die Lebenspraxis derjenigen, die seitdem kämpfen, hat die veränderte Situation schon in sich und geht ganz einfach von ihr aus. Wir stellen einfach fest: Fundamentalopposition ist mit diesem System wie nie zuvor grundsätzlich fertig. Kalt, illusionslos, vom Staat nicht mehr zu erreichen. Da ist nichts mehr von »Systemveränderung« und »alternativen Modellen« im Staat. Sie sind nur noch skurril. Da ist einfach Schluß – und erst hinter dem Ende des Systems wird eine Lebensperspektive vorstellbar.

Der Imperialismus verfügt über keine positive, produktive Perspektive mehr, es ist nur noch die von Zerstörung. Das ist der Kern der Erfahrung, die die Wurzel der neuen Militanz in allen Lebensbereichen ist. Materiell in der ökonomischen Lebensgrundlage, in Rüstung und atomaren Kriegsplänen, die der natürlichen und sozialen Lebensbedingungen, und in der Person selbst, wo Entfremdung und Erdrückung in massenhafte Deformierung und Abtöten von individuellem Reichtum des Denkens, Fühlens, der Persönlichkeitsstruktur umgeschlagen ist. Die meisten verzweifeln daran. Soweit hat der Imperialismus in den Zentren seine Herrschaft perfektioniert und systematisiert, daß sie die Kraft zum Widerstand nicht mehr finden. Steilansteigende Selbstmorde, Flucht in Krankheit, Suff, Pillen. Drogen, das ist die Reaktion auf die Wirklichkeit aus der langen Geschichte von Niederlagen, Ertragen und Leiden, aus der Entpolitisierung, in der die äußere Gewalt nicht mehr als die Ursache gesehen werden kann.

Aber aus dieser Dimension des Elends kommt jetzt auch die existentielle Tiefe der Kämpfe und der Haß. Das ist nicht mehr die spontane, kurze Wut. Die ist in den ganzen Jahren verbrannt. Das ist der Boden, aus dem sich jetzt im Zentrum die revolutionäre Front entwickelt. Denn wenn die Entwicklung des Systems letztlich auf Zerstörung und Vernichtung zurückgeführt erlebt wird, trägt der Widerstand – bewußt oder auch nicht – das Moment in sich, daß es jetzt gegen und um das Ganze geht. Innerhalb konkreter Einzelkämpfe und über sie hinaus. Die Einheit des revolutionären Kampfs wird möglich und notwendig. Eine Aktionslinie für jeden, der diesen

Kampf will, auf der Bruch mit dem Staat, Revolte, militante Kämpfe überall zur Politik – zur Strategie des Angriffs auf das imperialistische Zentrum zusammenkommen können und die aus ihrer Praxis zwingend macht, daß sie darin zusammenkommen.

Antiimperialistische Front
Es hat in den letzten zwei Jahren eine Menge Flugblätter und Aktionen mit der Parole »Eine Front mit der RAF« gegeben und wir wissen, daß das Bedürfnis und die Bereitschaft dazu durch alle politisierten Bereiche geht. Aber zwischen dem, was in Bedürfnis, Bereitschaft, Anfängen potentiell an Front existiert und dessen Realisierung in Entwicklungsprozeß, Organisierung, Bewegung ist immer noch eine enorme Diskrepanz.

Die Front stellt sich nicht automatisch über ein Nebeneinander von Kämpfen und durch ihre Proklamation her. Sie verkommt in der Proklamation und die Mobilisierung dahin wird wieder zerfallen, wenn nicht mehr als jetzt schon dieses Konzept als praktische Frage – wie es laufen kann und daß es läuft angepackt wird. Nicht nur von uns.

Die Front wird nur darüber real werden, daß jeder, egal an welcher Stelle, es zu seiner Sache macht, die Momente und Formen der Einheit des bewaffneten Kampfs aus der Illegalität und des politisch-militanten Widerstands aus der Legalität, die Mittel, die Taktiken und die Struktur, also ihren Handlungs- und Entwicklungsraum, der illegal ist, praktisch herauszufinden und sie bewußt im strategischen Prozeß selbst weiterzubringen.

Die Front ist Entwicklung des politischen und praktischen Zusammenhangs des Angriffs gegen die imperialistische Macht – oder sie ist nichts.

Unsere Erfahrung aus den letzten zwei Jahren, in denen wir einen ersten Kern dieser neuen Struktur der Guerilla erreicht haben, ist, wie leicht sich der Zusammenhang spontan herstellt, wie stark er ist – subjektiv und objektiv-materiell als Möglichkeit zum Angriff – und wie schwer es andererseits ist, den Prozeß der Strategie über einzelne politische Initiativen, Aktionen und begrenzte praktische Zusammenhänge hinaus als kontinuierlichen in Gang zu bringen. Das ist der Knoten, der jetzt durchschlagen werden muß.

Es geht dabei nicht um Moral, Eifer, Leistung. Es geht darum, aus der Entscheidung für diesen Kampf sich in voller Konsequenz die reale Vorstellung davon zu machen, wie das System hier tatsächlich zu brechen ist und darin sich selbst zu bestimmen.

Wir haben es mal an uns selbst erfahren und erfahren es jetzt mit denen, die wir direkt kennen: Das sprengende Moment für den Durchbruch, von dem jetzt abhängt, wie weit wir kommen, ist der Kampf derer, die angefangen haben, in diesem Konzept zu kämpfen oder die das wollen, um den Begriff von sich selbst als Subjekte der antiimperialistischen Front. Sie in und mit sich selbst zu antizipieren und jede politische Initiative, jede Aktion aus ihr und für sie zu bestimmen: sich selbst in dem, was man anfängt, bis zur Front des Angriffs zu denken.

Praktisch verhindern seit den ersten Diskussionen 79 um die Einheit des antiimperialistischen Kampfs immer wieder dieselben Blockierungen in und zwischen den antiimperialistischen Gruppen, was schon längst sein könnte: die handelnde Front. Wir können mit den Scheingefechten um den Fetisch militante Aktion oder um die Beschwörung der »Verbindung mit den Massen« nichts anfangen. Auch das Ringen um ein Bekenntnis zu uns, bzw. umgekehrt, das Lauern auf die Aufdeckung einer Verbindung zu uns in den Auseinandersetzungen sind überflüssig. Tatsache ist, daß dabei nur rauskommt, daß die einfachsten nächsten Schritte nicht gemacht werden.

Front meint mehr als Actions, Front, also Kämpfe, die in ihren gemeinsamen Zielen zu einem Kampf werden und von daher sich politisch und praktisch verbinden können, wird im westeuropäischen Zentrum in vielen Gestalten leben. Die antiimperialistische Front in der BRD jetzt – das sind militärische Angriffe, einheitliche koordinierte militante Projekte, die darauf aus sind, die imperialistische Strategie zu durchkreuzen, politische Initiativen zur Vermittlung der Politik, die im aktuellen Widerstand eingreifen, sie ist struktureller und organisatorischer Kampf um die Handlungsfähigkeit, sie ist zu jedem Moment ihrer Entwicklung Kampf um die Möglichkeit und den praktischen Zweck von Diskussion und Kommunikation für den Prozeß der Strategie.

Front meint etwas anderes als die Erweiterung der Guerilla um eine Struktur aus der Legalität. Wir haben gesagt, daß es einen »legalen Arm der RAF« nicht gibt und nicht geben kann. Natürlich haben wir Verbindung zu Leuten an verschiedenen Ecken und Enden und natürlich machen wir darin konkrete Politik der Guerilla – antiimperialistischer Widerstand kann aber nur als selbständige, spezifische Entwicklung auf diesem Terrain auf das gemeinsame Ziel hin Teil der antiimperialistischen Front werden und erst darin ist die Trennung aufgehoben. Der Kampf auf diesem Terrain kann nur so politisch zünden, nur so Kontinuität und Stärke erreichen – und grundsätzlich ist Selbstbestimmung und volle Verantwortlichkeit an jeder Stelle des Kampfs revolutionärer Politik im westeuropäischem Zentrum substantiell.

Die Auseinandersetzungen auf immer derselben Stelle, in denen isolierte Standpunkte und Glaubensbekenntnisse einander entgegengehalten werden, die Enge des vereinzelten Gruppendenkens, die Entschlußlosigkeit, es selbst anzupacken, fallen dort einfach weg, wo sich der Begriff der Situation zu eigen gemacht wird: daß die antiimperialistische Front so dringend notwendig wie schwach entwickelt ist – und dabei potentiell so stark in ihrer Position im westeuropäischen Zentrum und in ihrer enormen Möglichkeit im internationalen Befreiungskrieg sein kann.

Die relevante, kämpfende Front gegen die imperialistische Strategie muß das unmittelbare nächste Ziel sein. Die Menge Wissen über Imperialismus und seine Pläne, wie es immer aus den Papieren quillt und die Entschiedenheit und das Feuer in militanten Aktionen sind umsonst, wenn aus beidem nicht der Entschluß kommt, den Zusammenhang herzustellen, der sich vornimmt, eine ganze Entwicklung zusammen durchzukämpfen.

Aus dem was jetzt ist: aus dem, was im aktuellen Widerstand steckt und aus den Bedingungen des Kampfes in der Metropole, die politischen, strukturellen, praktischen Elemente und Linien des Angriffs auf den Kern der imperialistischen Macht hier: BRD-Staat und NATO herauszuziehen, um sie offensiv weiterzuentwickeln.

Die Situation ist – daß der antiimperialistische Kampf hinter der Offensive der zwar widersprüchlich, aber doch vereinheitlichten imperialistischen Maschinerie zurück ist. Die Anfänge der neuen antiimperialistischen Mobilisierung haben sich nicht gegen die imperialistische Rekonstruktion nach Vietnam und dem Beginn der Krise, gegen die Vorbereitung und Einleitung ihrer Offensive gebildet – in dieser Phase war der Widerstand im Abfuck und schließlichen Zusammenbruch der 68er Linken gelähmt – sondern erst gegen die längst laufenden reaktionären Angriffe auf allen Ebenen. Ihre Offensive rollt, spontan gibt es großen Widerstand, antiimperialistische Politik ist darin aber keine durchschlagende Orientierung. Dazu muß sie als initiativer, relevanter Faktor in den Auseinandersetzungen um und gegen die imperialistischen Projekte überhaupt präsent sein, an denen sich der Verlauf der realen Geschichte jetzt bestimmt. Die US-Kriegsstrategie in Europa – die reaktionäre Offensive des Staats nach innen – die internationale Rollback-Strategie der imperialistischen Staatenkette gegen die Befreiungsbewegungen und die jungen Nationalstaaten und gegen die sozialistischen Staaten.

Die Situation ist – daß es tatsächlich offen ist, wie die Geschichte jetzt verlaufen wird. Der US-Imperialismus kann in seiner historischen Krise – in der es seit 40 Jahren zum erstenmal um seine Existenz geht – zu den äußersten Mitteln greifen und wird das auch tun, wenn das System in die unkalkulierbare Krise rutscht und wenn sie nicht daran gehindert werden. Das hat angesichts seines nuklearen Vernichtungspotentials allerdings eine katastrophische Perspektive – die zu fürchten wir, die international Unterdrückten und Ausgebeuteten keinen Grund haben. Denn bedeutet sie in jedem Fall das Ende des Imperialismus, so bedeutet der Imperialismus in jedem Fall unser Ende. Unsere Haltung zur Perspektive nuklearer Vernichtung ist erstens, daß wir sie nicht fürchten und zweitens, daß wir sie nur durch den revolutionären Krieg verhindern können und verhindern werden. Viel mehr als in der Wahrscheinlichkeit eines Atomkriegs liegt die Schärfe der Situation darin, daß der US-Imperialismus mitten in der Entfaltung einer umfassenden Offensive ist, die alle Dimensionen enthält, deren Ziel es ist, sich wieder als die Weltmacht aufzurichten, was dann nur auf einer erweiterten Stufe seiner gesamten Herrschaft möglich ist – in die eingegriffen werden kann und es entscheidend auch vom antiimperialistischen Kampf in Westeuropa abhängt, ob ihr Versuch für sie ausgeht oder zu einem weltweiten Sprung im Kampf um Befreiung gegen sie wird. Erweiterte Stufe der Herrschaft heißt eben auch ohne den großen Krieg: Produktion von Vernichtung im täglichen Leben, in den Lebensbedingungen, in Manipulation und Repression – Sterben und die Zerstörung von menschlicher Substanz für Millionen und für lange.

Für uns, aus der relativen Schwäche gegenüber einer Macht, die hier fast alles hat, ist die Situation auch – daß sie zwar in der Lage sind – und das noch länger – eine Front, die hier ihre Macht bedroht, nicht zustandekommen zu lassen, daß sie zur Lösung ihrer Gesamtkrise aber auf sozialer, gesellschaftspolitischer, militärpolitischer Ebene gezwungen sind, aggressiv Macht an sich zu reißen und damit die politischen Grenzen in der Metropole, die »Belastbarkeit«, zu überschreiten – Demokratie, Wohlstand, innerer Friede – und sie das nicht ewig durchhalten werden, wenn es immer wieder im antiimperialistischen Kampf gebrochen, d. h. in der Konfrontation offen wird und so der dünne ideologische Faden zwischen Staat und Gesellschaft reißt. Diese politischen Grenzen sind für das imperialistische Zentrum Westeuropa historisch konstitutiv geworden. Sie sind als Säulen des Systems gerade gegen Arbeiterbewegung und Befreiungskriege aufgebaut worden und lassen sich nicht mehr ohne Auseinanderbrechen der gesamten Gesellschaft generell wegräumen. An diesem Punkt kann die relative Schwäche des antiimperialistischen Kampfs im westeuropäischen Zentrum zur Stärke im internationalen Kampf gemacht werden. Denn im Maßstab des gesamten imperialistischen Systems wird ihr globales Restrukturierungsprojekt nur funktionieren, wenn die Formierung im Inneren der imperialistischen Zentren ohne ernsthafte, durchgreifende Friktion verhältnismäßig glatt und zügig läuft. Über den Bruch im antiimperialistischen Kampf hier kommt ihr Projekt in den internationalen Widersprüchen nicht durch – oder sie erzwingen Lösungen nach innen wie außen mit ihrer Übermacht um den Preis eines internationalen, vereinheitlichten Klassenkriegs auf höherer, intensiverer und weiterreichender Stufe, d. h. um den Preis der Aktualität des Kampfs zur Zerschlagung des imperialistischen Systems.

Von hier aus kämpfen wir. Und nur das, der Begriff unserer Möglichkeit, der eigenen Kraft, der Chance, die nur wir hier haben – und damit auch der unserer Verantwortung – kann das Mobilisierende sein, an dem die antiimperialistische Front hier aufsteht und sich entwickelt.

Die Entwicklung in Westeuropa ist zu einem Angelpunkt in der weltweiten Auseinandersetzung geworden. Aus der Bewegung des internationalen Klassenkriegs ist einerseits für die imperialistische Strategie die Offensive in und aus Westeuropa mit dem Kernstaat BRD zentral für den Versuch, sich in einer neuen Runde als funktionierendes Weltsystem Herrschaft und Kapitalreproduktion zu sichern, und andererseits, von unserer Seite aus, die Entwicklung der Front im Zentrum wie als pure Lebensnotwendigkeit dagegen zwingend, so als Bedingung dafür notwendig, daß die Tendenz zur Stagnation des globalen Befreiungsprozesses jetzt im Ost-West-Gegensatz und durch die Zwänge der staatlichen Entwicklung in den national befreiten Ländern, aufgebrochen werden kann.

Die Zentren selbst und Westeuropa als Schnittpunkt der Linien Ost-West, Nord-Süd und Staat-Gesellschaft im besonderen, sind Ausgangspunkt und Kernstück ihres Restrukturierungsprojekts. Hier müssen sie versuchen, die militärische Macht für den Druck auf die sozialistischen Staaten und gegen den nationalen Befreiungskampf herauszuholen und die ökonomische Potenz, die schlingernde wirtschaftliche und soziale Krise im Innern in den Griff zu kriegen und die sich entwickelnden jungen Staaten zu dominieren und sich einzugliedern und – als Bedingung von allem – die innere politische Homogenität, wenn nicht als Konsens, dann jedenfalls als Ruhe im eigenen Haus gewaltsam zu erzwingen. In diesem Sinn sind sie auf die Zentren zurückgeworfen. Sie müssen und werden offensiv und aggressiv im Zentrum das reaktionäre Gesamtkonzept versuchen durchzusetzen, auf allen Ebenen und mit allen Kräften.

Mittelstreckenraketen, Neutronenbombe, konventionelle Hochrüstung – Kapitalkonzentration und -zentralisation, Rationalisierung, eingeplante, massenhafte Arbeitslosigkeit, Instrumentalisierung des Menschen als Anhängsel der Maschine – die wegen der Bedeutung als Kriegsmittel auf dem Weltmarkt für sie unabdingbare Forcierung der Energiepolitik – die Zerstörung der gesellschaftlichen Strukturen nach dem Interesse der Polizei und des Großen Geldes – Auspowerung beim Run nach dem Lebensunterhalt, Ausbildung als Fabrikbullen, Justiz, Knast – usw.

Sind Vorstöße dieser militärisch konzipierten Offensive, die eiserne

Klammer um alle Teilbereiche der Metropolengesellschaft, die uns längst keine Wahl mehr läßt, ob wir die Front im Zentrum wollen oder nicht – der Krieg läuft. Die Frage ist nur noch, ob es gegen die reaktionäre Offensive die revolutionäre Front geben wird oder nicht.

Gegen diesen Horizont entsteht die antiimperialistische Front im Zentrum. Ihre Wirkung ist allein an der Verhinderung oder Nicht-Verhinderung einzelner, aktueller imperialistischer Projekte hier nicht zu messen, was sie erreicht, erreicht sie immer als Kampfabschnitt der internationalen Front für sie und erst aus dieser Totalität der Konfrontation Imperialismus – Befreiung kann das Kräfteverhältnis geschaffen werden, das die soziale Revolution hier möglich macht.

Widerstand gegen die hier ausholende imperialistische Maschine – das ist auch unsere Definition der Aktion der Guerilla und der Entwicklung der antiimperialistischen Front – ist Angriff und Entwicklung der revolutionären Front im Zentrum im Rahmen des weltweiten Kampfs.

Angriff, den die ganze Situation jetzt verlangt – und der von hier kommen muß. International stehen sich die beiden Blöcke waffenstarrend versteinert im Overkill-Potential gegenüber, Befreiungsbewegungen sind Staaten geworden und die ihn noch nicht haben, handeln im Kampf um ihn als Quasi-Staaten. Das Hauptterrain auch für die Befreiungsbewegungen und die jungen Staaten ist das der internationalen Politik, der internationalen Beziehungen geworden – zwischen dem Ost-West-Gegensatz, der sich in diesen Ländern reproduziert, dem Weltmarkt, in dem und gegen den sie gezwungen sind, sich zu entwickeln und der neuen politischen Stärke der national befreiten Staaten in den internationalen Gremien, die ihnen etwas Raum gibt, das ist die logische Entwicklung. Ausdruck der Stärke, die der nationale Befreiungskampf erreicht hat und Ausdruck der Schwäche, sich noch auf das vom Imperialismus bestimmte System der Staaten beziehen zu müssen.

Die Entwicklung des Landes in dieser Situation bringt die politische Führung der jungen Staaten in den doppelten Widerspruch – zum sich vertiefenden Elend, der Armut der Bevölkerung, der Unterentwicklung und den Forderungen daraus nach radikalen Lösungen – und zu der Unvermeidlichkeit im Kampf um die Mittel dafür, über die fast völlig die imperialistischen Staaten verfügen, sich mit ihnen auch arrangieren zu müssen, der sie tendenziell in eine immer weiter auseinanderklaffende Schere von Zwängen treibt, die sie katastrophal in Bürgerkriegen, Hunger, Verzweiflung, Repression, Intervention auseinanderreißen kann. Diese Widersprüche haben sie sich aber nicht ausgesucht. Sie sind zuallererst Ergebnisse der Kolonialgeschichte, aus der der Imperialismus selbst noch aus den hinterlassenen Zerstörungen profitiert, auch wenn er schon aus dem Land hinausgeflogen ist.

Die Guerilla in den Metropolen und die militanten Kämpfe heute sind die Ergebnisse einer Dynamik, die die Befreiungsbewegungen ausgelöst haben – und wenn durch ihren Kampf überhaupt eine Bewegung hier nach über 30 Jahren hochgekommen ist, dann ist die Situation jetzt dort zentral darin bedingt, daß die Kämpfe hier so wenig entwickelt sind.

Es kann keine Perspektive zur Zerstörung des imperialistischen Systems geben, solange die Perspektive der Zerstörung in seinen Macht-, Kommando- und Produktionszentren nicht eröffnet ist. Das heißt, solange die Politik nicht materielle Gestalt geworden ist, die als relevante Kraft im internationalen Kampf, in ihrer realen Bewegung, den Zielen und der Kontinuität, den Willen und die Möglichkeit zum Ende des Systems zeigt. Erst dann wird ein revolutionärer Sprung denkbar. Der Imperialismus bricht nicht an sich selbst zusammen. Er bricht auch nicht durch eine Einkreisung und Einschnürung von außen zusammen. Ohne Entwicklung der Front hier wird in weltweiter Dimension kommen, was in der Geschichte der Klassenkämpfe in Europa und politisch im Ost-West-Konflikt das Tödliche geworden ist: erstarrter, verbitterter Grabenkrieg. Ein imperialistischer Apparat, militärpolitisch aggressiv, technologisch und produktions- und organisationstechnisch hochgepusht, der sein Ziel, wieder einzige Weltmacht zu werden, militärisch gegen den Willen der Sowjetunion und der sozialistischen Staaten gleichwertige Macht zu bleiben und politisch gegen das Selbstbewußtsein der Völker in Afrika, Lateinamerika, Asien nicht mehr erreichen wird – der mit seinen umfassenden politisch-ökonomisch-militärischen Kriegsmitteln aber stark genug ist, den national befreiten Ländern die Bedingungen ihrer Entwicklung zu diktieren und sie damit zu blockieren und vielleicht stark genug, die sozialistischen Staaten durch Rüstungszwang und über den Weltmarkt ökonomisch zu zerrütten – und der in der Metropole in der der Staat nicht aufhören wird zu versuchen, die imperialistische Macht doch noch zur Übermacht aufzurichten, unter Auspowerung, Polizeistaat und Krisenmanagement eine faulende Gesellschaft festpreßt.

Kampf um Befreiung

So zwingend Widerstand und revolutionärer Angriff aus der eigenen Lage ist, ist das auch unsere Möglichkeit – und nur unsere – diese Perspektive zum Ende des Systems zu eröffnen. Eine Perspektive, die in der Funktion zum Bruch der imperialistischen Macht über diese Funktion hinaus geht:

Aus der Reife der Metropole, in der die produktive gesellschaftliche Entwicklung begonnen hat, in Vernichtung umzuschlagen, weist revolutionärer Kampf hier in seinen Zielen und in der Struktur der kämpfenden Front in eine gesellschaftliche Zukunft über die historischen Grenzen des existierenden Staatensystems hinaus. Im historischen Abschnitt des auf den äußeren Linien zurückgedrängten und im Innern in der Gesamtkrise sich zersetzenden Imperialismus, ist die Reife der Metropole umgewälzt zu werden auch die Reife zum Kampf, der radikal auf den Umbruch der gesellschaftlichen Verhältnisse zu den kommunistischen Zielen orientiert ist. Worin Leben nicht in einer weiteren Übergangsetappe, Sieg nicht als Übernahme des Staats vorgestellt ist, sondern der einheitliche Prozeß des Widerstands, der Gegenmacht und der Umgestaltung zur Befreiung ist.

Revolutionäre Politik hier ist die Strategie, die in einem den Widerstand in der täglichen Realität hier als Prozeß des Kampfs um Befreiung faßt – und ihn als Teil, Abschnitt und Funktion der weltweiten Kämpfe, in deren Zusammenwirken das Ziel nur erreicht werden kann.

Diese Politik hat mit Weltanschauung nichts zu tun. Sie stellt nicht noch eines dieser sich ablösenden ideologischen Modelle auf, von denen behauptet wird, daß sie später verwirklicht werden. Sie kann nur realer Prozeß sein. Signal der Utopie, ist sie eine langfristige und direkte Strategie – man kann sagen, eine Lebensweise – in der das strategische Ziel der Zerstörung der imperialistischen Macht verbunden ist mit realer Veränderung jetzt – der Prozeß, der in den Schritten der Entwicklung der Front, die Besetzung des politischen Terrains und der Person durch den Staat zerstört – der sich in der Produktion von Gegenmacht die jeweiligen Bedingungen zur politisch-militärischen Offensive schafft, und als Produktion, als materielle Entwicklung, die Wiederherstellung der vollen Dimension des Menschen in den Beziehungen der Kämpfenden in sich hat. Unmittelbare Veränderung, befreites Gebiet, Revolution sind vollkommen in den Prozeß des Widerstands integriert – und nur so haben sie Wahrheit. Revolutionäre Strategie ist hier einfach die Strategie gegen ihre Strategie.

Die ihren strategischen Plan in ihren konkreten Projekten angreift durch den materiellen Angriff die imperialistische Offensive nach innen und außen politisch bricht und damit Bewußtsein schafft, daß neuer Widerstand und Prozeß der Front national wie international wird, die ihre Pläne blockiert, bevor sie sie ausführen können.

Die als relevante kämpfende Front hier den Bruch des Konsens im imperialistischen Zentrum materiell macht und durch die internationale Vermittlung des inneren Bruchs ihnen die Legitimität bzw. Attraktivität nimmt, das System aus Geld, Manipulation und Vernichtung in einer neuen Phase weltweit reproduzieren zu können.

Und die als radikale Wendung der Lage in der Metropole die Möglich-

keit des Endes der imperialistischen Macht und ihrer Existenz unter den Menschen, die Reife zur befreiten Gesellschaft zeigt.

Zu 77

Das Problem, das sich während der Schleyerentführung gegen uns ausgewirkt hat, war, daß wir – auf unser konkretes Ziel, die Gefangenen rauszuholen, konzentriert – die Entwicklung des politischen Ziels in der ganzen Offensive, die Vertiefung der Widersprüche in der Krise, nicht angepackt haben. Obwohl die Aktion den Staat an seinem Nerv getroffen hatte, haben wir nicht auf dem politischen Niveau der Herausforderung gehandelt.

Im Sommer 77 war die Situation bei den Gefangenen so zugespitzt, daß wir uns nicht mehr lange Zeit lassen konnten für eine Befreiungsaktion. Die Gefangenen waren im Durststreik und Gudrun lag im Sterben.

Wir wußten, daß wir den Angriff zu diesem Zeitpunkt aus einer relativen politischen Schwäche heraus machen würden, aber wir wollten ihn, weil Krieg nicht einfach als Zustand zwischen uns und ihnen existiert, sondern nur wenn er materiell entwickelt wird als Machtfrage. Seit Stockholm ist der Kampf um die Gefangenen zu einer Kernfrage in der Auseinandersetzung Guerilla – Staat geworden. Die Kernfrage, in deren Forderung nach den Gefangenen beides zusammenkommt wie in einem Kristallisationspunkt: das Verhaltnis einer Guerilla zu ihren gefangenen Genossen, die Beziehung untereinander, die Funktion dieses Kampfs ist, und die Bedeutung jedes einzelnen für das Ganze – und das Machtverhältnis überhaupt, weil die Guerilla darin die Machtfrage materiell und direkt an den Staat stellt, ihr Angriff bewußt auf die politische Krise zielt, indem er ihnen wie mit Schleyer einen Pfeiler ihrer Macht unter den Füßen wegzieht (nur dann gibt es eine realistische Chance). Und so die innere Struktur der Macht durch den Zwang zur Reaktion sichtbar macht und gleichzeitig auseinanderreißt.

Unser Gedanke war, der SPD die Frage des Austauschs an den beiden Figuren zu stellen, die die ökonomische Weltmacht des BRD-Kapitals direkt verkörperten wie höchstens zehn andere: Ponto für ihre internationale Finanzpolitik (und daran der ganze Begriff der Funktion der deutschen Banken, im besonderen seiner, der Dresdner, für die reaktionären Regimes in den sich entwickelnden Ländern und der BRD-Geldpolitik als Mittel der institutionellen Strategie, nach der die europäische Integration läuft) – und Schleyer für die nationale Wirtschaftspolitik (die fetten Konzerne, Konzertierte Aktion, BRD als internationaler Modellfall des sozialen Friedens). Das heißt der Macht im Staat, auf die die SPD als Regierungspartei Rücksicht nehmen muß, wenn sie an der Regierung bleiben will.

Die Spannung zwischen der Strategie des amerikanischen Kapitals, von der das Staatsverständnis der SPD seit 45 und jedes einzelne ihrer reaktionären innen- und außenpolitischen Manöver bestimmt ist und den Banken und Konzernen, wenn man so will, dem nationalen Kapital, war der Widerspruch, auf den die Aktion zielte. Zwar kann das nationale Kapital gegenüber der hegemonialen, der amerikanischen Linie keine eigene Politik formulieren – wenn man nicht die provinziell-bornierten Varianten Kohls, Albrechts usw. oder das Grand Design von Strauß, aus dem seit über 20 Jahren nichts wird, dafür halten will – aber die Macht, mit der es innerhalb der Vertikale des gesamten kapitalistischen Mechanismus konkurriert und expandiert, hat natürlich ihren Ausdruck in einem Konsens und einem Selbstbewußtsein der nationalen Eliten, das Schmidt nach oben und nach unten im internationalen und nationalen Kontext vermitteln muß.

Die politische Eskalation der Aktion war erst mal dadurch entschärft, daß die Entführung Pontos schiefging und so der eine Fuß in der ganzen taktischen und politischen Bestimmung fehlte. Unser entscheidender Fehler aber war, die Aktion nicht noch mal von Grund auf neuzubestimmen, nachdem die Bundesregierung das erste Ultimatum hatte verfallen lassen, also klar war, daß sie Schleyer aufgegeben hatten und auf seinen Tod warteten, der ihre schnelle Konsolidierung hätte bringen sollen. An Schleyers Anstrengungen, doch noch den Austausch zu erreichen, hatten wir gesehen, daß seine connections und sein Einfluß einen Dreck wert waren gegen die Macht der geschlossenen imperialistischen Strategie.

Ihr Verhalten an der Taktik und Psychologie des BKA entlang: die offizielle Regierungsentscheidung zu vermeiden, durch Als-ob-Verhandlungen die Aktion hinzuziehen, um sie polizeilich zu beenden, durch die Nachrichtensperre öffentlichen Druck von vornherein auszuschalten und mit Wischnewskis Reise in die sogenannten Aufnahmeländer eine internationale »Absage an den Terrorismus« am Beispiel dieser Gefangenen durchsetzen zu wollen, gab uns objektiv Zeit und die Möglichkeit, mit dieser Situation politisch zu arbeiten. Das wäre gewesen, die Gespräche mit Schleyer sofort einzusetzen, um so die Widersprüche, die inzwischen wieder die »Einheit aller Demokraten« auseinandergetrieben hatten, auch tatsächlich auf die Spitze treiben zu können. Widersprüche, die so weit gingen wie z. B. der Anlauf der CSU, Schmidt um die Regierung zu bringen mit dem Vorschlag, die Gefangenen freizulassen und hinterher den Notstand zu erklären, was so das Ende aller SPD-Politik bedeutet hätte, nämlich das offene Eingeständnis der Staatskrise, was sie mit allen Mitteln verhindern mußten.

In dieser eskalierten Situation, in der unsere Defensive offensichtlich geworden war, hat das Kommando Martyr Halimeh sich entschlossen zu intervenieren – wie es ihnen unter dem objektiven Druck möglich war. Es war das erste Mal, daß ein Kommando einer Befreiungsbewegung direkt in die Auseinandersetzung hier eingegriffen hat, den Kampf in der Metropole zu seiner Sache gemacht hat. Über die taktisch und strategisch falschen Bestimmungen dieser Aktion, die der BRD erst die Chance gegeben hat, selbst in die Gegenoffensive zu gehen, ist viel geredet worden. Die Verantwortung dafür liegt ganz bei uns.

Es war ein Fehler, die Entscheidung, die aus dem Kräfteverhältnis nur hier fallen kann, weil es um die Gefangenen geht, die für den Kampf hier stehen und weil es darum ging, die BRD zu isolieren, nicht in der Metropole selbst zu suchen, sondern die Zuspitzung in einen der jungen Nationalstaaten zu verlagern. Im Zusammenhang mit einer Aktion aus der Metropole, mit dem Ziel der Polarisierung in der Metropole, den Bruch zwischen Volk und Staat, mußte das Mittel – Flugzeugentführung – gegen den ganzen Angriff kippen, weil es die, die in dem Flugzeug saßen, zwangsläufig in die gleiche Objektsituation gedrückt hat, wie es der imperialistische Staat sowieso und immer mit den Menschen macht – worin aber das Ziel einer revolutionären Aktion gebrochen ist.

Gegen das Kommando war die falsche Bestimmung der Aktion die Zange, mit der das Kalkül der Bundesregierung operieren konnte, ausgehend davon, daß das Kommando natürlich alles versuchen wird, solange weiterverhandeln wird wie sie noch irgendeine Hoffnung sehen, daß die BRD die Gefangenen freiläßt. Für die SPD war das Massaker wie schon in Stockholm die Lösung, weil sie auf jedes populäre Image verzichtet, wenn das amerikanische Interesse, Herrschaftssicherung im Zentrum, angegriffen ist. »Es war unbekannt, ob es zu einem erträglichen Ausgang kommt«, so Schmidt damals.

Es war die Entscheidung für die militärische Lösung zu einem Zeitpunkt, wo ein Sieg der Guerilla in der BRD, dem Kernland der reaktionären Integration der westeuropäischen Staaten, ihr ganzes Konzept der imperialistischen Rekonstruktion entscheidend zurückgeworfen hätte. Sie war der Sprung an die Spitze der reaktionären Gegenoffensive zur Vereinheitlichung der Apparate der inneren Sicherheit in Westeuropa, aber an Stammheim und Mogadischu ist auch ein zentraler Bestandteil sozialdemokratischer Politik, die verdeckte Kriegsführung zerbrochen. Da stand der offen reaktionär auftretende imperialistische Staat, der den Vergleich mit seiner faschistischen Vergangenheit nicht mehr scheute, sondern feierte. Die »Desert Foxes« von Mogadischu als Vorbild für die deutsche Jugend. An ihm ist aber auch die politische Schwäche der Metropolenstaaten, die innere Brüchigkeit der ganzen nach außen so potenten Struktur, so evident geworden wie nie.

Rote Armee Fraktion, Mai 1982

Hungerstreikerklärung und Erklärung zur Zusammenlegung der Gefangenen der RAF. Dezember 1984[3]

Wir sagen, daß die Dialektik revolutionärer Kämpfe gewichtiger ist als die imperialistische Doktrin der harten Haltung.

In den Trakten, den Gefängnissen, auf dem gesamten gesellschaftlichen Terrain hier, international: die Imperialisten türmen Kriegs- und Repressionsmittel aufeinander, um die Geschichte, die weltweit den Bruch mit dem Kapitalsystem verlangt, zu ersticken. Ihre Macht ist Militärstrategie, Aufstandsbekämpfung, Maschine – aber hohl, nur Gewalt, sonst nichts. Es ist ihre Reaktion auf die sich vereinheitlichende Kraft der internationalen Kämpfe für Befreiung. Auch in Westeuropa.

Wir kämpfen im Bewußtsein der Einheit der Gefangenen aus Guerilla und Widerstand jetzt mit dem Hungerstreik für die Zusammenlegung in große Gruppen. Wir fordern die Anwendung der Mindestgarantien der Genfer Konvention. Gegen die Institutionalisierung von Folter und Kriminalisierung in den NATO-Demokratien ist das die politische Forderung, für die die Kriegsgefangenen gemeinsam kämpfen, und der mögliche Schutz.

Auch in unserer Lage ist das aus der gesamten Situation die gleiche Entscheidung, vor der alle Teile der revolutionären Linken stehen: aus einem festgefahrenen Kräfteverhältnis die Defensive zu durchbrechen – die Suche, die Anläufe, den Willen in Kampf zu verwandeln und neue politische Durchbrüche zu schaffen. Für uns heißt das, von der Tatsache der Isolation, der erzwungenen Vereinzelung auszugehen und auf die eigene Kraft zu vertrauen. Gegen eine Situation, in der der imperialistische Staat aus seiner substantiellen Instabilität und dem fortschreitenden Verlust an Legitimität nur noch seine Potenz zu herrschen demonstrieren will, und jede Veränderung auch für Gefangene als Machtfrage bekämpft. Unser Kampf schließt sich den Kämpfen der Kriegsgefangenen in Frankreich, Irland, der Türkei, Spanien, Italien und im besetzten Palästina an und eröffnet neue. Und er ist integriert in die Aufgabe, die sich der ganzen revolutionären Linken hier stellt: entweder sie kämpft sich in der Praxis des Widerstands zum authentischen revolutionären Prozeß in Westeuropa vor, indem sie Subjekt des Kampfs um Befreiung ist, oder sie kann nur als marginale Opposition die Verbrechen des Imperialismus und den Weg in den durchstrukturierten faschistischen Staatsschutzstaat kommentieren.

Einheit des Kampfs in der antiimperialistischen Front.

Wir wollen die Zusammenlegung aller revolutionären Gefangenen in großen Gruppen. Wir können sie nur erkämpfen. Im Widerstand gegen das ganze eskalierte Vernichtungsprogramm verteidigen wir uns und eignen uns auf neuer Stufe an, was sie mit aller Gewalt zerschlagen wollen. Wo Herrschaft durch Trennung, Differenzierung, Vernichtung einzelner, um alle zu treffen und den ganzen Prozeß zu lähmen, funktioniert, ist Solidarität eine Waffe. Es ist die erste starke subjektive politische Erfahrung für jeden, der hier zu kämpfen anfängt, der Kern revolutionärer Moral: Solidarität als Waffe – konkret, materiell, Aktion aus der eigenen Entscheidung für diesen Krieg.

Um die geht es – sie ist Bedingung unseres Kampfs und der Sprung dahin, der das für jeden von uns in neuer Qualität ist, ist auch für die Gefangenen aus dem Widerstand wie für jeden, der im Knast um Identität, Gegenmacht kämpft, genau aus dieser gemeinsamen Situation raus: gefangen, isoliert und wie wir mit der ganzen Schärfe ihrer Kriegsführung konfrontiert, – notwendig und möglich: indem wir zusammen kämpfen. Und uns in diesem Fight Kollektivität und Einheit erkämpfen, die Moral und Struktur, an der die Wirkung des konterrevolutionären Kriegs bricht.

Wir wollen das Kollektiv der Gefangenen und die Zusammenlegung als seine praktische Bedingungen – weil es da, wo Stillstand und Unterwerfung unter ihre Macht laufen sollen, lebendiger und materieller Prozeß ist, neue Gedanken und Erfahrungen aufeinandertreffen und wir uns neue Möglichkeiten, Begriffe, Politik erkämpfen. Es ist so der praktische Schutz gegen Folter, gegen den permanenten Terror dieser Bedingungen, weil er da, wo wir zusammen sind, nicht mehr greifen kann, die Totalität der Belagerung am kollektiven Prozeß bricht.

Kollektivität ist Struktur und Ziel des Befreiungskriegs. Sie ist der Raum, in dem allein sich Verbindlichkeit, Lernprozesse, selbstbestimme bewußte Beziehungen zueinander entwickeln können. Sie ist die Konkretion einer neuen Wirklichkeit unter uns und für uns, die vom Feind nicht mehr erreichbar und erfaßbar ist. Subjektiv und objektiv notwendige Struktur, besonders in der Metropole: aus dem Fehlen revolutionärer Massenkämpfe, der Schwäche breiter legaler Organisationsformen gegen den Faschismus hier, aus der Erfahrung der Unverbindlichkeit ihrer politischen Struktur, ihrer Sporadik und der Unmöglichkeit, in vom Staat kontrollierten und manipulierten Strukturen Subjekt der eigenen Aktion zu sein.

Kollektivität bestimmt sich übers Ziel: zum Angriff kommen – nicht zu einem einzigen, sondern als dauernder, gemeinsamer Prozeß der politischen Bestimmung und Aktion. Sie existiert nur im Kampf und nur gegen Herrschaft und Unterdrückung ist sie zu entwickeln. Sie ist nicht bloße Negation all dessen, was Staat und Kapital sind, sondern die gesellschaftliche Organisation freier Menschen, wie sie hier und jetzt – überall wo gekämpft wird – schon möglich ist.

Wir wollen die Einheit aller politischen Gefangenen im Kampf um Befreiung – um Perspektive im Knast geht es uns sicher nicht, wie es überhaupt im Imperialismus keine Lebensperspektive gibt – und zusammenkommen mit allen, die den Bruch mit diesem System gemacht haben, die gegen Knast, Staat, Imperialismus und Staatsdenken von den revolutionären Kämpfen, Initiativen und Erfahrungen der letzten Jahre ausgehen, die Konsequenz daraus wollen im gemeinsamen Angriff jetzt.

Gegen das in Westeuropa vereinheitlichte und eskalierte NATO-Programm zur Fortsetzung des Kriegs gegen Guerilla und Widerstand. Auch in der Gefangenschaft verlangen wir Haftbedingungen, wie sie in den Genfer Konventionen als Mindesgarantien gegen Folter und Vernichtung für Kriegsgefangene festgehalten sind:

– Zusammenlegung mit den Gefangenen aus dem Widerstand und allen kämpfenden Gefangenen in großen Gruppen,

– Abschaffung der Einzel- und Kleingruppenisolation und der akustischen und optischen Ausforschung und Kontrolle,

– Aufhebung der Kommunikationssperre: Besuche, Briefe, Bücher, freie politische Diskussion und Information.

Daß die Konfrontation, um unser Ziel durchzusetzen, total sein wird, ist klar, dieser Krieg hat keine Vermittlung – sie haben sie längst selbst beseitigt und führen ihn offen, weil es ihnen nicht nur um unsere Vernichtung, sondern vor allem um unsere schnelle Vernichtung geht. Denn je länger wir kämpfen, um so mehr kippt ihr faschistisches Projekt, die Eskalation, auf die sie aus sind, gegen sie, entwickelt dieser Fight eine Dialektik für uns, setzt sich die Spur der Politik, die sie auslöschen wollen, durch.

Die Eskalation ist mit den Händen greifbar. Rebmann im Dezember 83[4]: Die Aktion »Grüße an die politischen Gefangenen« sei der Versuch, das Kommunikationsverbot zu durchbrechen – eine neue Stufe in ihrem alten Programm, das seit 13 Jahren die Realität der politischen Gefangenen in der BRD ist – 9 tote Gefangene, Isolationsfolter, Sicherheitstrakt, Kontaktsperre. Sie haben alles versucht: Gehirnwäsche durch toten Trakt, Zwangspsychiatrisierung bis zu differenzierter und total überwachter Isolation im sogenannten Normalvollzug. Prügel und Überfälle, Zwangsnarkose und CS-Gas, gynäkologische Körperdurchsuchung unter Gewalt, stundenlange Fesselung von nackten Gefangenen beim Transport, Zwangsernährung und Wasserentzug, Streßmanipulation, Zellenrazzien jeden Tag, mehrmals täglich Durchsuchungen bis auf die Haut, Bunker, tagelang Fesselung auf Pritschen, Schlafentzug, Verhinderung ärztlicher Versorgung. Registrierung und Überwachung jeder Lebensäußerung und entsprechende Anpassung des täglichen Terrors an die einzelne Persönlichkeit, Entzug von Informationen und Orientierungsmöglichkeiten an der Wirklichkeit innerhalb und außerhalb der Knastmauern, Entzug von Helligkeit durch Sichtblenden tagsüber und von Dunkelheit durch Dauerbeleuchtung nachts, von Umgebung, Luft, Geräuschen, Abwechslung, Farben, Rückzugsmöglichkeit und Raum für sich selbst, Radio, Bücher, Zeitungen, von Bewegung außerhalb des Isolationscontainers jahrelang, von allem und jedem, was einem Menschen überhaupt entzogen werden kann bis zu dem, was ihn vom Tier unterscheidet: der Möglichkeit zur sozialen Interaktion – Abschneiden letzter Briefkontakte, zwei Wochen Knast und Razzia in der WG wegen einem Brief an einen von uns, Terrorisierung von Besuchern, um sie abzuschrecken, Mitschreiben von jedem Wort durch LKA und BKA, Verbot fast aller Besuche bis hin zu engen Familienangehörigen wegen Öffentlichkeitsarbeit gegen Folter und Vernichtung (=»Unterstützung einer terroristischen Vereinigung«), Abhören der Gespräche mit unseren Anwälten, Razzien in Anwaltsbüros, Verhaftungen. Seit 82 auch: eigenmächtige Kontaktsperre der Knäste und Kontaktsperre bei BKA-Razzien. Und jetzt: Kommunikationsverbot und Rebmann: »Wir werden die Zusammenlegung in Zukunft noch stärker bekämpfen.« Im Klartext: gegen uns und jetzt auch gegen die Gefangenen aus dem Widerstand die nach außen hermetisch abgedichtete Einzelisolation in Hochsicherheitstrakten und -zellen. Nach 8, 10, 13 Jahren dieser Gefangenschaft jetzt Kontaktsperre auf Dauer als faschistische Normalität gegen uns, in der dann wie in 77 alles möglich sein soll.

Gegen ihr terroristisches Programm gibts allerdings nur eins: zu kämpfen und auch aus der äußersten Defensive der Isolation raus sie anzugreifen, mit dem was sie uns auch hier nicht nehmen können ohne zu töten: unser kollektives Bewußtsein und unseren Willen zu siegen. Es ist eine Machtfrage, weil es uns auch hier ums Ganze geht und die Frage, ob wir jetzt diese Staatsschutzoffensive brechen, nicht davon zu trennen ist, wie ihre konterrevolutionäre Offensive insgesamt zu brechen ist und weil sie fürchten, daß für die revolutionäre Bewegung hier neue Bedingungen durchgesetzt sind, wenn wir die

Einheit der revolutionären Gefangenen im Kampf sind – uns durchsetzen.

In dieser Situation, wo die imperialistischen Staaten Westeuropa mit dem US-Kernstaat BRD zur strategischen Zone ausbauen gegen die Befreiungskämpfe weltweit, wird jeder Durchbruch, den der Widerstand zur Front im Innern schafft, zur Machtfrage.

Denn nach der Niederlage des US-Systems in Vietnam und seiner Rekonstruktionsphase, in der sie die NATO zum strategischen Militärbündnis für die US-Politik nach innen und außen faschistisch ausrichten, weil sie bei jeder Intervention dabei sein soll, ist es für sie zu einer existentiellen Frage geworden, die westeuropäischen Metropolen im Griff zu haben und zu halten: gegen den anhaltenden Druck der Befreiungskriege und seine Rückwirkungen in den imperialistischen Zentren, gegen die jungen Nationalstaaten und die sozialistischen Länder im Osten und gegen die Entstehung von Front im Zentrum selbst, die sich durch mehr als 10 Jahre bewaffneter Politik in Westeuropa in ihren strategischen Angriffen als antiimperialistische Front konkretisiert und in der sich die verschiedensten revolutionären Kämpfe hier zum Antagonismus und offensiven Funktion für die globale Front entwickeln werden.

Wenn Zimmermann wegen seiner faschistischen Ausländerpolitik erst von der UNO angegriffen wird, sie anschließend aber zwingen kann, die Menschenrechtsverletzungen gegen Asylanten zu schlucken, wenn sein Staatssekretär nach der US-Intervention nach Grenada fährt, um zu demonstrieren, was sie mit »Weltinnenpolitik« meinen, wenn die neue Antifolterkonvention von der BRD und den anderen NATO-Staaten von vornherein ignoriert werden kann, wenn die BRD weiter kurdische und türkische Genossen an ihren NATO-Verbündeten Türkei ausliefern kann, weil sie dafür gesorgt hat, daß Folter und Mord dort inzwischen auf EG-Ebene als normal sanktioniert sind, wenn sie mit einem Vertreter wie Jäger in der UN-Menschenrechtskommission sozusagen programmatisch klarstellt, welches Verhältnis zu den Menschenrechten sie durchsetzen will, dann darf Rebmann natürlich auch die öffentliche Hinnahme der Folter hier als normal verlangen, kann er das machen, worauf er schon lange hinarbeitet und was von der UNO international als Form der Folter geächtet wurde: Kommunikationsverbot.

Wie es ihnen überhaupt um die repressive Durchsetzung einer anderen Normalität geht – um die Militarisierung von Politik, Staat und Gesellschaft, einer Normalität, die auf Gewöhnung aus ist, weil die Gewohnheit wieder die Ruhe darüber schafft: nichts zu fühlen, nichts zu denken, nichts zu verstehen. Es geht also nicht um Aufklärung über die Tatsache der Folter, es geht um revolutionäre Gegenmacht und Aktion. Diese ganze Arroganz imperialistischer Machtentfaltung kennt nur eine Grenze: wo starker, selbstbewußter Widerstand aus der Illegalität und aus der Legalität ihr zusammen eine setzen.

Nachdem die BRD die polizeiliche Integration Westeuropas präventiv gegen den bewaffneten Antagonismus im Innern der Metropolen als offen militärische Maßnahme durchgesetzt hat, ist das imperialistische Projekt jetzt die Transformation dieses Staatsschutzblocks zur »europäischen Säule der NATO« – wobei die militärische Klammer die »politische Einheit« der Staaten mit der US-Militärdoktrin erzwingen soll – auf der Basis der Stationierungen – weil es umgekehrt nicht geklappt hat. Die Struktur, die unabhängig vom Konsens der Nationalstaaten für die Interessen des strategischen Machtblocks funktionieren soll. Dagegen blieb millionenfacher Protest wirkungslos, konnte auch der Widerstand, der den BRD-Staat, seine gewachsene Macht und wachsenden Machtansprüche nicht als identisch mit der US-imperialistischen Ausrottungspolitik begreift, in der Konfrontation mit der präventiven totalen Mobilmachung des Apparats kein Faktor sein im internationalen Kräfteverhältnis, in und aus dem wir hier kämpfen. Rebmanns Kommunikationsverbot jetzt, als Drohung gegen uns und alle, die mit uns diskutieren, mit denen wir zusammen kämpfen und die wir kennen, ohne sie je gesehen oder ein Wort mit ihnen »kommuniziert« zu haben, weil sie wissen, daß viele nach einer radikalen Lösung, einer konkreten Kampfperspektive suchen, ihre Erfahrungen in den letzten Jahren mit den Erfahrungen der Gefangenen aus dem bewaffneten Kampf zusammen- und weiterbringen wollen – für einen Durchbruch.

Denn darum geht es jetzt. Im Durchbrechen der konterrevolutionären Blockade der Vielfalt antagonistischer Initiativen, Erfahrungen, Strukturen erneut Sinn zu geben: gegen die Logik der Vernichtung, gegen das Lebenslänglich in der Metropole die blockierten Erfahrungen, Bedürfnisse, Hoffnungen, Ziele und den eng gewordenen politischen Horizont vom Fetisch staatlicher Übermacht zu befreien; die neue Phase in der Entwicklung des revolutionären Kriegs hier freizukämpfen – den Sprung jetzt zu machen, der das für jeden von uns ist – hier in den Gefängnissen und an jedem Abschnitt der Konfrontation: die revolutionäre Lösung gegen die konterrevolutionäre durchkämpfen, das globale Projekt der Reaktion zerschlagen und die strategischen Pfeiler, auf denen sie es aufrichten wollen – präventive Konterrevolution, Verpolizeilichung des Kriegs, totaler sozialer Krieg, Organisierung der Metropolen als totales, alle sozialen Bereiche und Beziehungen durchsetzendes, zerstörerisches und selbstzerstörendes Gewaltverhältnis. Vernichtungsfeldzüge gegen die Befreiungsbewegungen, Völker, Revolutionen in Asien, Lateinamerika, Afrika. Die Organisierung dieser Gesellschaften zwischen Kaserne, IWF und dem jetzt kulminierenden Einsatz der Hungerwaffe gegen Millionen von

Menschen, damit sie ihren Weltherrschaftsplänen nicht gefährlich werden, wenn sie sich das geraubte Leben mit Gewalt wiederholen wollen. Die auf der Basis ihrer globalen Übermacht betriebene Politik der Drohung und Provokation rund um den Erdball und vor allem gegen die sozialistischen Staaten im Osten, die Hast, mit der sie alle imperialistischen Verbrechen zusammen in den Schatten stellen wollen, mit der sie den konventionellen und atomaren Krieg organisieren, der Wettlauf gegen die Verwandlung der objektiven Reife der Metropole zur Front im Befreiungskrieg, gegen die Befreiungskämpfe und sozialen Explosionen auf allen Kontinenten.

Weil die Situation so ist, weil der Widerspruch das ganze gesellschaftliche System des Kapitals erfaßt, wollen die Imperialisten die Trakte und KZ's zur »Fabrik der Vernichtung des Klassenwiderspruchs« machen, sind die Kriegsgefangenen in Westeuropa mit den vereinheitlichten Maßnahmen des NATO-Staats konfrontiert: den irischen Genossen wurde auf NATO-Entscheidung der politische Status wieder aberkannt, bis Spanien, Italien etabliert sich das westdeutsche Modell der Schließfachtrakte und gewaltsamen Vereinzelung. Jetzt wird es gegen die massenhaften Kämpfe der türkischen und kurdischen Gefangenen eingesetzt: 38 neue Hochsicherheits- und Isolationsknäste, die kollektiven Widerstand unmöglich machen sollen.

Sie zielen auf die revolutionäre Moral und das Neue, das die Kriegsgefangenen aus den antiimperialistischen und kommunistischen Guerillas, Volkskämpfern und Bewegungen erfahren haben, sind und wofür sie weiterkämpfen.

Die Kriegsgefangenen in Westeuropa sind sich nahe. Ihre Kämpfe sind Antagonismus und Offensive gegen das System des Kapitals und die Konterrevolution der NATO. Sie zerreißen den totalitären Anspruch des imperialistischen Projekts auf dem Terrain, wo er die größte Macht besitzt. Wenn es das Projekt der NATO-Staaten ist, die Entwicklung der Front an diesem Abschnitt – den Gefangenen – auszulöschen, so ist es unsere Sache, sie genau hier mit Strategie und Moral der Front, die wir wollen, zu konfrontieren. Der Streik der irischen Gefangenen 81 ist uns Orientierung und die Kämpfe der türkischen und kurdischen Gefangenen – ihre besondere internationalistische Kraft. Kämpfe, die den Sieg vorbereiten.

Anschlag auf die Shape-School, 1984
Anruf bei der »Süddeutschen Zeitung«

Wir haben am 18.12.84 ein mit Sprengstoff beladenes Auto in unmittelbarer Nähe der Shape-School in Oberammergau abgestellt.

Dort werden die Kader für die integrierten Stäbe der NATO ausgebildet. Ziel der Aktion war, die Militärs dort direkt auszuschalten.

Einheit in der Offensive gegen die NATO, das multinationale Kapital – die revolutionäre Front in Westeuropa aufbauen!

Den Kampf in den Metropolen im Rahmen des internationalen Klassenkriegs führen!

Kommando Jan Raspe

Rote Armee Fraktion

Warum wir das Ziel der Aktion nicht erreicht haben:

Als der, der das Auto reingefahren hatte, zu Fuß durch die Pforte zurückging, kam in dem Moment ein Bundeswehroffizier auf den Pförtner zu und blieb dort stehen. Die anderen vom Kommando, die zur Absicherung gegenüber in einem Waldstück, ca. 15 Meter vom Eingang entfernt waren, hörten noch, wie der Offizier fragte und vom Pförtner die Antwort bekam »der ist vorhin reingefahren, jetzt geht er wieder...« – das heißt, von da an hatte der Offizier einen konkreten Verdacht. Wir sind dann weggegangen. Der Zeitzünder war so eingestellt, daß die Ladung um 9.30 Uhr hochgeht – weil um diese Zeit die meisten Militärs in der Schule sind. »8 Stunden zu früh stehengeblieben« und was die Bullen sonst noch behaupten, ist Quatsch. Sie hatten 1 1/2 Stunden Zeit, um das Auto zu identifizieren (was bei den 10 Autos, die auf dem Parkplatz standen, kein Problem war) und die Bombe zu entschärfen.

Das Kalkül der Bundesanwaltschaft, die Aktion gegen den Hungerstreik der Gefangenen zu drehen, wird nicht aufgehen. Es zerbricht am kollektiven Kampf der Gefangenen und an der Offensive der westeuropäischen Guerilla, der Perspektive der revolutionären Front in Westeuropa, die jetzt real wird. Daran bestimmen wir unseren Angriff.

Wir werden in Kürze ausführlich was sagen.

Rote Armee Fraktion, 20.12.84

Kommando Patsy O'Hara zur Aktion gegen Ernst Zimmermann, 1985

Wir haben mit dem *Kommando Patsy O'Hara* den Präsidenten des BDLI (Bundesverband der deutschen Luft-, Raumfahrt- und Ausrüstungsindustrie) und MTU-Chef Ernst Zimmermann erschossen.

Das mulitnationale Kapital kann eine neue Spirale im Zyklus aus Krise–Rekonstruktion–Krise nur erreichen, seine Verwertungsbedingungen international sichern, wenn es in einem die militärische Aggression an allen Fronten plant und vorbereitet/durchführt und den trilateralen Block – USA, Westeuropa, Japan – in einer gemeinsamen Strategie zur Lösung der ökonomischen Krise zusammenballt.

Die US-Militärstrategie als äußerstes Mittel der Politik der imperialistischen Staatenkette ist Ausdruck der umfassenden ideologisch-ökonomisch-militärischen Krise des Systems und dem Versuch der strategischen Rekonstruktion des Kapitals. Die »neue NATO-Doktrin« ist präzise die Manifestation der Planung des Kapitals: elektronische Kriegsführung, »intelligente Waffensysteme«, Weltraumwaffen, und der Ausbau der konventionellen Rüstung der NATO-Armeen soll dem multinationalen Kapital zugleich »Milliardenmärkte« eröffnen – wie der BDLI das sagt – und die militärische Übermacht garantieren.

Für das in der BRD operierende Kapital bedeutet das – aus der Tatsache der völligen Dominanz des US-Kapitals und dem eigenen Interesse, die ökonomische Potenz der BRD zu sichern – seine Planung jetzt in dieser Strategie auszurichten und den Sprung an die Spitze des Weltmarkts durch den Militärisch-Industriellen-Komplex zu organisieren. In einem Anlauf mit Frankreich putschen sie neue Maßstäbe durch, die den anderen nur die Alternative lassen, sich ihnen zu unterwerfen oder einzupacken. Dem Militärisch-Industriellen-Komplex kommt in den für die kapitalistische Rekonstruktion zentralen Bereichen: Erforschung und Produktion neuer Technologien, Elektronik, Waffen – Kriegsökonomie – entscheidende Bedeutung zu. Für diese Zusammenballung/Formierung, die sofort zum politischen Machtfaktor wird – das ist aus der aktuellen Situation überdeutlich – hat die ökonomisch-politische Organisation dieser Kapitalfraktion – BDLI – die Funktion, die Interessen des Militärisch-Industriellen-Komplexes hier im Staat, auf westeuropäischer Ebene und so in der internationalen Politik durchzusetzen. Hauptstoßrichtung jetzt ist klar die europäische Formierung. Bedingung dafür: die Abschaffung der für die BRD festgelegten Rüstungsbeschränkungen innerhalb der WEU, die Rüstungskooperation mit anderen europäischen NATO-Staaten, vor allem mit Frankreich, die Bereitstellung von 29 % mehr

Geld für die Forschung im Verteidigungshaushalt. Im Angriff gegen die Säulen der imperialistischen Macht in der BRD/Westeuropa greifen wir in die sich verschärfende Krise ein und bestimmen ihren Verlauf und ihre Lösung für die Offensive des Befreiungskriegs.

Das Terrain auf dem sich das europäische Proletariat rekonstruieren wird, zur Klasse, die die vollständige Umwälzung der Produktionsverhältnisse erkämpft, ist der Kampf für die Einheit der revolutionären Front, die Organisierung des Klassenkriegs in Europa.

Die westeuropäische Guerilla erschüttert das imperialistische Zentrum.

Rote Armee Fraktion, 1.2.1985

Hungerstreikabbruchserklärung der Gefangenen aus der RAF und dem Widerstand[5]

Wir wenden uns an die, die mit uns im Hungerstreik gekämpft haben, die unsere Forderung zu ihrer Sache gemacht haben. Wir wollen euch sagen, wie wir zu unserer Entscheidung, jetzt abzubrechen, gekommen sind, weil es darum geht, uns das, was der Grund für diese Entscheidung war, zusammen als neuen Ausgangspunkt für den Kampf weiter anzueignen.

Wir haben unseren Hungerstreik am 1.2. abgebrochen, weil die Entwicklung inzwischen über die Ebenen eines Kampfs von Gefangenen um ihre Lebensbedingungen raus war: der qualitative Sprung der revolutionären Kämpfe in den NATO-Staaten in die westeuropäische Dimension hat den Streik überholt.

Die Politik der Metropolenguerilla hat jetzt einen Durchbruch erreicht, um den der Kampf die letzten fünf Jahre ging. Das hat für uns im HS Bedingungen gebracht, wie sie nicht existiert haben, als wir angefangen haben. Der Durchbruch zur westeuropäischen Dimension revolutionärer Praxis löst notwendig eine einheitliche, zwischen den imperialistischen Staaten festgelegte »strategische« Reaktion der gesamten Kette aus. Das hat ihnen zu Mittelamerika, dem Nahen Osten und gerade jetzt, wo ihr militärisches Europaprojekt Fuß fassen soll, noch gefehlt. Die Tatsache dieser einheitlichen Absprache ist unmittelbar nach der Aktion des Kommando Elisabeth van Dyck[6] sichtbar geworden mit der Intervention des US-Außenministeriums bei den NATO-Regierungen. Danach stand ihr Vorgehen: auf der Linie von Shultz – »Prävention und Vergeltung«. Für uns hat ab da der Prozeß begonnen, aus der veränderten Situation zu einer neuen Einschätzung und Entscheidung über die Fortsetzung unseres

Streiks zu kommen. Es war klar: auf dieser Linie der gesamtimperialistischen Reaktion nehmen sie sich jetzt als erstes Angriffsziel die Gefangenen, weil sie uns haben, und die Forderung, weil sie die Politik enthält. Nach der Aktion des Kommando Patsy O'Hara haben wir uns entschieden, den Streik abzubrechen und ihnen ihr Ziel: tote Gefangene gegen den politischen Sprung, in der alten und neuen Geisellogik, aus der Hand zu nehmen. Das war zu dem Zeitpunkt – drei Gefangene auf der Kippe – auch eine Frage von Stunden. In diesem Moment des strategischen Durchbruchs kommt das schärfste Mittel von Gefangenen – wenn es sein muß zu sterben, um zu siegen – nicht mehr an den Maßstab heran, in dem die Zusammenlegungsforderung plötzlich steht: westeuropäische Guerilla – gesamtimperialistische Räson. Das heißt: die Forderung nach Zusammenlegung nicht zu erfüllen, bekommt für die imperialistischen Staaten eine Bedeutung, wie sie auf einer anderen Ebene die Stationierung der Raketen hatte: sie mußten her, gegen den Willen der Mehrheit der Bevölkerung, ob es zur Massenrebellion kommt oder nicht, um eine Schwelle zu setzen, unter der kein Natostaat mehr bleiben soll. Das imperialistische System in der Krise muß die Fragen, die ihnen überall – aber besonders in der BRD, weil hier das Scharnier ist, in dem sich das ganze internationale Kräfteverhältnis bewegen kann – an den Kern der Macht gehen, zur gemeinsamen Staatsräson erheben. Ausdruck ihrer substantiellen Schwäche und, aus der Dialektik der Kämpfe, der Zwang sich offen zu machen: die Machtstruktur, mit der wir es zu tun haben, tritt auf den Plan. Shultz' Rede von den drei Zentren des revolutionären Kampfs in den nächsten Jahren Westeuropa, Nahost, Lateinamerika; Mitterand: »ein internationaler strategischer Kampf«, Soares, Spadolini usw., die Erklärung der NATO-Botschafter – da ist es in Aktion: Gesamtsystem.

Unser Streik wäre zum Gegenstand, zum Beispiel ihres Herrschaftswillens geworden. In dem Moment können wir, die Gefangenen, nicht siegen. Die westeuropäische Guerilla, für die der Streik in dieser Konfrontation dann steht und die sie treffen wollen, kann aber an uns politisch nur verlieren, wenn keines unserer materiellen Ziele jetzt mit diesem Mittel erreicht werden kann, wenn mehrere von uns sterben und der Einsatz des Lebens in dieser objektiven Situation nur schwer nachvollziehbar ist. Wir sagen: jetzt aufzuhören, hat den politischen Sieg festgehalten, ein Sieg in der Einheit der Guerilla, Widerstand, Gefangene.

Daß der Streik die politische Wand um die Gefangenen so schnell durchstoßen hat, die starke Solidarität hier und international, unsere reale Situation, an der ihre Counterlinien abgeprallt sind – das alles hat ihn lange offengehalten, weil sie gegen politische Evidenz nur blanke Macht setzen können. Wie ihr Problem mit der Kontaktsperre: sie wollten sie, aber sie wollten nicht an ihr das Risiko einer noch breiteren Mobilisierung und einer Diskussion, die sie nicht mehr loswerden. Die SPD-Bluthunde sind mit ihrem Vorstoß genau daran aufgelaufen; daß es ein Bewußtsein über den Krieg des Staats gegen die Gefangenen gibt, das sich nicht mehr plattwalzen läßt. Nach dem Schnitt, der NATO-Entscheidung, war der politische Preis nach innen und außen nicht mehr die Frage. Kinkel[7] am 27.1. zu den Anwälten: »Die Bundesregierung wird die Konsequenz tragen.« Durch die zweite Wand, die materielle, sind wir mit diesem Streik, in der konkreten politischen Situation, nicht durchgekommen. An unserer Forderung nach Zusammenlegung ändert sich nichts. Sie ist für uns existentiell. Wir werden weiter darum kämpfen – jetzt auf neuer Grundlage: der Einheit des Widerstands als praktische und politische Erfahrung, die wir zusammen erobert haben, und des Internationalismus, so wie wir, die Gefangenen, auf dieser Ebene kämpfen können: um den Begriff des internationalen Klassenkriegs, dessen Teil wir sind, und materiell Niederschlag im Haftstatut, wie er bei diesem Kräfteverhältnis möglich ist.

Für die Gefangenen aus der RAF und dem Widerstand,
Mitte Februar 1985

KONTROVERSE UM DIE ERSCHIESSUNG DES US-SOLDATEN PIMENTAL

Themen der außerparlamentarischen Opposition sind 1985 vor allem die SDI-Aufrüstungspläne der US-Regierung, der Widerstand gegen die geplante Wiederaufbereitungsanlage von Atommüll in Wackersdorf und, in allerdings viel geringerem Maße, die europäische SDI-Variante EUREKA und die Bemühungen der Bundesrepublik Deutschland, Verfügungsgewalt über Atombomben zu bekommen.

Die Bundesregierung arbeitet weitgehend unbehelligt weiter daran, Deutschland aus Hitlers Schatten treten zu lassen. Das Kabinett beschließt, daß ein Haus der Geschichte errichtet werden soll. Darin soll, das ist nicht der Wortlaut des Beschlusses, entspricht aber dem Geist, der ihn durchdringt, aus nationaler Sicht die deutsche Vergangenheit in Gänze wieder angeeignet werden – als Geschichte des Erfolgs, der zum »freiesten Staat, den es auf deutschem Boden je gegeben hat«, führen mußte.

Nach dem im Februar 1985 abgebrochenen Hungerstreik der politischen Gefangenen werden die militanten Aktionen von kleinen, unabhängigen Gruppen, RZs, RAF, Action Directe und den Kämpfenden Kommunistischen Zellen (CCC) aus Belgien fortgesetzt. Am 8. August detoniert ein Sprengsatz auf dem Gelände des US-amerikanischen Teils des Frankfurter Flughafens. Zwei Menschen werden getötet, zwanzig weitere schwer verletzt. Einen Tag später wird der US-Soldat Edward Pimental ermordet aufgefunden. Die Polizei stellt zunächst keinen Zusammenhang zwischen dem Mord und dem Anschlag her. Auch das erste Bekennerschreiben der RAF wird anfangs von vielen Linken, aber auch manchen bürgerlichen Zeitungen nicht für authentisch gehalten. Im »Arbeiterkampf« begründet F. die Zweifel: »Anschläge gegen NATO-

Einrichtungen und NATO-Personal stehen spätestens seit einer Reihe von derartigen rechten Aktionen 1982 inzwischen auch auf der Tagesordnung der Rechten[1]. Rechte Nachahmungstäter, wie im Fall des Anschlags in einem Dortmunder Kaufhaus[2], haben Weiteres zur öffentlichen Verwirrung beigetragen ... Kein noch so verblendeter RAF-Kader könnte ernsthaft glauben, mit der Legitimation der Gefangenenerschießung aus logistischen Sachzwängen heraus mobilisierend auf die Szene zu wirken ...«

Tatsächlich führt die Auseinandersetzung um die Erschießung des US-Soldaten, nachdem RAF-Mitglieder als Täter feststanden, zu einer Isolierung der RAF und antiimperialistischer Gruppen auch im linksradikalen Spektrum.

Anschlag auf die Rhein-Main-Air-Base 1985

Wir haben heute mit dem *Kommando George Jackson* die Rhein-Main-Air-Base angegriffen.

Proletarischer Internationalismus ist das fundamentale Bewußtsein für den revolutionären Kampf in den Metropolen: er ist die Identität der Ausgebeuteten und Unterdrückten im weltweiten Kampf gegen die Herrschaft des Kapitals und das Wissen, daß das Ziel der völligen Zerschlagung des imperialistischen Systems erst dann real wird, wenn diese Perspektive auch in den Zentren seiner Macht eröffnet ist. Das heißt: wenn wir die imperialistische Bourgeoisie hier mit den Zielen der Revolution konfrontieren, die politisch-militärischen Angriffe gegen ihre Machtstrukturen verschärfen und ihr so die Basis zerstören, auf der sie sich durch Kriege, kapitalistische Umstrukturierung und Repression – als Mittel zur Lösung ihrer umfassenden Krise – zum alles beherrschenden Gesamtsystem aufrichten will.

Die westeuropäische Guerilla entwickelt im Angriff die Strategie, die die punktuellen und partiellen Kämpfe gegen die Lebensrealität im imperialistischen System als Prozeß des Kampfes um Befreiung faßt, die Massenantagonismen in der politischen Bestimmung und in der Praxis des revolutionären Kampfes vereinheitlicht und daraus *die Front des Befreiungskrieges hier aufbaut.*

Die revolutionäre Bewegung in Westeuropa muß ihren Kampf heute auf eine neue Stufe bringen, indem sie die Diskussion und Organisierung der Offensive gegen den imperialistischen Apparat in allen seinen politischen, ökonomischen und militärischen Verzweigungen und auf allen Ebenen vorantreibt.

Die imperialistische Maschine holt zur Offensive aus. Der »Kampf gegen den internationalen Terrorismus« soll der politische Konsens zwischen den imperialistischen Staaten für militärische Operationen gegen Befreiungsbewegungen auf der ganzen Welt sein und als Propaganda der psychologischen Kriegsführung für Denunziation und Spaltung funktionieren: »die von Moskau Gesteuerten«, »die religiösen Fanatiker«, »die, denen es viel zu gut geht«, usw. – um in den Metropolen Akzeptanz für ihre Ausrottungsstrategie zu erreichen und zu verhindern, daß sich die Unterdrückten hier im Kampf der Guerilla wiederfinden. Und wenn Reagan in Straßburg vor dem Europaparlament »*ein* Europa von Lissabon bis Moskau« propagiert, so ist das die Formulierung des Kriegszieles der Bourgeoisie: der Einbruch in die Sowjetunion – ihr Traum seit 1917.

Kein Mittel ist ihnen zu dreckig, um sich die Bedingungen für militärische Interventionen und Vergeltungsanschläge – wie sie aktuell gegen Nicaragua und die Kämpfe im Libanon geplant werden – zu schaffen: geheimdienstlich gesteuerte Terror-Aktionen (Bombe im Frankfurter Flughafen, Irland, Tokio...) sollen die Bevölkerung zur Duldung dieses »Schmutzigen Krieges« (Shultz) zwingen und ein politisches Klima schaffen, in dem alles möglich ist. In ihrer Anstrengung, den Antagonismus auszulöschen, wollen sie keine Grenze kennen. Der Zuspitzung der weltweiten Konfrontation zwischen Revolution und Imperialismus und der Tatsache, daß sich die Kämpfe an allen Abschnitten – so auch dem westeuropäischen – vereinheitlichen, kann die imperialistische Bourgeoisie nur die Verschärfung ihrer Projekte und die beschleunigte Formierung zum funktionierenden Gesamtsystem entgegenstellen.

Aber der Peis für ihre offen militärische Linie ist, daß sich der internationale Klassenkrieg in der Dialektik der Kämpfe auf verbreiterter und höherer Stufe weiterentwickelt. Jede strategische antiimperialistische Aktion und Offensive verändert das gesamte Kräfteverhältnis für die Seite der Revolution, treibt den Zerrüttungsprozeß des imperialistischen Staatensystems weiter.

Die internationale revolutionäre Front kann die Kräfte des Imperialismus zersplittern,

sie ist die konkrete Perspektive für den Sieg über die imperialistische Maschine.

Die Rhein-Main-Air-Base – größter Militärfrachtflughafen der US-Streitkräfte außerhalb der USA – ist eine Drehscheibe für Kriege in der 3. Welt von Westeuropa aus; konkret läuft der Transport von

US-Interventionstruppen und ihrem militärischen Gerät in den Mittleren/Nahen Osten und nach Afrika darüber. Die 435th Tactical Airlift Wing, Teil des Military Airlift Command, ist integriert in die Kommandostruktur der Schnellen Eingreiftruppe (RDF). Von hier aus wurde der Transport französischer und belgischer Fallschirmjäger nach Shaba 1978 organisiert, 1980 der Überfall der Yankees im Iran, jetzt während der TWA-Entführung der Transport von Spezialeinheiten in den Nahen Osten. Die Air Base ist ein Geheimdienstnest: hier stehen Computer, Flugzeuge, Hubschrauber für Einsätze der Special Forces bereit. Der Großteil an Nachschub und Versorgung aller in Westeuropa, Mittel/Nahost und Afrika stationierten US-Truppen läuft über die Air Base. Zugleich soll sie »Einfallstor nach Europa« für den Krieg gegen die sozialistischen Staaten im Osten sein.

Die Air Base – für deren militärstrategischen Zweck der Bau der Startbahn West unverzichtbar war – steht aber auch für den langen, zähen Kampf einer Widerstandsbewegung, ihre Konfrontation mit dem geballten staatlichen Gewaltapparat und den Einkreisungsmanövern der reformistischen Linken – und ihre Erfahrung: daß der Kampf für Lebensbedingungen – gegen Zerstörung, Ausbeutung, Entfremdung im imperialistischen System – nicht zu trennen ist von der Entwicklung revolutionärer Ziele und Gegenmacht, und daß der Imperialismus nur als einheitliches System zu begreifen und zu bekämpfen ist.

»Niemals vor der ungeheuren Dimension der eigenen Ziele zurückschrecken!«
Unité dans le combat pour la révolution internationale!
Einheit im Kampf für die Weltrevolution!

RAF, Action Directe, 8. August 1985

»Wir haben seine ID-Card gebraucht«

Zur Aktion gegen die Rhein-Main Air Base
und die Erschießung von Edward Pimental

Die Bestimmung der Aktion war, eine Schaltstelle der US-Militärmaschine – *Zentrum der imperialistischen Kriegsführung* – aus der Funktion zu bringen.

Das heißt: materiell gegen ihre Kommandozentrale oder ihr militärisches Gerät (falls es gegen das HQ aus irgendeinem Grund nicht möglich gewesen wäre) und die, die diese Maschinerie zum Funktionieren bringen – also gegen die Air Base und alle Soldaten, die im

HQ oder sonst irgendwo »ihren Job machen«. Tatsache ist, daß jeder dort heute schon den Transport von US-Interventionstruppen in den Mittelmeerraum und/oder den Nahen Osten organisiert –

als wir die Aktion gemacht haben, war das »Bright-Star«-Manöver kurz vor dem Abschluß und die ersten Truppen mit ihrem Gerät wurden bereits über die Air Base zurückverlegt; während der TWA-Entführung flog ein Killerkommando der Delta Force für die geplante militärische Lösung Richtung Naher Osten –

oder als Soldat direkt zum Einsatz geschickt wird, z. B. die Spezialeinheiten der Air Force, die auf der Air Base stationiert sind.

Die Air Base in ihrer Funktion als Drehscheibe des imperialistischen Krieges und Geheimdienstzentrum steht unmittelbar in der Konfrontation zwischen internationalem Befreiungskampf und Imperialismus – die Krieg ist – und damit alle Soldaten, die dort sind.

Der internationale Klassenkrieg hat sich seit Vietnam in der Dialektik der Kämpfe so weit entwickelt, daß wir die Eskalation des revolutionären Krieges in der Metropole heute für uns bestimmt haben – *als Angriff der westeuropäischen Guerilla.*

Im Angriff des Stadtguerillakommandos der FMLN gegen US-Marines in San Salvador, der Entführung der TWA-Maschine durch die »Organisation der Unterdrückten der Welt« im Libanon und jetzt im Angriff gegen die Air Base durch ein gemeinsames Kommando von Action Directe und uns ist die Perspektive der internationalen antiimperialistischen revolutionären Front auf neuer Stufe real geworden: sie kann die Kräfte des Imperialismus zersplittern und einen neuen Durchbruch für den weltweiten Prozeß der Befreiung erkämpfen.

Nur in dieser Schärfe der Konfrontation wird es real: Befreiungskrieg, Kampf für den Kommunismus in der westeuropäischen Metropole.

In diesem Prozeß ist es eine wesentliche Aufgabe und Möglichkeit der westeuropäischen Guerilla, die Funktionsfähigkeit der imperialistischen Militärmaschine hier im Zentrum zu stören, die Planbarkeit und Kalkulierbarkeit ihres Einsatzes unmöglich zu machen.

Wir haben Edward Pimental erschossen, den Spezialisten für Flugabwehr, Freiwilliger bei der US-Army und seit drei Monaten in der BRD, der seinen früheren Job an den Nagel gehängt hat, weil er schneller und lockerer Kohle machen wollte, weil wir seine ID-Card gebraucht haben, um auf die Air Base zu fahren. Für uns sind die US-Soldaten in der BRD nicht Täter und Opfer zugleich, wir haben nicht diesen verklärten, sozialarbeiterischen Blick auf sie. Nach Vietnam, Libanon, Grenada und der offiziellen Einführung der Air-Land-Battle-Doktrin, der Offensivstrategie für Blitzkriege in der 3. Welt und Angriffe gegen die sozialistischen Staaten im Osten, muß jeder GI begreifen, daß er dafür bezahlt wird, Krieg zu führen, d. h. *alle müssen begreifen daß Krieg ist – und sich entscheiden.*

Natürlich geht es nicht um einen durchgeknallten Anti-Amerikanismus, wie die Counter-Propaganda das streut. Worum es geht, ist der praktische Begriff des internationalen Klassenkriegs für die Entwicklung des revolutionären Prozesses in der westeuropäischen Metropole.

Die militärischen Basen, Einrichtungen, Kommandostellen der US-Streitkräfte, der NATO sind Kriegsgebiet.

Rote Armee Fraktion, 25.8.85

Interview mit Genossen aus der RAF

Frage: Ihr wißt, daß es zur Air-Base-Aktion und zur Erschießung des GI Pimental sehr kontroverse Diskussionen und Kritik gab und noch gibt. Vor allem habt ihr den Bullen Raum gelassen, um ihre Propaganda gegen die Aktion hochzuziehen.

Antwort: Es war sicher ein Fehler, daß wir die zweite Erklärung nicht mit der ID-Card zusammen losgeschickt haben. Wir sind davon ausgegangen, daß die, die die Aktion verstanden haben, das zusammenbringen.

Frage: Warum habt ihr die Karte überhaupt losgeschickt?

Antwort: Eine irre Frage, wirklich, als wenn's hier um eine »Privatkrieg RAF – Pimental« geht.

Frage: Aber es war ein neuer Schritt, den ihr nicht erklärt habt.

Antwort: Er hat seine Bestimmung aus den veränderten nationalen und internationalen Bedingungen. Die Aktionen gegen die Headquarters in Heidelberg, Frankfurt und gegen Haig, Ramstein, Kroesen hatten mit ihrer Zielbestimmung wesentlich auch die Funktion, politisches Bewußtsein über den militärisch funktionierenden US-Imperialismus und so den Kampf dagegen zu schaffen. Von dieser Grundlage, die der antiimperialistische Kampf hier geschaffen hat, gehen wir aus. Der Schritt nach vorn, die Eskalation, die der imperialistischen Eskalation entspricht, ist die Erweiterung des Angriffs in die Tiefe und die Verzweigung der militärisch-politischen Position der US-Macht hier. Denn wenn sie hier die strategische Drehscheibe perfekt machen wollen, um die Vernichtungsmaschine loszulassen oder mit dieser Übermacht alles, was sich ihrer Herrschaft widersetzt, politisch zu erdrücken, dann muß ihnen die Sicherheit zerstört werden, daß die Maschine, wenn sie sie einsetzen wollen, so glatt funktioniert, wie sie es dann brauchen. Im Angriff auf die Position der US-Macht hier ist auch immer das Fundament des BRD-Staates getroffen, denn unter der Absicherung durch das US-Militär – und nur durch sie – kann dieser Staat seine eigenen machtpolitischen Interessen verwirklichen. So muß die Bestimmung dieser ganzen Angriffslinie – die eine zentrale Linie für den antiimperialistischen Kampf hier ist – sein.

Frage: In der Erklärung sagt ihr: »Es geht um den praktischen Begriff des internationalen Klassenkrieges für den revolutionären Prozeß in der westeuropäischen Metropole« – was ist damit genau gemeint?

Antwort: Der praktische Begriff des unmittelbaren Zusammenhangs zwischen der Entwicklung des revolutionären Prozesses hier und seiner internationalen Dimension: dem internationalen Klassenkrieg; wir meinen das Bewußtsein, daß revolutionäre Politik, die auf diesen Prozeß hier aus ist, sich an diesem Zusammenhang orientieren muß, weil es für uns keine andere Perspektive gibt als die Zerrüttung und Umwälzung des imperialistischen Systems im internationalen Klassenkrieg. Das war für viele aus der Erfahrung im letzten Winter und jetzt in der aktuellen Situation: El Salvador, Libanon – die Kämpfe auf den Philippinen, in Südafrika ... – so greifbar wie noch nie. Wir wollten das in der Aktion genau auf den Begriff bringen, um den es hier jetzt geht: *den Widerstand zur Schärfe der wirklichen Situation entwickeln.* Zugleich sind die Befreiungsbewegungen weltweit mit einer neuen, blutigen Offensive des US-Imperialismus konfrontiert. Gegen diese Strategie entwickelt sich revolutionäre Strategie: als Eskalation des politisch-militärischen Angriffs gegen diese Kriegsmaschinerie und alle, die militärisch in diesen Krieg verwickelt sind. Für den revolutionären Widerstand muß es in allen Initiativen, Kampagnen, Angriffen um die Verstärkung und Erweiterung der politischen und militärischen Handlungsfähigkeit der Front gehen. So war's für uns nach der Aktion auch ganz anders: uns nervt die Diskrepanz zwischen unseren Mitteln und dem Ausmaß der imperialistischen Zerstörung und Ausrottung.

Frage: Was heißt »alle, die in diesen Krieg verwickelt sind«?

Antwort: An der Air Base wird das doch sehr klar: Die Soldaten dort halten die Maschinen, Computer, Waffen für Interventionen einsatzfähig, fliegen zum Teil selbst in den Mittelmeerraum und den Nahen und Mittleren Osten. Die Fakten sind bekannt. Und die sollen, nur weil sie in Frankfurt stationiert sind, nicht direkt im Krieg sein, hier quasi ihren »friedlichen Ruheraum« haben? Eine comandante der FMLN hat es gesagt: *»Das kann nicht sein!«* Eben.

Frage: Meint ihr, denen ist das bewußt? Die meisten haben eher so ne Haltung, daß sie ihren Job machen und schon nichts passieren wird.

Antwort: Aber das ist unmöglich. Die, die in El Salvador sind, machen auch »ihren Job« und erzählen dir vielleicht, daß sie dort sind, um die Russen aus Mittel- und Südamerika rauszuhalten. Viel mehr denken sich die meisten wohl nicht. Das ist diese Söldnermentalität von Killern. Deshalb haben wir das gesagt: Vietnam, Libanon, Grenada, Air-Battle-Doktrin usw. – heute freiwillig in eine Armee zu gehen, die, wie jeder weiß, offen und verdeckt Krieg führt und ihre gesamte strategische Planung auf die Möglichkeit des militärischen Sieges ausrichtet, und zu denken »man kommt schon drumrum, lockerer Job usw.« – dafür ist die ganze Entwicklung zu weit. Das muß jeder begreifen. Und es ist die Erfahrung aus allen Befreiungskämpfen: Die Soldaten des Feindes begreifen durch die Aktion der revolutionären Guerilla. Anders nicht. Rogers sagte auch schon, daß eine der schlimmsten Auswirkungen der Aktionen gegen die US-Streitkräfte in Westeuropa die »Demotivierung der Soldaten« ist.

Frage: Aber es ist doch ein Unterschied zwischen den beiden Toten auf der Air Base und dem GI. Die Bestimmung der Aktion, wie ihr das jetzt noch mal gesagt habt, trifft so nicht auf den GI zu. Das ist doch ein Widerspruch?

Antwort: Nein. Grundsätzlich ist das Verhältnis zwischen uns und ihnen Krieg. Wir haben seine Karte gebraucht, sonst hätten wir die Aktion nicht machen können. Wir sagen natürlich nicht, daß wir jetzt jeden GI, der um die Ecke kommt, erschießen – oder daß andere Genossen das tun sollten. Man kann es nur in der konkreten Situation, an der politisch-praktischen Bestimmung des Angriffs klären. Das heißt: es ist eine taktische Frage. Es ist doch so, daß es ganz bestimmte Gründe gibt, die die US-Regierung von einer Intervention in Nicaragua abhalten. Der eine ist, daß sie da eine Ausweitung und Eskalation der Kämpfe in der ganzen Region auf sich zukommen sehen – was die Sandinisten, die FMLN und auch die Guerilla in Guatemala klar gesagt haben – und der andere, daß sie damit rechnen müssen, in den Metropolen mit der Zuspitzung der Widersprüche, vor allem aber mit der Verschärfung des Widerstands und Angriffs konfrontiert zu sein. Sie sind sich überhaupt nicht sicher, ob sie das durchhalten. Das ist es materiell, wenn wir von zunehmender Gleichzeitigkeit der Kämpfe und der gemeinsamen Wirkung, die sie objektiv jetzt schon erreichen, reden. Das Bewußtsein wächst – tendenziell in allen Befreiungskämpfen – daß es keine andere Strategie geben kann als die der Entwicklung der internationalen revolutionären Front, die der Zerrüttung des imperialistischen Gesamtsystems im Prozeß der Weltrevolution. Wir sehen das ganz direkt: das ist die Bewegung des internationalen Klassenkrieges. Und »ungeheure Dimension« meint genau das: sich aus der eigenen Lage kämpfend in diesen Krieg zu stellen, darin den Kampf, sich selbst zu bestimmen. Viel von der Unsicherheit und Kritik jetzt ist Ausdruck der eigenen Distanz zur Wirklichkeit des Krieges.

Frage: In der Erklärung sagt ihr, daß eine »Organisation der Unterdrückten der Welt« die TWA-Maschine entführt hat. Wißt ihr mehr über die Kämpfe im Libanon?

Antwort: Nichts Genaues, aber jedenfalls das: daß es antiimperialistische Kämpfe sind, die eine wichtige Funktion für die Durchkreuzung der Weltbeherrschungspläne des Imperialismus, für die Zersplitterung seiner Kräfte haben. Was die schiitischen Bewegungen betrifft – da gibt es ja krasse Unterschiede. Zum Beispiel Berri und Teile der Amal-Milizen, die die Massaker in den Palästinenserlagern gemacht haben; Berris Politik ist eingebunden in die imperialistischen Pläne zur »Befriedung des Libanon« – wofür die Liquidierung des bewaffneten palästinensischen Kampfes eine Bedingung ist. Andere kämpfen gemeinsam mit libanesischen und palästinensischen Widerstandsgruppen gegen Zionismus und Imperialismus. Die Flugzeugentführer haben gesagt, daß sie zu keiner der Organisationen gehören, die in den Medien für die Entführung verantwortlich gemacht worden sind – Jihad Islamique, Amal, Hizbollah. Die Aktion, die Forderungen waren politisch richtig und stark. Sie haben den aktuellen imperialistischen Projekten im Libanon einen Strich durch die Rechnung gemacht, den US-Imperialismus und Israel ins Zentrum der Konfrontation gerissen und gezeigt, daß »der US-Imperialismus strategisch ein Papiertiger ist« – daß die Gefangenen freigelassen werden mußten, die Imperialisten keine militärische Lösung wagen konnten, ist ein Sieg für den antiimperialistischen Kampf. Aber klar: die Inhalte, um die es in den islamisch-fundamentalistischen Bewegungen geht, haben mit uns, mit unserer Politik nicht viel zu tun. Man muß hier die objektive Wirkung ihrer Kämpfe begreifen. Darüber hinaus ist es eine Sache der arabischen revolutionären Bewegung. Was soll das, von hier zu urteilen?

Wir wollen hier noch was sagen: In vielen Flugblättern reden Genossen vom »Zusammenschluß RAF – Action Directe«. Das vermittelt so was wie »organisatorisch-logistisch« – was es nicht gibt. Genausowenig wie es ein europäisch-draufgesetztes Zentralkommando gibt, das irgendwelche Direktiven und Aktionslinien beschließt. Wir lehnen das ab und es ist auch politisch unmöglich. Die westeuropäische Front der Guerilla kann nur realer Prozeß sein. In der Diskussion geht es um den gemeinsamen Begriff der Lage in den westeuropäischen Metropolen und ihren internationalen Zusammenhang – für die politisch-strategische Einheit. Und natürlich, wo das möglich ist, um gemeinsame Praxis – das ist das Ziel, und deshalb sind die Diskussionen von Anfang an konkret, praktisch. Action Directe und wir gehen von der Perspektive für den revolutionären Prozeß in Westeuropa aus – von der Notwendigkeit und Möglichkeit, den Prozeß der revolutionären Umwälzung hier im Rahmen des internationalen Klassenkrieges zu bestimmen und zu organisieren: als authentischen Prozeß aus der Lage in der westeuropäischen Metropole. Die konkrete Bestimmung der politisch-militärischen Aktion entwickelt jede Gruppe aus ihrem eigenen Prozeß, ihren Bedingungen und integriert in die Bewegung des Widerstands im eigenen Land.

Frage: Aber es gibt doch ziemlich starke politische und praktische Unterschiede zwischen den Guerillagruppen?

Antwort: Wir werfen uns keine ideologischen Prügel zwischen die Beine. Wo die Diskussion gewollt wird, ist sie natürlich offen, am Ziel orientiert – sonst hat sie keinen Zweck. Ideologische Differenzen sind ohne Bedeutung, wenn sie nicht zu politischen werden. Wir sagen, daß die Unterschiede, besonderen Bedingungen usw. angesichts der enormen Möglichkeiten für den revolutionären Prozeß in der westeuropäischen Metropole – dessen Motor und Kern die kommunistischen Guerillagruppen sind – kein Gewicht haben. Daß die Identität im Ziel, im Kampf die Differenzen übersteigt.

September 1985

»Die Erschießung war ein Fehler«

An die, die mit uns kämpfen

Wir sagen heute, daß die Erschießung des GI in der konkreten Situation im Sommer ein Fehler war, der die Wirkung des Angriffs gegen die Air Base und so die Auseinandersetzungen um die politisch-militärische Bestimmung der Aktion, wie der Offensive überhaupt, blockiert hat. Es ist klar, den GI zu erschießen, war ein Schritt zur Eskalation, der selbst strategische Qualität hat – weil er bedeutet, den Krieg gegen den US-Imperialismus zu verschärfen in dem Sinn, daß für uns alle Angehörigen der US-Streitkräfte an jedem Ort und zu jeder Zeit militärische Angriffsziele sind. Diesen Schritt mit »praktischer Notwendigkeit« zu begründen, ist politisch unmöglich, weil er nur aus einer umfassenden politischen und strategischen Bestimmung kommen kann, was aber heute nicht der subjektiven Entwicklung des Widerstands und der objektiven Situation hier entspricht.

So ging es bei der Bestimmung des Angriffs gegen die Air Base ganz präzise um den Schritt, die Zentren, Basen der US-Kriegsmaschine und diejenigen Truppen, die unmittelbar im Krieg zwischen Revolution und Imperialismus stehen, anzugreifen – also die Interventions- und Spezialtruppen, die offene und verdeckte militärische Operationen gegen den Befreiungskampf in der 3. Welt vorbereiten und durchführen. Die Soldaten, die in der 3. Welt massakrieren.

Diese Widersprüchlichkeit in den Bestimmungen mußte wie ein Klotz in allen Diskussionen wirken, hat die Orientierung der Aktion verwischt und so natürlich – verstärkt dadurch, daß wir die ID-Card losgeschickt haben, ohne was dazu zu sagen – der Staatsschutzpropaganda und auch einem Haufen Arschlöcher in der Linken die Munition geliefert für ihren Versuch, den Widerstand an der Erschießung des GI zu spalten, unseren Fehler gegen die Einheit der revolutionären Front, in der der Widerstand und wir uns im Winter einen entscheidenden Schritt weitergebracht haben, auszuspielen.

Daß der Knoten sich löst, an der Offensive wichtige und vorwärtstreibende Auseinandersetzungen laufen, zeigt, wie weit der Prozeß der Einheit schon ist, und auch wie notwendig die gemeinsame Auseinandersetzung und die Vermittlung der Politik ist – wo wir selber besser werden müssen.

Wir wollen hier noch mal was sagen zu unserer Bestimmung der Aktion gegen die Air Base – und in diesem Zusammenhang auch zum Angriff gegen die Shape-School in Oberammergau.

Wir haben diese Angriffe entwickelt, um den Widerstand hier, in Westeuropa an dieser Angriffslinie voranzubringen: US/NATO-Militärstrategie, für deren Blitz- und Atomkriegsplanungen Westeuropa strategisches Zentrum ist. Es ging um die Kontinuität und Weiterentwicklung der Angriffe gegen die Militärstrategie auf der Grundlage des quantitativ und qualitativ gewachsenen Widerstands in der BRD und Westeuropa gegen sie. Das Bewußtsein hat sich im Widerstand durchgesetzt: die Militärstrategie ist das äußerste Mittel der Politik der imperialistischen Staatenkette, auf die alle politischen, ökonomischen und sozialen Mittel abgestimmt sind; sie bestimmt die gesellschaftliche Entwicklung in den NATO-Ländern und ist das gewaltsame Korsett, in dem die Bündelung der Staatsapparate, die ökonomische Weltmarktstrukturierung und darin die Krisenlösung hier, die imperialistische Formierung – kurz die imperialistische Gesamtkrise in einer Offensive zur Wiederherstellung ihrer Weltherrschaft gelöst werden soll.

Dagegen hat sich der Widerstand quer durch Westeuropa und vor allem in der BRD in seinen politisch-militanten Kampagnen und im Zusammenwirken mit den Angriffen der Guerilla eine starke Kraft erobert und die ersten realen Schritte zur Einheit des antiimperialistischen Kampfes in Westeuropa gemacht. Von dieser Stärke sind wir ausgegangen – als dem subjektiven politischen Boden hier für den

Sprung nach vorn in der Eskalation des Angriffs. Die imperialistische Formierung ist am weitesten entwickelt in der Militärstrategie. Was sie wollen ist ein flexibles Kriegskommando, um den Krieg an allen Fronten gleichzeitig führen zu können; dafür werden die NATO-Offiziere an der Shape-School ausgebildet, und auf diesem Niveau ihrer Formierung war der Angriff bestimmt.

Der Kampf gegen die imperialistische Kriegsstrategie ist unsere unmittelbare materielle Funktion und unsere Möglichkeit im internationalen Befreiungskrieg:

Die revolutionäre Front in Westeuropa kann die Maschine, die sie in und aus den Zentren ihrer Macht hochziehen und losjagen wollen, blockieren und in diesem Kampf Bewußtsein und neuen Widerstand gegen das System, dessen Wesen Vernichtung ist, schaffen.

Wir haben den Angriff gegen die Air Base aus dem konkreten Kräfteverhältnis bestimmt, das in der Reaktion der imperialistischen Kette auf die Offensive im Winter evident geworden ist.

Es war die Reaktion des Gesamtsystems auf die Eröffnung der revolutionären Front in Westeuropa.

Aus der Dialektik der Kämpfe – dem strategischen Durchbruch der westeuropäischen Guerilla im Zusammenhang und in einer Wirkung mit dem neuen Aufbruch des Widerstands hier, der Einheit von Widerstand, gefangenen Guerilla und dem Sprung der Kämpfe in den NATO-Staaten in die westeuropäische Dimension – und weil sie politisch kein Projekt mehr haben, mit dem sie die Metropolengesellschaft gegen die Reife des imperialistischen Systems, umgestürzt zu werden, halten können – waren sie gezwungen, sich offen zu machen und zu reagieren als Gesamtsystem, das gegen den revolutionären Widerstand gemeinsam liquidatorisch, nach militärisch konzipierten Linien handelt.

Die NATO-Krisenstäbe waren das Zentrum, in dem die Entscheidungen gefallen sind. Die Intervention von Shultz bei den westeuropäischen Regierungen, die hektischen Reisen Spadolinis in seiner Funktion als Europarats-Vorsitzender in dieser Zeit, die Erklärungen der NATO-Botschafter und die von Soares, Mitterand, Kohl... waren der politische Ausdruck dafür, daß die westeuropäischen Regierungen sich auf der Linie der amerikanischen Strategie – Prävention und Vergeltung gegen den internationalen revolutionären Kampf – vereinheitlicht hatten. Die Umsetzung dieser gesamtimperialistischen Räson hier war die Entscheidung, Gefangene zu ermorden, um dem politischen Sieg der Front einen harten Schlag zu versetzen.

Das war für uns die subjektive und objektive Situation, aus der wir uns entschieden haben, den nächsten Angriff gegen die US-Militärstrategie – als dem Kern ihrer reaktionären Formierung, und ihrem politischen Ausdruck: die vereinheitlichte Staatspolitik der imperialistischen Kette gegen den revolutionären Kampf in Westeuropa und der 3. Welt – zu machen.

Weil es diese Strategie und diese einheitliche Machtstruktur ist, mit der der Widerstand, die revolutionäre Front hier direkt zusammenstößt – und das Niveau, auf dem die Konfrontation unumkehrbar angekommen ist.

Die Entwicklung des konterrevolutionären Kriegs hier seit dem Winter macht das vollkommen klar: die Linie der psychologischen Kriegsführung gegen den Widerstand – »Terror auf den Straßen«, »200 legale RAF-Mitglieder«[3], »Die 4 Ebenen der RAF«, »RAF in der Hafenstraße« usw. – und gegen die Guerilla – »kriminelle Mörder/Tiere/Pest« – ist ihr Versuch, den revolutionären Widerstand zu denunzieren und politisch von der Bevölkerung abzuschotten, um ein Klima zu schaffen, in dem sie freie Hand haben für alle repressiven Maßnahmen. In diesem Zusammenhang steht auch, daß in den Medien absolut kein Wort mehr rüberkommen soll über die Ursachen und Ziele des Widerstands, sondern nur noch »Terror und Blut«; daß nicht mehr über den Mord an Günther Sare[4] geredet wird, sondern über den »Mob auf der Straße« und den »neuen Terrorismus«; oder – wo es aktuell als Spitze läuft – nicht mehr über die Massaker der Imperialisten am palästinensischen Volk, sondern über »blutrünstige Wahnsinnige«, wenn die Kämpfer den Krieg dahin zurücktragen, wo er geplant und politisch abgesegnet, die Zionistenarmee mit Waffen eingedeckt wird.

Sie wollen durch ihren psychologischen Krieg bei den Menschen in den Metropolen Identifikation dafür erzwingen, daß alle, die gegen den Imperialismus kämpfen, für vogelfrei erklärt und zur Vernichtung »freigegeben« werden; der eskalierende Bullenterror gegen den Widerstand – bis zum gezielten Anschlag und Mord – Hunderte Ermittlungsverfahren, Massenverhaftungen; die Projekte des Staatsschutzes, mit denen er Schritt für Schritt die permanente Kontaktsperre gegen die Gefangenen durchsetzen will, indem die Identität und der Kampf der Gefangenen kriminalisiert wird (»RAF im Knast«/»Hungerstreik ist eine RAF-Aktion«) – und damit alle, die mit ihnen kämpfen.

Der ganze Terror ist Ausdruck der politischen Agonie des imperialistischen Systems in der Krise – das gegen den revolutionären Kampf politisch schon verloren hat und nur noch gewaltsam versuchen kann zu verhindern, daß revolutionäre Politik sich hier weiter verankert. Sie wissen, daß, wenn die Front sich hier und in Westeuropa weiter durchsetzt – zu politisch-militärischer Handlungsfähigkeit kommt und in den Auseinandersetzungen zwischen Widerstandsbewegungen und Staat zur Orientierung wird – Risse in ihrem Formierungsprojekt entstehen, die zur wirklichen Friktion werden können und so das westeuropäische Zentrum erschüttern. Von dieser Möglichkeit gehen sie seit dem Winter aus – daß der politisch-praktische Prozeß der westeuropäischen Front sich durchsetzt, in der längeren Wirkung, neuen Bestimmungen sich weiter festigen und erweitern kann. Aus diesem Einschnitt handeln sie.

Die Front kann die faschistischen Vorstöße des Staates nur brechen, indem sie sie auf allen Ebenen und an allen Abschnitten des Kampfs mit dem Begriff der Schärfe der realen Konfrontation angreift.

Für uns ging es nach dem Winter auch darum, am Kern der Erfahrungen anzupacken: daß die Defensive durchbrochen, die Einheit des Widerstands möglich wird in der politischen Bestimmung und Praxis des revolutionären Kampfes – der Orientierung revolutionärer Politik; daß es der Kampf selbst ist, der mobilisiert und anzieht, der Entscheidungen, Sprünge möglich macht und den Weg zeigt für alle, die anfangen, Widerstand zu leisten gegen einzelne Projekte des Staates.

Und im Winter ist auch klargeworden, wie der Widerstand mit dem Reformismus fertig wird: da, wo revolutionärer Widerstand die durchschlagende Orientierung ist, muß jeder Reformismus zerplatzen, sich zeigen, als das was er ist: Krisenmanagement gegen die Radikalität der Umwälzung, die in allen Auseinandersetzungen zwischen Widerstand und Staat hier aktuell geworden ist. Die Reformisten haben denen, die sich in ihrem Protest und Widerstand ernst nehmen, nichts mehr zu sagen. Ihre »Alternativen« – ob grün, rot-grün oder der Sumpf der Links-Alternativen – sind unglaubwürdig geworden und werden in jeder Konfrontation, in jedem Zusammenstoß Widerstand/Staat mehr zerrieben. So werden die Reformisten immer mehr begriffen als das, was sie schon immer waren: Funktion für die Erhaltung des Herrschaftssystems, vorgeschobener Posten des Staates in den Massenbewegungen – ihnen geht es allein darum, den Widerstand in den Staat zurückzuholen und die Menschen in der ohnmächtigen Erfahrung festzupressen, daß man einfach nichts machen kann gegen den faschistischen Staat – gegen den totalen Machtanspruch des Systems, das die Fragen, die ihm an die Substanz seiner Macht gehen, zur gemeinsamen Staatsräson erheben muß, weil es politisch nichts mehr in der Hand hat. Keinen Spielraum und keine Kohle mehr für »mehr Demokratie und Mitbestimmung, mehr Lebensqualität« usw. – sondern Bullen, BGS, Wasserwerfer, Observation, Verhaftungen, Knüppel, Kontrolle.

Das sind die Erfahrungen, die für viele in den Widerstandsbewegungen in den Konfrontationen der letzten Jahre gelaufen sind – und aus diesen Erfahrungen wächst die mögliche Nähe zu revolutionärer Politik. Das ist der politische Boden, auf dem die Dialektik von Guerilla, Widerstand und Massenantagonismen in den Metropolen entsteht und neue Möglichkeiten für die weitere Verankerung revolutionärer Politik freisetzt.

Der Prozeß der Umwälzung läuft über die Kontinuität der Angriffe oder gar nicht.

Wir wollten nach dem Winter die Front aus den veränderten subjektiven und objektiven Bedingungen im praktischen Prozeß weiterbringen – d. h. uns das, was die Front sich hier und in Westeuropa erkämpft hat und die Reaktionen der imperialistischen Bourgeoisie darauf, als neuen Ausgangspunkt für den Kampf aneignen und daraus die politisch-militärische Offensive bestimmen. Zusammen mit denen, die das aus ihrem subjektiven Prozeß wollten – Bewußtsein der eigenen Stärke auszugehen und das Erreichte zu festigen und weiterzuentwickeln; damit anzufangen, die Diskussionen für den Prozeß der Strategie gemeinsam zu führen und eine neue Qualität politisch-militärischer Organisierung der Front zu erreichen: in der Bestimmung der Inhalte und Ziele des revolutionären Kampfs hier, seiner praktischen Initiativen, und im Aufbau selbstbestimmter, kollektiver Strukturen für den Kampf, den Schritt nach vorn zu machen – und so auch den ewigen Kreislauf von Aufbruch–Abfuck in Resignation, Entschlußlosigkeit, Vereinzelung – und wieder alles von vorne – zu durchbrechen.

Sicher, die Offensive war noch schwach und wir haben Fehler gemacht. Aber in ihr waren schon neue Möglichkeiten enthalten, wie sich der praktische Zusammenhang zwischen dem militanten Widerstand und uns entwickeln kann. Wir sagen nicht, daß die Offensive alle Fragen, die im Widerstand und natürlich auch für uns zu klären sind, beantwortet hat. Das ist aber nie so.

Wie sich der revolutionäre Prozeß hier entwickeln kann, kriegen wir sicher nicht nach der Devise »eins nach dem anderen« raus, sondern nur im Angriff selbst: in der Zerstörung der imperialistischen Macht und dem Aufbau unserer, revolutionären Gegenmacht – ihren politischen Bestimmungen, ihren konkreten Strukturen, ihrem Kampf. Und immer durch den subjektiven Sprung derer, die kämpfen.

Widerstand – wie wir ihn bestimmen, zielt und orientiert auf die Zerschlagung des Systems.

Er zielt auf den praktischen Umsturz der realen gesellschaftlichen Verhältnisse, die radikale Umwälzung der Lage in der Metropole. Er hat radikale Veränderungen jetzt, die Wiederherstellung der vollen Dimension des Menschen in den Beziehungen der Kämpfenden, die revolutionären Ziele in jeder Initiative in sich – und nur so sind sie wahr. Nur im Kampf, der radikal mit allem bricht, was die Menschen immer wieder in die tödliche Mühle des Systems zurücklenkt, der zeigt, daß und wie es möglich ist, das System in die politische Krise zu stürzen – indem er den Bruch des Konsens materiell macht und dem faulenden System die politische Basis, die letzten Momente von Legitimität/Attraktivität zerstört, auf denen es sich weltweit auf neuer Stufe reproduzieren will – kann und wird sich revolutionäre Politik hier durchsetzen.

Die praktische Entwicklung des Widerstands selbst macht es einfach klar: der Schritt der jetzt kommen muß ist die intensive, konzentrierte Auseinandersetzung zwischen denen, die die bewußte Entscheidung getroffen haben, in der Front zu kämpfen – oder die das wollen – darum, wie der revolutionäre Kampf hier weiterentwickelt, organisiert, zur Wirkung gebracht werden kann. Um von diesem Boden aus sich selbst, die Praxis zu bestimmen und die konkreten Bedingungen für die politisch-militärische Offensive zu schaffen.

Das ist das unmittelbare Ziel jetzt – wie es gleichzeitig die Bedingung dafür ist, daß mehr Menschen, die sich gegen einzelne Projekte des Staates wehren, im revolutionären Kampf die Perspektive für sich sehen und selbst anfangen. Darin entwickelt sich ein politisches, praktisch-kritisches Verhältnis zu allen, die, egal wo, anfangen Widerstand zu leisten. Das ist was anderes als die Vorstellung, »die Massen« von oben zu belehren – was immer heißt, sich das Volk zum Objekt zu machen, anstatt selbst Subjekt, d. h. Antagonist des Systems zu sein und durch den eigenen Kampf Politisierungsprozesse in Gang zu setzen. Die, die kämpfen wollen, müssen sich von allen trennen, die sie nur immer wieder zurückziehen (Reformisten, Opportunisten, Schwätzer).

Daß der Prozeß der Front nicht bruchlos und hier jetzt nicht massenhaft läuft – ist klar. Er hat aber jetzt schon durch seine praktischen Initiativen, in denen es für jeden sichtbar um den Bruch mit dem Herrschaftssystem, Kampf um Befreiung geht, mobilisierende Wirkung und Anziehungskraft und erreicht politische Wirkung in der konkreten Konfrontation gegen den Staat, das sich formierende Gesamtsystem.

Die Keime und Formen der revolutionären Macht entstehen im Prozeß des revolutionären Kampfes.

Selbstbestimmung, Kollektivität gibt es nicht außerhalb vom Kampf, sondern nur indem sie der Macht abgerungen und die Mauern zwischen den Menschen eingerissen werden – als Prozeß des Aufbaus proletarischer Gegenmacht, die gegenüber der gesellschaftlich organisierten Macht und Repression des Kapitals unabhängig ist, die sich in jedem Moment die Freiheit und die konkreten Bedingungen schafft, um ihre Ziele und Interventionen durchzusetzen, so Kontinuität und Kraft entwickelt.

Dieser Prozeß ist nur möglich und lebt durch die Entscheidung und Anstrengung jedes einzelnen, der sich über das gemeinsame Ziel: die Zerschlagung des Systems und die revolutionäre Umwälzung – in den Zusammenhang der Front stellt, in der ganzen Konsequenz, als ganzer Mensch.

Dieser subjektive Sprung ist das Entscheidende, von dem abhängt, wie weit die Front hier kommt.

Das ist zugleich der Boden, auf dem sich alle zusammenfinden, die aus ihrem subjektiven Prozeß und der gemeinsamen politischen Bestimmung zu praktischen Vorstellungen kommen, sich die Bedingungen ihrer Handlungsfähigkeit schaffen, illegales Bewußtsein entwickeln, lernen, sich, den Kampf zu organisieren und sich in allem was sie denken und anpacken als Teil des Ganzen der Front – bestimmen und darin handeln.

Organisierung, wie wir sie begreifen, ist bestimmt für den Kampf – den offenen Prozeß derer, die kämpfen; ihre subjektive Entwicklung, ihre Sprünge und immer neuen Entscheidungen nach vorn. Selbstbestimmung und die volle Verantwortlichkeit jedes einzelnen sind an jeder Stelle des Kampfes hier von Anfang an substantiell.

Es ist absolut sinnlos für den Kampf, jetzt nach dem großen strategischen Plan zu suchen – wir werden ihn jedenfalls nicht ausbreiten – oder über Räterepublik und Moral zu philosophieren. Dabei kommt nur raus, daß man den eigenen Boden unter den Füßen verliert, auf dem man lernen muß zu laufen.

Es geht immer um subjektive Aktion. Wille, Politisierung, bewußte Entscheidung – Politik. Das wollten wir auch mit der Aktion im Sommer: daß jeder sein eigenes Verhältnis klärt, den Bruch vertieft, sich selbst in diesem Krieg bestimmt und das Bewußtsein für die Konfrontation schärft. Und wir sagen: genau das ist gelaufen.

Uns war klar, daß unsere Entscheidung zur Eskalation im Sommer in der Aktion gegen die Air Base nicht sofort und von allen im Widerstand als richtiger und notwendiger Schritt der Front begriffen wird, daß wir damit Diskussionen anstoßen, Genossen sich – so oder so – entscheiden, wie sie sich in diesem Krieg bestimmen – und daß alle Widersprüche, unterschiedlichen Vorstellungen über die Entwicklung der Front aufeinanderknallen. Aber wir waren uns sicher, daß die subjektive Entwicklung hier so weit ist, daß unser Sprung möglich ist – nicht nur aus der ganzen objektiven Lage hier und international verdammt notwendig; und daß es nur gut ist, die ganzen Fragen »was die Front will« und wie es weitergeht nach dem Winter – jetzt weiterzubringen.

Natürlich haben wir durch unsere Fehler: nicht genauer politisch klarzumachen, wie wir den Angriff bestimmt haben, und durch das Schweigen zu dem GI, so daß keiner mehr wissen konnte, ob es eine Counter-Aktion war – die Auseinandersetzungen sehr schwer gemacht und Debatten ausgelöst, die so überhaupt nicht Sache sind.

Wir haben am Anfang die Widersprüche nicht begriffen. Vor allem hatten wir nicht damit gerechnet, daß die Neutralisierungsfesseln im Widerstand noch so fest sitzen, die der Staat durch seine Counterkampagnen erzwingen wollte – vor allem 82, gegen die starken militanten Aktionen, die überall in der BRD gegen die US-Macht gelaufen sind. »Man darf keine GI's angreifen« – was dann so stehengeblieben ist und was bei manchen so weit geht, daß sie die US-Streitkräfte einer Klassenanalyse unterziehen. Dazu sagen wir: Diese Frage hat das international kämpfende Proletariat längst entschieden. In Lateinamerika, Südostasien, im Nahen Osten... und hier auch.

Viele wollten von uns nur die totale Selbstkritik und wir waren wütend, wollten nicht glauben, daß das die wirklichen Fragen sind. Ausdruck dafür ist das Interview, das in der Situation nicht anders sein konnte: Wenn Leute zusammen reden, die sich gegenseitig nicht ticken, ist eine Klärung unmöglich, ist alles nur fremd. Wir hätten das lassen sollen, denn es ist klar, daß wir dieses Verhältnis selbst absolut nicht wollen. In dem Moment hatten wir kurz aus dem Auge verloren, daß es viele gibt, die nur darauf gewartet haben, endlich richtig zu hetzen oder ihren eigenen Rückzug zu legitimieren, daß es auf die gar nicht ankommt, sondern auf die Genossen, die hier kämpfen wollen und wir mit ihnen ihre Widersprüche und Fragen klären – um die Einheit zu stärken.

Wir sind oft gefragt worden, warum wir diesen Schritt – die Soldaten auf der Air Base anzugreifen – überhaupt gemacht haben, welche Wirkung und Perspektive das haben kann. Es ist eine konkrete Frage, wie der revolutionäre Widerstand die imperialistischen Staaten, und den US-Imperialismus als aggressivsten Faktor, daran hindern kann, ihre Ausrottungsstrategien von hier aus in Ruhe zu planen und durchzuführen; d. h. wie wir sie politisch so unter Druck setzen, daß ihre Pläne blockiert sind, bevor sie sie ausführen.

Westeuropa ist zum Zentrum der imperialistischen Kriegsführung geworden. Zusätzlich zu der Tatsache, daß hier die Kommandozentralen und die logistische Basis für den atomaren und konventionellen Krieg gegen die Befreiungsbewegungen in Asien, Afrika, Nahost und die sozialistischen Staaten im Osten sind, muß der revolutionäre Widerstand davon ausgehen, daß hier auch Teile der Truppen stehen, die jederzeit im Nahen Osten, in Südostasien und Afrika intervenieren und die Völker massakrieren. Nach den veränderten Einsatzplanungen des Pentagon haben Teile der in Westeuropa stationierten US-Truppen eine Doppelfunktion: sie sind nicht mehr allein Stoßtrupp gegen den Osten, sondern zugleich dem »Central Command« (das die Einsätze der RDF dirigiert) und dem »Eucom« für Einsätze in der 3. Welt unterstellt. Die Entlastung der US-Militärmaschine durch die »europäische NATO-Säule«, konkret hier: die Fusion der westdeutschen und französischen Streitkräfte als Bedingung für die Freisetzung von US-Truppen in Westeuropa, die dann in der 3. Welt eingesetzt werden können, ist ein – militärischer – Grund für die Eile, mit der die Militärstrategen auf die Fähigkeit zusteuern, gemeinsam den Krieg an allen Fronten führen zu können.

Und heute schon: Truppentransporte über die Air Base, Ramstein; die Kriegsflotte in Neapel, 4000 Soldaten, die Luftwaffe und Delta Force in Siconella, die bereitstehen, um gegen den arabischen Befreiungskampf loszuschlagen; Special Forces in Frankfurt, Stuttgart, Ramstein, Berlin, Bad Tölz für Einsätze in der 3. Welt und gegen den Widerstand hier; Teile der RDF in Berlin (von der gleichen Einheit, die im Nahen Osten stationiert ist und von denen 250 Soldaten in Neufundland das Ende gefunden haben, das sie verdienen) usw.

Die Fähigkeit, Krieg zu führen, ist für sie kaum eine technische Frage. Die Mittel haben sie, und darin werden sie uns, wie allen Befreiungsbewegungen, immer und bis zum Schluß überlegen sein. Befreiungskrieg ist keine Materialschlacht. Für uns geht es immer um die politische Wirkung, die der militärische Angriff entwickelt – gegen sie, und indem er neuen Kampf erzeugt.

Wir haben gesagt (Mai 82):

Die Auseinandersetzung hat sich nach Vietnam von einer Konfrontationsstellung – Zentrum des Befreiungskrieges, Front und Hinterland zu einer Linie hin verschoben, die quer durch jeden Abschnitt, jeden Kontinent, jedes Land geht. Weil jeder Abschnitt aus seiner Bedeutung im Gesamtsystem zum Auslöser des Einsturzes des Kräfteverhältnisses werden kann – und so tendenziell zur Front des Befreiungskriegs.

Das ist der Prozeß, in dem die imperialistische Macht zersplittert wird – durch die Tendenz zur Vereinheitlichung der Kämpfe an allen Abschnitten der gemeinsamen Wirkung, die sie heute schon erreichen – und dem wachsenden Bewußtsein, daß die Befreiung vom Imperialismus nur möglich wird im Zusammenwirken der revolutionären Kämpfe weltweit.

Indem die Front hier angreift, erschüttert sie die Handlungsfähigkeit des Gesamtsystems, zersplittert seine Kräfte – und in der Dialektik der Entwicklung des Kampfs auch seine militärische Macht. Hier im imperialistischen Zentrum – aus dem sie die politische Kraft, die ökonomische Potenz und militärische Übermacht für ihre globale

Offensive herausziehen müssen – bedeutet Zersplitterung heute, gegen zentrale Projekte ihres Formierungsprozesses und ihrer strategischen ökonomischen und militärischen Konzeption zu intervenieren, um sie zu blockieren, bevor sie realisiert sind – sie politisch zu brechen, die Konzentrierung und Zusammenballung ihrer ökonomischen und militärischen Macht zu verhindern.

Es ist einfach die Frage, wie weit wir nach vorn kommen oder wie weit sie nach vorn kommen.

Die Front hier kann verhindern, daß sie die politischen und militärischen Voraussetzungen dafür schaffen, den Krieg an allen Fronten zu führen, wenn wir sagen: militärische Interventionen in der 3. Welt – dann meinen wir damit die von den Imperialisten finanzierten, ausgebildeten Contra-Banden in Nicaragua, Angola, Mosambique ...; die Angriffe gegen den palästinensischen und libanesischen Widerstand, die Bombardierung der Lager; den Einsatz von Terrorkommandos der Special Forces gegen die Guerilla weltweit; den schmutzigen Krieg dieser Bestien gegen die kämpfenden Völker, die Bomben gegen die Bevölkerung; die Massaker in Kurdistan, die der türkische Staat gemeinsam mit der NATO organisiert. Also der Krieg, der heute die Realität ist – auch ohne die »große« Intervention – zu der sie als Mittel jederzeit greifen werden, wenn der revolutionäre Kampf und Widerstand in der 3. Welt und den Metropolen ihnen nicht die politisch militärische Grenze setzt.

Es kann für uns heute nicht darum gehen, die Kräfte des Imperialismus militärisch zu binden. Das ist – aus der Schwäche, die der revolutionäre Widerstand hier noch hat und der militärischen Potenz der NATO – absurd.

Militante Angriffe gegen die US/NATO Infrastruktur sind deswegen wirkungsvoll und richtig, weil sie den Imperialisten materiell die Sicherheit zerstören, daß ihre Maschine, wenn sie sie einsetzen wollen, so reibungslos funktioniert, wie sie es dann brauchen, und wenn sie sich hier in ihren militärischen Einrichtungen belagert fühlen müssen, weil sie überall angegriffen werden, ist das nur gut. Das trifft die Soldaten selbst und die Strategen des Kriegs ins Mark. Die Plan- und Kalkulierbarkeit des Einsatzes ist für ihre Kriegspläne einfach unentbehrlich – genauso wie »motivierte Soldaten«. Deshalb haben Angriffe auf dieser Linie strategische Qualität – nicht weil der Widerstand ihnen alle technischen Mittel zerstört.

Die FMLN sagt:

»Wenn wir davon reden, den US-Imperialismus zu treffen, reden wir von seinen Leuten, nicht von seinen Maschinen und nicht von seiner Technologie – denn es sind seine Leute, seine Moral und die Sache, die sie verteidigen, die entscheidend sind, ob sie den Krieg verlieren oder gewinnen.«

Das ist auch unsere Bestimmung – wie die jeder Guerilla und jeder kämpfenden Front, die egal wo und aus welchen spezifischen Bedingungen gegen den US-Imperialismus kämpft.

Dabei ist das Ziel unserer Aktion nicht – und kann nicht sein – daß sie hier jetzt abziehen. Hier zieht keiner ab. Die Entwicklung wird vielmehr so sein, daß US-Militärs hier das Kommando übernehmen, wenn der BRD-Staat so erschüttert ist, daß er nicht mehr handlungsfähig ist. Worum es geht ist, sie hier mit antiimperialistischer Politik, revolutionärem Kampf zu konfrontieren – weil es das ist, was Verunsicherung im gesamten Militärapparat schafft und die Soldaten demoralisiert: daß sie an keinem Ort der Welt mehr sicher sind vor den Angriffen der revolutionären Guerilla; daß sie weltweit mit der gleichen Entschlossenheit und Moral konfrontiert sind, sich nirgendwo mehr in Ruhe zurückziehen, ausruhen, auf ihre Einsätze vorbereiten können. Es ist eine Illusion – wirklich: Kitsch – zu glauben, daß den Soldaten ihre Funktion nicht klar ist. Daß sie das wegschieben, darauf spekulieren, daß nicht sie (sondern ihr »Kollege«) zum Einsatz müssen – ist ihr Problem. Tatsache ist, daß sie es jederzeit machen werden – bis auf die, denen jetzt klar geworden ist, daß der Krieg läuft – und sie auf der Seite des Todfeindes der Menschheit stehen. Sie müssen desertieren. Das andere ist, daß es natürlich enormen Druck auf die US-Regierung und ihre Militärpolitik bewirkt, weil der Bevölkerung in den USA immer klarer wird, daß der US-Imperialismus weltweit Krieg führt und genau so und genau deswegen angegriffen wird. Angriffe gegen die US-Streitkräfte zielen also immer auch auf die Widersprüche gegen die Kriegspolitik! – Und mit jedem Angriff wird die Propaganda mehr zerstört, mit der jede US-Regierung jeden Krieg und jede Aufrüstung legitimiert: daß »Vietnam, Grenada, Mittelamerika, der Nahe Osten, Westeuropa vor den Russen gerettet werden muß« – und wird deutlich, daß es nie um die Interessen der Menschen, sondern um die des US-Kapitals geht – daß der US-Imperialismus weltweit der Hauptfeind der Völker in ihrem Kampf um Selbstbestimmung, Befreiung ist.

An den Reaktionen des BRD-Staates auf die Angriffe gegen die US-Macht hier wird zugleich seine Interessenidentität und eine seiner zentralen Funktionen seit 45 – Herrschaftssicherung im Zentrum im Interesse des US-Kapitals – offen. Für die militärische US-Präsenz hier eine Bedingung – wie sich umgekehrt die »Brauchbarkeit« jedes Regimes zuerst daran mißt, wie es die US-Strategie hier und in Westeuropa durchsetzen und ihr reibungsloses Funktionieren sichern kann.

Bei der Bestimmung der Offensive im Sommer ging es um die politisch-praktische Orientierung der Front an dieser Angriffslinie, den Schritt nach vorn im Angriff gegen die Militärstrategie. *Den Feind demoralisieren, den Apparat erschüttern, die Kriegsmaschinerie stören, sabotieren – aus der Funktion bringen.*

Die Weiterentwicklung der Praxis der Front an dieser Linie ist zentral – aber nicht alles. Angriffe gegen die US/NATO-Militärstrategie und gegen den imperialistischen Staat sind zwei operative Linien einer antiimperialistischen, internationalistischen Strategie in der Metropole – an denen sich die Kämpfe hier weiterentwickeln werden. »Das System« ist nur zu brechen, indem die Front die konkreten aktuellen Projekte der imperialistischen Strategie bricht. Man darf das System nicht als starren Block denken – wie es jeder hier als ewig quälende Wirklichkeit sein Leben lang erfährt – sondern als notwendig eskalierende Bewegung, als Politik, als Strategie.

AD und wir haben das Kommando nach George Jackson benannt, weil er für uns, wir für alle, die in den Metropolen kämpfen, Orientierung ist. Er ist als Jugendlicher wegen eines Überfall auf eine Tankstelle zu »unbegrenzter Dauer« Knast verurteilt worden und hat sich, im Gefängnis isoliert – aus der totalen Defensive, in die der Staat jeden zwingen will, der sich seinem absoluten Machtanspruch verweigert – politisiert und im Zusammenhang des Aufbruchs in den Metropolen, dem starken Widerstand gegen den Krieg in Vietnam eine wichtige Funktion gehabt. Zäh, nicht mehr abzubringen, entschlossen auf Leben und Tod zu kämpfen, hat er sich revolutionäre Identität erkämpft und gegen den permanenten Terror der Bullen bewahrt, ist Kader der Black Panthers geworden und Beispiel für den antiimperialistischen Widerstand in den USA und Westeuropa. Er verkörpert den Bruch in der Metropole, den Kampf im »Herzen der Bestie« und die Einheit des revolutionären Widerstands in den Metropolen.

Wir haben gesagt: proletarischer Internationalismus ist das fundamentale Bewußtsein für den revolutionären Kampf in den Metropolen. Er ist die Identität der Ausgebeuteten und Unterdrückten im weltweiten Kampf gegen die Herrschaft des Kapitals und das Wissen, daß das Ziel der völligen Zerschlagung des imperialistischen Systems erst dann real wird, wenn diese Perspektive auch in den Zentren seiner Macht eröffnet ist. Das heißt: Wenn wir die imperialistische Bourgeoisie hier mit den Zielen der Revolution konfrontieren, die politisch-militärischen Angriffe gegen ihre Machtstrukturen verschärfen und ihr so die Basis zerstören, auf der sie sich durch Kriege, kapitalistische Umstrukturierung und Repression – als Mittel zur Lösung ihrer umfassenden Krise – zum alles beherrschenden Gesamtsystem aufrichten will. Die westeuropäische Guerilla entwickelt im Angriff die Strategie, die die punktuellen und partiellen Kämpfe gegen die Lebensrealität im imperialistischen System als Prozeß des Kampfs um

Befreiung faßt, die Massenantagonismen in der politischen Bestimmung und Praxis des revolutionären Kampfes vereinheitlicht und daraus *die Front des Befreiungskrieges hier aufbaut.*

Jeder der hier anfängt zu kämpfen erfährt es oder kann es erfahren: die Lebensbedingungen hier – Metropolenrealität – ist bestimmt von den vereinheitlichten Kapitalbewegungen der internationalen Monopole, der vereinheitlichten Strategie der imperialistischen Bourgeoisie zur Lösung der globalen politischen, ökonomischen, sozialen Krise des Systems; ein System, das weltweit Dimensionen von Vernichtung, Ausbeutung, Verelendung – Herrschaft – Krieg produziert, die jedem Widerstand, Kampf für menschliche Lebens- und Arbeitsbedingungen, für Selbstbestimmung und gegen imperialistischen Krieg nur die Wahl lassen, zum Begriff des Imperialismus als einheitlichem System und dagegen zum Bruch, zur Einheit im revolutionären Kampf zu kommen, oder sich aufzugeben.

Wir bestimmen unseren Angriff aus der Entwicklung des Widerstands, dem Bruch hier, und der Bewegung des internationalen Klassenkriegs, dem globalen Kräfteverhältnis zwischen Revolution und Imperialismus. Das ist, was wir unter proletarischer Identität und Strategie verstehen: Von Anfang an als internationales Proletariat zu denken und zu handeln, uns im und für den internationalen Klassenkrieg zu bestimmen, d. h. die Rekonstruktion der Klasse in den Metropolen als Teil des Weltproletariats, der Klasse, die den Imperialismus stürzen wird, und der revolutionäre Krieg als der Weg, wie wir das imperialistische System zum Zusammenbruch bringen und die soziale Revolution als Weltrevolution durchkämpfen. Die revolutionäre Front in Westeuropa entwickelt sich als Teil, Abschnitt und Funktion der weltweiten Kämpfe, in deren Zusammenwirken das Ziel nur erreicht werden kann.

Den revolutionären Krieg führen, kämpfen heißt leben.

Rote Armee Fraktion, Januar 86

BEWEGUNG IN DER KRISE

Die Jahre 1986 bis 1988 erweisen sich für die bundesdeutsche Linke als Stagnationsphase. Zwar kommt es nach dem Bomberangriff der USA auf Libyen am 25. März 1986 und der Reaktorkatastrophe in Tschernobyl am 25. April 1986 jeweils noch einmal zu einem kurzzeitigen Aufleben von Massenbewegungen – eine nachhaltige Mobilisierung läßt sich aber nicht erreichen. Auch das massenhafte Strommast-Fällen hat nur kurzzeitig Konjunktur und führt überdies zu einem schweren Unfall im Rhein-Main-Gebiet. Die linksradikalen, staatsfeindlichen Gruppen haben in den Bewegungen bzw. deren Überresten spürbar an Einfluß verloren.

Verheerende Folgen haben Schüsse, die im Verlauf der Demonstration zum Jahrestag der Hüttendorfräumung am 2.11.1987 nachts auf Polizisten abgefeuert werden: Zwei Polizeibeamte sterben, einer wird schwer verletzt. Die Polizei überzieht die Szene mit einer beispiellosen Verhaftungswelle, in den Medien wird gegen die Autonomen als »die Sturmtrupps gegen die Demokratie« mobil gemacht. Tatsächlich dienen die Schüsse nur als Vorwand für die großangelegte Staatsaktion – in den zahlreichen Verhören und Vernehmungen wird versucht, autonome Strukturen aufzudecken und zahlreiche andere politische Aktionen aufzuklären. Viele der Verhafteten, darunter auch der später als Täter verurteilte Andreas Eichler, machen Aussagen und belasten andere schwer. In den autonomen Gruppen, die sich sofort und entschieden von den Schüssen distanzieren, beginnt gleichwohl eine selbstkritische Diskussion über die Ritualisierung der eigenen Militanz. Im Dezember 1987 versetzen Bundesanwaltschaft und BKA den Linksradikalen einen zweiten schweren Schlag: In Hamburg, im Ruhrgebiet und in Köln werden mehrere Menschen verhaftet bzw. in die Illegalität getrieben. Die großangelegte Polizeiaktion richtet sich gegen Unterstützerinnen und Unterstützer von Flüchtlings-Gruppen und gegen Menschen, die gegen Gentechnik und Bevölkerungspolitik aktiv sind, also zu sogenannten anschlagsrelevanten Themen arbeiten. Der Journalistin Ingrid Strobl wird in der Folge der Prozeß wegen angeblicher Mitgliedschaft in den »Revolutionären Zellen« gemacht.

Anders als nach den Schüssen an der Startbahn gelingt diesmal die Einschüchterung nicht – der Strobl-Prozeß ist im Gegenteil Anlaß für eine beachtliche Organisierung von Gegenöffentlichkeit und Solidarität. Einen gewissen Erfolg stellt im November 1987 auch die Unterzeichnung der Mietverträge für die Bewohner der Hamburger Hafenstraße dar. Völlig überraschend und trotz langwieriger ergebnisloser Orientierungsdiskussionen im linksradikalen Spektrum gelingt 1988 eine breite Mobilisierung gegen die Tagung des Internationalen Währungsfonds in West-Berlin.

1987 werden aber auch die sogenannten »Sicherheitsgesetze« erheblich verschärft, außerdem wird die Kronzeugenregelung eingeführt. Schon vorher ist die weit in die Grundrechte eingreifende Schleppnetzfahndung legalisiert worden. Die CDU/CSU-Koalition gewinnt erneut die Bundestagswahlen. Bundeskanzler Kohl vergleicht in der »Newsweek« den sowjetischen Staats- und Parteichef Gorbatschow mit Goebbels und erklärt später, die DDR gleiche einem Konzentrationslager. Der Historiker-Streit entbrennt – und endet nur scheinbar mit einem Sieg der liberalen, die deutsche Geschichte nicht relativierenden Fraktion.

In der internationalen Politik erweist sich vor allem Michail Gorbatschows Politik, die auf Abrüstung und Entspannung setzt, als folgenreich. Ein schrittweiser Truppenabzug aus Afghanistan beginnt – in Lateinamerika wird der Druck der USA auf die linken Guerilla-Organisationen und die regierenden Sandinistas in Nicaragua dennoch verstärkt. Im Dezember 1987 beginnt in den von Israel besetzten Gebieten die »Intifada«, am 15. November 1988 proklamiert die PLO auf diesem Territorium den Staat Palästina, der mittlerweile von über 100 Ländern anerkannt wird.

Zum Anschlag auf Karl Heinz Beckurts

Die aktuellen strategischen Projekte der politischen, ökonomischen und militärischen Formierung des imperialistischen Systems in Westeuropa angreifen!

Heute haben wir mit dem Kommando Mara Cagol den Vorstand für Forschung und Technik bei Siemens und Vorsitzenden des »Arbeitskreis Kernenergie« im BDI, Karl Heinz Beckurts, angegriffen. Beckurts repräsentiert den Kurs des internationalen Kapitals in der aktuellen Phase der politischen, ökonomischen und militärischen Strategie des imperialistischen Gesamtsystems und treibt ihn voran. Schon in den 70er Jahren stand er an der Spitze der strategischen Ausrichtung des Kapitals: er war Chef des Kernforschungszentrums Jülich in der Zeit, als es für die Bourgeoisie – hier mit der SPD an der Macht – um die Realisierung des Atomprogramms ging, das als Kriegsmittel auf dem Weltmarkt gegen die jungen Nationalstaaten, ihre Forderung nach einer neuen Weltwirtschaftsordnung konzipiert war um ihnen die Festsetzung des Ölpreises aus der Hand zu schlagen und damit die politische Macht, die sie durch das Öl als bis dahin wichtigstem Energieträger hatten. Die Forcierung des Atomprogramms in der BRD und sein Export in die 3. Welt – gegen alle Widersprüche und Kämpfe hier durchgesetzt – war ein zentraler Pfeiler für die Erhöhung der ökonomischen Potenz der BRD und so ihrer politischen Macht im Weltsystem.

Die Restrukturierung für den imperialistischen Krieg konkretisiert sich heute in der Metropole auf der Seite des Kapitals in der radikalen Umwälzung der gesellschaftlichen Produktion durch Forschung, Entwicklung und Produktion von Hochtechnologien, die ihm Profitmaximierung und die absolute Steigerung der Produktivität zur Stabilisierung seiner Struktur und ökonomischen Basis in den Zentren und zur Sicherung seiner Position auf dem Weltmarkt bringen soll; das Technologiemonopol ist der strategische Hebel zur Steigerung des Profits für die internationalen Militärisch-Industriellen-Komplexe – die zu der politisch-ökonomischen Basis der Metropolen geworden sind – zur Zementierung und Verschärfung der Abhängigkeit der Länder der 3. Welt und für die militärische Übermacht gegenüber den sozialistischen Staaten.

Siemens ist der größte High-Tech-Konzern in Westeuropa und weltweit – als KWU – drittgrößter Atomkonzern. Er steht wie kaum ein anderer Konzern in der BRD für die geballte Macht und Aggression der in den MIK's organisierten reaktionärsten Fraktionen der Bourgeoisie.

Beckurts ist bei Siemens eine zentrale Figur: er leitet die Forschung und technische Umsetzung in den für die Restrukturierung strategischen Bereichen, auf die Siemens sich konzentriert:

– Militärelektronik, um den Krieg für das internationale Kapital gewinnbar zu machen;

– computergesteuerte Kommunikations-, Informations- und Produktionssysteme für Fabriken, Büros, Heimarbeit, Universitäten und Schulen – durch die menschliches Denken und Handarbeit zur reinen Funktion der Maschinerie und von jedem Sinn entleert wird – tendenziell ganz ausgeschaltet;

– perfektionierte Kontroll- und Überwachungssysteme für die Militär- und Polizeiapparate weltweit: Siemens-Computer von Wiesbaden, Lissabon über Guatemala, Honduras, Kairo bis Johannisburg.

Die Geschichte von Siemens ist die der Kontinuität des Faschismus und Imperialismus Deutschlands, der BRD. Siemens hat schon Hitler mit an die Macht geschoben – wie sie 1930 gesagt haben: als »Bollwerk gegen den Kommunismus« – und Fabriken neben den KZ's hier, in Polen, der Tschechoslowakei ... gebaut; nach 45 stieg Siemens sofort wieder an die Spitze der Konzerne in Europa auf – jetzt mit finanzieller, technologischer und politischer Unterstützung durch die USA – und wurde zu einer zentralen Säule der Macht der BRD, die ihre ökonomische Potenz ist. Heute gehört Siemens weltweit zu den größten transnationalen Konzernen, ist verantwortlich für die Ausbeutung, Vernichtung und Verelendung von Millionen von Menschen in der 3. Welt und den Metropolen. Anfang der 70er Jahre, als sich die Niederlage des US-Imperialismus in Vietnam abzeichnete und das internationale Kapital durch die Offensive der Befreiungskämpfe auf seine politische Grenze gestoßen ist, hat es seine Expansion auf die entwickeltsten Länder der 3. Welt konzentriert, um Riesenprofite durch billige Arbeitskräfte und Rohstoffe zu realisieren und neue Absatzmärkte zu schaffen; diese staatlich unterstützten Investitionen der Konzerne und Banken sollten im Rahmen der »internationalen Arbeitsteilung« die ökonomische Basis für die politische und wirtschaftliche Stabilisierung dieser Staaten und Regionen nach sozialdemokratischem Muster bilden – die imperialistische Hegemonie sollte gefestigt werden gegen die Befreiungsbewegungen, der Zugriff auf die Rohstoffe gesichert.

Im Rahmen dieser Strategie expandierte Siemens in allen Kontinenten, vor allem in Lateinamerika – die KWU schloß u.a. mit Brasilien 1975 Verträge über den Bau von 8 Atomreaktoren ab; Siemens produzierte für die Marionettenregimes Herrschaftstechnologien – während er in der BRD durch Rationalisierungen zwischen 1970 und 77 über 350 Millionen DM Personalkosten einsparte und Grohnde, Brockdorf, Biblis... baute. Als Siemens mit finanzieller Unterstützung der SPD-Regierung in Mosambique einen Staudamm bauen wollte für das Rassistenregime Südafrika – und damit die Lebensgrundlagen in einer ganzen Region zerstörte – schrieb die Frelimo an Brandt: Es wird Zeit, daß die deutsche Mark ihren Beigeschmack von Blut und Leiden verliert.

Aber die ganze Entwicklung hat sich umgekehrt. Nicht politische Stabilität, Industrialisierung, Wirtschaftswachstum und neue Märkte in der 3. Welt sind dabei herausgekommen, sondern massenhaftes Elend, die Vertiefung der sozialen und politischen Widersprüche, De-Industrialisierung und Schuldenkrise. 100 Jahre imperialistische Barbarei haben den Boden für diesen Versuch zerstört und die Menschen sind gegen diese neue Runde der Ausbeutung und Unterdrückung aufgestanden. Das – in einer Wirkung mit den in immer kürzeren Abständen sich verschärfenden zyklischen ökonomischen Krisen, Rückgang der Industrieproduktion und Massenarbeitslosigkeit in den Zentren, Krisen des internationalen Finanzsystems, haben zur tiefsten Erosion des Kapitalsystems geführt. Das Scheitern des Regimes der internationalen Wirtschaftsbeziehungen ist unumkehrbar, und der politische Begriff, daß die Herrschaft des Kapitals für die Menschen nur die Maximierung der Verelendung und Ausbeutung bedeutet, weil seine Orientierung ausschließlich Expansion und Profit ist – wird heute in allen Konfrontationen zum Antagonismus gegen das imperialistische System.

Die Situation ist, daß das internationale Kapital unter Führung der USA aus seinem Versuch der strategischen Rekonstruktion imperialistischer Macht auf allen Ebenen heute mit einer Entwicklung konfrontiert ist, in der seine Unfähigkeit zur Stabilisierung der politischen und ökonomischen Lage in allen Regionen der Welt evident ist.

Unter Druck der explodierenden sozialen Situation in der 3. Welt und den daraus wachsenden politischen Widersprüchen, den revolutionären Kämpfen weltweit, dem Auseinanderbrechen des Weltmarktsystems und der schlingernden ökonomischen Krise ohne Aussicht auf Lösungen, und der Tatsache, daß sie die militärische Übermacht für den Einbruch in das internationale Kräfteverhältnis an allen Fronten nicht erreicht hat, ist die imperialistische Staatenkette heute zwar noch in der Lage revolutionäre Durchbrüche und selbstbestimmte Entwicklungen in einem zerstörerischen ökonomischen und militärischen Krieg zu blockieren, aber sie kann die Ursachen der Widersprüche nicht mehr beseitigen, die weltweit gegen das Kapitalsystem explodieren – politisch vor allem gegen die USA und ihre Kettenhunde, das durch sie produzierte massenhafte Elend und Sterben – und sie hat unumkehrbar die politische Macht verloren, um den Bruch mit dem System und den Kampf um Befreiung als einzige Perspektive für ein Leben ohne Ausbeutung und Unterdrückung in den Köpfen und Herzen der Menschen auszulöschen. Die substantielle Krise des Systems weitet sich schneller aus, als sie sie beherrschen können. Massenhaftes Elend und revolutionäre Kämpfe haben sich schneller verschärft, als sie mit ihren Weltbeherrschungsplänen durchgekommen sind.

Aus dieser eskalierten Situation ist die Aggression zu begreifen, mit der die Bourgeoisie heute die Restrukturierung in den Metropolen durchsetzt, und der Druck, sich trotz wachsender Konkurrenz und divergierender politischer und ökonomischer Interessen zusammenzuschließen gegen die Widersprüche, die ihre gemeinsamen Interessen und ihre Macht insgesamt bedrohen. Sie ist die äußere Ursache des Polarisierungsprozesses in den Metropolen, der sich gegen ihre Restrukturierungsoffensive und Kriegspolitik verschärft.

Der Zwang zur Formierung im Gesamtsystem resultiert aus der einfachen Tatsache, daß in der Krise des Systems keine imperialistische Macht die politischen und ökonomischen Probleme, die ihre Existenz überhaupt gefährden, allein beherrschen kann. International ist die Entwicklung aus der Dialektik der Klassenkämpfe und der Zuspitzung des Elends, der Widersprüche gegen Völkermord, Hunger und Zerstörung menschlicher Substanz in der imperialistischen Lebensrealität dahin gekommen, daß die stärkste imperialistische Macht – die USA – ihre politische und ökonomische Hegemonie immer mehr verliert. Das internationale Kapital und die imperialistische Staatenkette müssen die ganze Anstrengung darauf richten, alle ökonomischen, technologischen und militärischen Potentiale zusammenzuziehen und die konkurrierenden Fraktionen der Bourgeoisie in einer gemeinsamen Strategie zu vereinheitlichen im Versuch, die Entwicklung aufzuhalten, in der das System insgesamt die Möglichkeit und Macht zur Weltherrschaft verliert.

Die Restrukturierung und Formierung für den imperialistischen Krieg wird heute in Westeuropa notwendig auf zwei Linien vorangetrieben, die den widersprüchlichen, aber im Kern vereinheitlichten Kurs des Kapitals und der Staaten kennzeichnen. Die eine – strategisch bestimmende – ist die verstärkte militärische, politische und ökonomische Kooperation und Verzahnung der westeuropäischen Kernstaaten – BRD, Frankreich, Großbritannien, Italien – mit den USA (und Japan) – wie in SDI, für das Beckurts an Geheimverhandlungen für Siemens teilgenommen hat. Darin wird – orientiert an der US-Militärstrategie – die Strukturierung der internationalen MIK's, die strategische Neu-Organisierung von Forschung und Produktion für die Erreichung des Technologiemonopols forciert und ein neuer Versuch, die sozialistischen Staaten militärisch in die Knie zu zwingen. SDI ist zugleich der Versuch des US-Kapitals mit den Milliarden Dollars aus dem Pentagon und der Kooperation mit westeuropäischen

Hochtechnologiekonzernen seine im Verhältnis zu Japan und Westeuropa relativ geschwächte Position auf dem Weltmarkt zu verbessern, wie es für das Kapital in Westeuropa die Partizipation an militärischer Hochtechnologie und die Öffnung des US-Marktes bedeutet. Die andere – umfassende politisch-ökonomisch-militärische für Westeuropa – wie in Eureka, das in seiner Funktion für die Militärstrategie des Gesamtsystems identisch mit SDI ist und in das alle europäischen Staaten integriert sind. Durch Eureka wird ein Sprung im Konzentrationsprozeß und der Kooperation westeuropäischer Konzerne realisiert, um ihre Konkurrenzfähigkeit auf dem Weltmarkt zu erhöhen und ihre Verwertungsbedingungen durch die Schaffung des »europäischen Markts« zu verbessern (was dann u. a. heißt: Siemens baut neue Fabriken und produziert in Portugal mit staatlicher Unterstützung, bezahlt den Arbeitern dort 1/4 des Lohns wie hier in der BRD).

Es ist die Bündelung aller Ressourcen der westeuropäischen Konzerne und Staaten um die ökonomische Macht Westeuropas im Weltsystem zu stärken und die ökonomisch-militärischen Bedingungen für ihre Restrukturierung in der Metropole zu sichern. Ideologisch ist es der Versuch, die aggressive Politik der Staatsapparate, Konzerne und Militärs in Westeuropa durch den »europäisch-zivilen« Mantel zu verdecken – so die Widersprüche dagegen aufzufangen und den Menschen einzureden, daß durch diese »technologische Revolution« – die wie alle technischen Entwicklungen im Kapitalismus als Waffe gegen das internationale Proletariat konzipiert ist – alle gesellschaftlichen Probleme – Arbeit, Umwelt, Wirtschaftswachstum, Krieg – lösbar sind.

Es ist nichts anderes als der Versuch des technologischen Sprungs aus der politischen Agonie des Systems.

Für die Menschen in Westeuropa bedeutet der Kurs des internationalen Kapitals die einheitliche Verschärfung der Ausbeutung, Verelendung und Unterdrückung: die kontrollierte Ausgrenzung von Millionen Menschen aus der Produktion und der Gesellschaft überhaupt, Kriegspolitik und Vernichtung der Lebensgrundlagen, die repressiven Befriedungsstrategien und die faschistische Unterdrückung des Widerstands, der sich gegen ihre Pläne stellt – ist die tägliche Realität in der westeuropäischen Metropole, für deren Umwälzung es nur eine Strategie geben kann: die des revolutionären bewaffneten Kampfs und des Aufbaus der politisch-militärischen Front in Westeuropa.

Was im Nazi-Faschismus durch blutigen Terror gegen die organisierte Arbeiterbewegung und die Völker erreicht wurde, soll heute in Westeuropa – in den Maßnahmen differenziert entsprechend den spezifischen politischen und sozialen Bedingungen in jedem Land, aber nach den grundsätzlich identischen Linien und Bestimmungen des internationalen Kapitals – durch die »Informationsgesellschaft« realisiert werden:

Das Ziel der Bourgeoisie in Westeuropa ist die Strukturierung, Beherrschung und Ausrichtung aller Vergesellschaftungsprozesse und gesellschaftlichen Bereiche für die Interessen des Profits und des imperialistischen Kriegs.

Der Zwang, die Restrukturierung aggressiv durchzusetzen, schiebt sich vor die politischen Vermittlungen: Demokratie, Sozialstaat, innerer Frieden, Arbeit für alle – die zentralen ideologischen Säulen ihrer Herrschaft in der Metropole – werden in der substantiellen Krise des Systems dysfunktional. Der imperialistische Staat muß gegen alle Widersprüche die politischen, ökonomischen und militärischen Bedingungen für den strategischen Plan der Bourgeoisie, mit dem sie die Weltherrschaft erreichen will, durchsetzen. Das ist die Aufrüstung der Bundeswehr zur technologischen hochgezüchteten Angriffsarmee; die WAA in Wackersdorf, die die BRD für ihren Sprung zur Atommacht will – und der Terror gegen die, die sie bekämpfen;

das sind die Angriffe auf das Streikrecht, die kalkulierte Massenarbeitslosigkeit und die Programme gegen die Ausgestoßenen, die reines Kontroll- und Repressionsinstrument sind, um die Antagonismen präventiv zu erdrücken;

was Henry Ford zur Einführung des Fließbandes festgestellt hat – »es ist völlig ausgeschlossen, den Leuten auch nur vorübergehend ihren Willen zu lassen« – wird heute auf alle Bereiche der vergesellschafteten Produktion, auf alle gesellschaftlichen Verhältnisse ausgeweitet. Individualisierung der Arbeitsbedingungen und Löhne, Mobilität und Flexibilisierung in Arbeit und Ausbildung und der reaktionäre Pakt zwischen Staat–Kapital–Gewerkschaften, sind die materielle Basis, die die Restrukturierung in der Metropole sichern und den Menschen das Begreifen der gemeinsamen Lage und die Organisierung für ihre Interessen und Bedürfnisse unmöglich machen sollen;

das ist die Umstrukturierung der Wissenschaft, Universitäten und Schulen, um sie zu direkten Agenturen der Konzerne zu machen;

das sind die Kampagnen der psychologischen Kriegsführung und der Staatsschutz-Terror gegen den Widerstand, um – wenn schon nicht Zustimmung, dann ohnmächtiges Schweigen angesichts des totalen Staates zu erzwingen.

Die wachsenden Antagonismen sollen unorganisierbar gemacht und in einem Teufelskreis individualisierter, der Logik des Kapitals funktionalen Interessen erstickt werden.

Hier in der BRD kalkulieren sie, daß sie die Restrukturierung für die imperialistische Aggression durchpeitschen können, weil die Politik der Gewerkschaften sozialdemokratisch, ihre Führung gekauft ist, der breite Widerstand oft noch diffus, kleinbürgerlich, unorganisiert und die revolutionären Kräfte noch schwach sind. Wenn CDU/FDP/SPD hier von der »2/3-Gesellschaft« oder »Versöhnungsgesellschaft« reden, die sie im europäischen Maßstab den wachsenden Antagonismen entgegenstellen wollen, ist das ihr schwacher Versuch, die Tatsache zu entpolitisieren, daß sich der Riß zwischen Gesellschaft und Staat in der ganzen Phase imperialistischer Rekonstruktion und ihrer Aggression auf allen politisch-ökonomisch-militärischen Ebenen so vertieft hat, daß sie ihn nicht mehr zuschütten können. Es ist der Ausdruck der politischen Brüchigkeit des Kapitalsystems, das in der Krise die Fähigkeit verloren hat, der Warenstruktur universelle Gültigkeit zu verschaffen.

Ihre faschistische Konzeption dagegen ist die Spaltung der Gesellschaft – in einen Teil, der die Maschinen bedient, von Kriegsökonomie und Faschismus profitiert, andere, die sich stumpf gemacht und aus dem Druck der Existenzunsicherheit der Macht unterwerfen; und ein Teil, gegen den sie ihren Staatsschutzapparat perfektioniert und in alle Lebensbereiche gestaffelt ausbauen und einsetzen – das sind die, die für die Profitproduktion überflüssig geworden, aus allem rausgekippt sind, und die, die für den Staat nicht mehr erreichbar sind, weil sie kämpfen.

Gegen ihren Plan, das Kräfteverhältnis hier und international festzupressen, steht aber die Vertiefung des Polarisierungsprozesses durch alle Bereiche der Metropolengesellschaft gegen den Staat, die Politisierung des Widerstands, der schon ausgeht von den Erfahrungen in der Konfrontation mit dem Herrschaftsapparat und reformistischen Sackgassen, und die Entwicklung der revolutionären Front, die aus der Reife der Widersprüche in der Metropole und dem politischen Begriff der Totalität des imperialistischen Systems handelt, sich aus dem Ziel der revolutionären Umwälzung im internationalen Klassenkrieg bestimmt und sich in der Wirkung ihres Angriffs mit den weltweiten Kämpfen für Befreiung in einer politischen Orientierung gegen das imperialistische System verbindet.

Diese Prozesse in der Metropole treffen sich jetzt direkt mit dem Bewußtsein, das in den Kämpfen der Ausgebeuteten und Unterdrückten international wächst: daß das imperialistische System zu keiner Entwicklung fähig ist, die mit dem Bedürfnis nach menschlichen, d. h. selbstbestimmten, solidarischen Lebens- und Arbeitsbedingungen zu verbinden ist, und daß, so lange seine Herrschaft nicht vollständig zerbrochen ist, jeder unabhängige Entwicklungsprozeß zerrieben wird.

Was Marx analysiert hat: daß in der Entwicklung des Imperialismus eine Stufe eintritt, in der er nur noch Unheil, Destruktivkräfte produzieren kann, ist die objektive Grundlage des Polarisierungsprozesses, der heute in allen Ländern der 3. Welt und den Metropolen politisch gegen das System wirksam wird. Subjektiv bildet sich in dieser Entwicklung international die Einheit des Proletariats und der revolutionären politisch-militärischen Front, ihre gemeinsame Strategie und Perspektive heraus: die weltweit einheitliche Zerrüttung des imperialistischen Systems und seine Zerschlagung im weltrevolutionären Prozeß.

Es gibt für die Bourgeoisie keinen anderen Weg, als die Restrukturierung in den Metropolen jetzt gewaltsam durchzusetzen und den Widerstand faschistisch zu unterdrücken; es gibt für sie keinen anderen Weg als die politische und militärische Eskalation des Kriegs gegen den internationalen Befreiungskampf und den Versuch, die militärische Übermacht gegen die sozialistischen Staaten doch noch zu erreichen. Sie kann heute an keinem Punkt ihres strategischen Plans, mit dem sie die Weltherrschaft erreichen will, zurückgehen.

Aber sie kommen nicht durch. Die Widersprüche sind schon zu tief und die Kämpfe zu weit. Die international immer mehr politisch einheitlich aufbrechenden Widersprüche und revolutionären Kämpfe überholen ihre Krisenlösungsstrategien und machen die Wirkung ihrer Kriegsmaschine stumpf. Der Riß zwischen Gesellschaft und Staat in den Metropolen und der Widerspruch international zwischen Proletariat und Bourgeoisie verschärft und vertieft sich gegen jeden Schritt, jedes Manöver in ihrer umfassenden Aggression nur immer weiter.

Daß es entscheidend vom revolutionären Kampf in Westeuropa abhängt, ob ihre politische Macht und materielle Basis in den Metropolen schneller zusammenbricht, als sie ihren strategischen Plan realisieren können – und dagegen ein qualitativer Sprung in der Entwicklung des revolutionären Prozesses hier erkämpft wird, ist klar. Die revolutionäre Bewegung in Westeuropa muß heute ihre vielfältigen Kämpfe in einen bewußten und gezielten Angriff gegen die imperialistische Macht transformieren; das heißt: die aktuellen strategischen Projekte der politischen, ökonomischen und militärischen Formierung des imperialistischen Systems in Westeuropa angreifen und die Politik und Praxis in einer umfassenden revolutionären Strategie zur Zerrüttung des Systems im Zentrum und für die Einheit des Metropolenproletariats, die revolutionäre Front in Westeuropa verbinden.

Jetzt geht es darum, diese Strategie im praktischen Prozeß weiterzuentwickeln und sie in der revolutionären Bewegung und der Gesamtheit der antagonistischen Kräfte in Westeuropa zu verankern.

Die revolutionäre Front in Westeuropa organisieren!

Kommando Mara Cagol
Rote Armee Fraktion, 9. Juli 1986

Anschlag auf Gerold von Braunmühl[1]

Die imperialistische Staatenkette wird in ihrem Versuch, den revolutionären Prozeß zu blockieren und ihre Hegemonie auf neuer Stufe gewaltsam wiederherzustellen, nicht durchkommen.

Heute haben wir mit dem Kommando Ingrid Schubert den Geheimdiplomaten Braunmühl, Politischer Direktor im Außenministerium und eine der zentralen Figuren in der Formierung westeuropäischer Politik im imperialistischen Gesamtsystem, erschossen. Unser Angriff zielt auf den aggressiven BRD-Staatsapparat in seiner Funktion als Kernstaat der politischen Formierung Westeuropas in der imperialistischen Kriegsstrategie. Braunmühl traf sich zur permanenten Lagebesprechung und politischen Abstimmung mit französischen Regierungsvertretern im Rahmen der jetzt institutionalisierten deutsch-französischen Kooperation und mit den Politischen Direktoren der amerikanischen, britischen und französischen Außenministerien innerhalb der regelmäßigen »vertraulichen Vierer-Konsultationen«, mit dem Ziel, die Politiken der stärksten Mächte der imperialistischen Kette unter Führung der USA zu vereinheitlichen und zu koordinieren, um als Gesamtsystem politisch handlungsfähig zu werden gegen die Widersprüche, die ihre gemeinsamen Interessen und die Herrschaft des Systems auf allen Ebenen bedrohen. Er saß als Vertreter der Bundesregierung im politischen Komitee der »Europäischen Politischen Zusammenarbeit« (EPZ), das zum wichtigsten Instrument der politischen Formierung und Durchschaltung der Staatsapparate in Westeuropa geworden ist. Innerhalb der »Westeuropäischen Union« (WEU) erarbeitete er mit Regierungsvertretern aus Frankreich, Italien, Großbritannien, Holland, Belgien und Luxemburg die sicherheitspolitischen Linien für die europäische NATO-Säule, um die politisch-militärische Macht Westeuropas und so die der NATO insgesamt zu stärken.

Durch westeuropäische politische, ökonomische und militärische Initiativen in Koordinierung mit den USA will die Bourgeoisie jetzt die sozialen Explosionen, die weitere Eskalation der Kämpfe in allen Kontinenten verhindern und die politische Entwicklung, in der die US-Hegemonie immer mehr zerbricht, als Gesamtsystem auffangen.

Die nach vorn geschobene westeuropäische Linie in der Politik des Gesamtsystems und der Einsatz der ökonomischen Mittel der westeuropäischen Staaten und Konzerne soll den revolutionären Prozeß blockieren und weitere Einbrüche ihrer Macht verhindern; bis sie die Fähigkeit zur globalen militärischen Offensive haben.

Die Pentagon- und NATO-Strategen sind mit ihrem Konzept, das atomare Patt über die Stationierung der Mittelstreckenraketen zu brechen und gleichzeitig gegen die Befreiungsbewegungen und jungen Nationalstaaten in die Offensive zu kommen, gegen die Widersprüche, die sich international gegen ihre Kriegspolitik entzündet haben, nicht durchgekommen. Das internationale Kapital unter Führung der USA konnte die Bedingungen für seine globale Rekonstruktion gegen die Verschärfung der Antagonismen und revolutionären Kämpfe nicht durchsetzen. Alle Pläne und Projekte zur politisch-ökonomischen Stabilisierung einzelner Regionen und Länder sind zusammengebrochen. Das Ergebnis dieser Entwicklung sind heute die Demonstrationen und Revolten in Lateinamerika, Südkorea, Philippinen, Naher Osten, Südafrika ... gegen die aggressive Wirtschafts- und Militärpolitik der USA, gegen den IWF und die von den USA eingepflanzten Regimes, die für das massenhafte Elend, den Terror, die Zerstörung der sozialen Strukturen und Kulturen ganzer Völker verantwortlich sind. Die Contra-Kriege, wie in Nicaragua und Angola, und die militärische Aggression im Libanon konnten den revolutionären Kampf nicht vernichten, sie haben im Gegenteil zur Vertiefung und Ausweitung der Widersprüche und Kämpfe in der ganzen Region geführt und den Zerfall der US-Hegemonie beschleunigt.

Auch die Versuche jetzt, durch Austausch der US-Kettenhunde und ökonomische Stützungsmanöver die politische Situation gegen den Druck der Massenbewegungen und der Guerilla zu stabilisieren – wie auf Haiti, den Philippinen oder mit den »neuen Demokratien« in Lateinamerika – können die tiefe politische und ökonomische Krise des Systems, seine Perspektivlosigkeit und den Zerfall der US-Hegemonie nicht mehr grundsätzlich umkehren – sie haben nur die Funktion, jetzt den Zusammenbruch zu verhindern.

Alle Versuche, die politische Stabilitiät in den Metropolen durch staatliche Durchdringung und Strukturierung aller gesellschaftlichen Bereiche, Integrationsmodelle, Verschärfung der Repression ... durchzusetzen, sind gescheitert. Sie können die Antagonismen und revolutionären Kämpfe nicht auslöschen. Der Imperialismus hat keine Lösung. Sie konzentrieren sich jetzt auf die Zerschlagung des internationalen revolutionären Kampfs.

Diese Entwicklung hat sich in allen Konfrontationen, der Wirkung der Befreiungskämpfe in der ganzen Phase der imperialistischen Rekonstruktion seit Vietnam herausgebildet und sie erreicht heute eine neue politische Qualität, weil die Möglichkeiten, sie umzukehren, in der substantiellen Krise des Systems erschöpft sind und die Widersprüche sich zu weit entwickelt haben.

Die imperialistische Bourgeoisie kann die Ursachen der sich verschärfenden sozialen und politischen Widersprüche nicht mehr beseitigen – und die Erfahrung der Verelendung der Massen in allen Kontinenten hat sich so vertieft und zugespitzt, daß die Frage nach einem Leben als Menschen oder der endlosen Fortsetzung imperialistischer Barbarei heute zum Antagonismus in allen Auseinandersetzungen, zum unmittelbar politischen Widerspruch gegen das imperialistische System wird.

Das ist die Tiefe der Widersprüche und der Politisierungsprozesse in allen Kämpfen, die sich mit der Erfahrung und der Strategie der revolutionären Guerilla verbinden und international zur politisch-militärischen Kraft gegen den Imperialismus werden.

Aus dieser Entwicklung – Krise der US-Hegemonie, Destabilisierung der imperialistischen Macht in allen Kontinenten, tiefe ökonomische Krise und Scheitern des Mehrfrontenkrieg-Konzepts – ist der Sprung in der Funktion und Bedeutung Westeuropas im globalen konterrevolutionären Projekt zu begreifen:

Es ist die Anhebung und Einbindung der politisch-militärischen Macht Westeuropas in der gesamtimperialistischen Herrschaftstruktur in der Krise des Systems und der Zusammenballung seiner Macht zur Aggression.

Das ist der politische Kern der Gewalt, mit der der Staat hier die politischen, ökonomischen und militärischen Bedingungen durchsetzt, die die Bourgeoisie braucht, um international den Angriff führen zu können. *Ein Prozeß, in dem es entscheidend vom revolutionären Kampf in Westeuropa abhängt, ob die Bourgeoisie das Kräfteverhältnis und so ihre Herrschaft international festpressen kann – was auch ohne den »Großen Krieg« Völkermord durch Bomben, Dollars, Hunger und Zerstörung menschlicher Substanz bedeutet – oder sich dagegen der Bruch im Zentrum zur revolutionären Front und die Vereinheitlichung des internationalen revolutionären Kampfes in einer politisch-militärischen Strategie für die proletarische Befreiung entwickelt.*

Wie wir gesagt haben:

Weil die strategische Krise des Imperialismus – die Krise der kapitalistischen Initiative – ökonomisch und politisch einen Zusammenbruch vorbereitet, vorbereiten muß, über dessen katastrophische Dimension nicht zu spekulieren ist, muß sie als Moment intensiver subjektiver Anstrengung organisatorisch genutzt werden – als die Organisation des Angriffs, der die proletarische Alternative und die Möglichkeit proletarischer Gegenmacht hier als strategische, als internationalistische Bestimmung artikuliert.

Die Politik der westeuropäischen Staaten im Gesamtsystem zielt auf die politische Einkreisung und gezielte Vernichtung der Revolutionäre in allen Kontinenten und die Einbindung der sozialdemokratischen, bürgerlich-reaktionären Kräfte in ihr faschistisches Befriedungskonzept: politisch als vereinheitlichte Linie im Rahmen der von den USA durchgesetzten terroristischen Strategie gegen die Kämpfe für Selbstbestimmung und Befreiung, operativ in der Effektivierung der geheimdienstlichen und polizeilich-militärischen Kooperation und Kriegsführung und ökonomisch als Stützungsmanöver für die bankrotten Regimes, um die sozialen Krisen, die die Stabilität in allen Ländern der 3. Welt bedrohen, unter Kontrolle zu halten.

Diese Entwicklung wurde in ihrer ganzen Widersprüchlichkeit im Zusammenhang mit dem militärischen Schlag der USA gegen Libyen, seiner propagandistischen Vorbereitung und Durchführung mit politischer Rückendeckung der EG und logistischer Unterstützung der NATO, offen.

Der militärische Angriff der USA ist Instrument in der Strategie des Gesamtsystems gegen den internationalen antiimperialistischen Kampf – genau wie die Manöver der westeuropäischen Staaten für einen »neuen Friedensprozeß« im Nahen Osten: sie haben gemeinsam das Ziel der politischen Isolierung und Vernichtung der revolutionären Regimes/Fraktionen.

Der Widerspruch zwischen Rühe/Genscher/Wischnewski und der US-Regierung liegt im Unterschied zwischen dem Einsatz von F-111-Bombern gegen das libysche Volk und dem Einsatz der GSG 9 in Zusammenarbeit mit arabischen Staaten, um revolutionäre Gruppen gezielt zu liquidieren, das heißt *im Unterschied zwischen Tripoli/Benghazi und Mogadischu* 1977. Der Widerspruch liegt darin, daß die US-Regierung nicht aufhört, militärische Macht zu demonstrieren und die europäischen Regierungen unter Druck zu setzen, teilweise direkt gegen ihre Interessen zu handeln, während sie gleichzeitig wie noch nie auf ihre politische Unterstützung und die Kooperation mit ihnen angewiesen ist; und er liegt darin, daß die westeuropäischen Regierungen sehr klar sehen, daß der offen militärische Kurs die politische Schwäche der Staatenkette nur noch deutlicher macht: sie können zerstören, aber ändern können sie nichts. So ist die politische Formierung für sie ein einziger Seiltanz – zwischen einerseits der Unfähigkeit, die Stabilität im Weltsystem wiederherzustellen, den Konkurrenzkrieg und die tiefe ökonomische Krise zu beherrschen, und der politischen Tatsache andererseits, daß die militärische Reaktion die Widersprüche gegen das imperialistische System nur weiter verschärft und zu einer für sie unkalkulierbaren Eskalation führen kann.

Das Ziel des Angriffs gegen Libyen war, eine politische Grenze zu durchbrechen und die Konfrontation mit dem internationalen Befreiungskampf auf ein von jetzt an jederzeit auch offen militärisches Niveau zu bringen.

Damit war zugleich der Weg freigeschossen, auf dem die westeuropäischen Staaten – in der EG angetrieben von Genscher und Braunmühl – politisch vereinheitlicht und bis auf Großbritannien militärisch »sauber geblieben« zur Initiative übergehen konnten, um die imperialistische Vernichtungsstrategie jetzt auf politischer Ebene zu forcieren:

Das ist der Inhalt des »europäisch-arabischen Dialogs«, der nicht die politische Alternative zu den USA ist, sondern die gezielte Planung und Vorbereitung der Liquidation des antiimperialistischen Kampfes und der Versuch der Verhinderung einer sozialen und politischen Explosion im Nahen Osten – im Rahmen der globalen Kriegsstrategie der Bourgeoisie; militärische Aktion und europäisch-arabischer Dialog sind Instrumente, Funktion einer Strategie – Ausdruck der zwar widersprüchlichen, aber im Kern vereinheitlichten Politik des Gesamtsystems, es ist der Krieg der Metropole gegen den internationalen revolutionären Kampf.

Das ist die Funktion der »Arbeitsgruppe Nahost« in der EPZ, die auf Betreiben der BRD installiert wurde, um das weitere Vorgehen der EG gegen die arabische, revolutionäre Bewegung festzulegen. Das sind die Reisen Genschers und seiner Geheimdiplomaten nach Marokko, Tunesien, Ägypten, in die Golfstaaten... seine großen Auftritte als »europäischer Partner« und »zivile Alternative«... bei denen unter anderem mit ökonomischen Druck die politisch geschlossene Front vor allem gegen die palästinensischen Revolutionäre und die Staaten, die sie unterstützen, erreicht werden soll; das ist Zimmermann, der dann sofort mit BKA, GSG 9 und Geheimdiensten da ist und die Neuorganisierung der Polizei- und Militärapparate in der Region nach BRD-Vorbild und ihre Kooperation forciert; das sind Warnke und Bangemann, die dann mit dem Mittel und dem Know-how der BRD-Konzerne und dem Geld der deutschen Großbanken die politisch-ökonomische Stabilisierung durchsetzen sollen. Die andere Seite dieser Entwicklung ist, daß die Bourgeoisie in Westeuropa sich aus ihrem konzentrierten politischen Kommando und der vereinheitlichten Machtstruktur dem Widerstand hier als geballte Macht gegenüberstellen und die gesamtimperialistischen Interessen ohne Konsens in den einzelnen Ländern durchsetzen will.

Die EPZ ist der politische Hebel für die Durchsetzung der strategischen politischen, ökonomischen und militärischen Pläne und Projekte der imperialistischen Bourgeoisie in Westeuropa. Dort – nicht in den nationalen Parlamenten – wurden und werden die politischen Linien und Bedingungen für die Restrukturierungsoffensive des Kapitals in Westeuropa durchgesetzt, konkretisiert in Projekten wie ESPRIT, EUREKA und der Schaffung des europäischen Marktes, die die industrielle/technologische Konzentration und Zentralisierung des Kapitals vorantreiben, seine Verwertungsbedingungen sichern und seine Position auf dem Weltmarkt stärken sollen. Die EPZ ist das politische Zentrum für die Schaffung der europäischen Säule der

NATO: dort wurden in den letzten Jahren die Linien gesetzt für die politische und materielle Erhöhung der militärischen Macht Westeuropas, die Formierung westeuropäischer Sicherheitspolitik – was heißt: die Steigerung des Aggressionspotentials der europäischen Staaten und ihre totale Einbindung in die globale Kriegsstrategie der imperialistischen Bourgeoisie. Aktuell wird die EPZ zum politisch-operativen Zentrum für die Koordinierung der gesamtimperialistischen Strategie in Westeuropa gegen den internationalen revolutionären Kampf, seine Kriminalisierung und Vernichtung in der 3. Welt und den Metropolen. In diesem widersprüchlichen Prozeß, in dem es der Bourgeoisie nicht gelingt, die Formierung auf allen Ebenen in dem für sie jetzt notwendigen Tempo gegen die national und/oder ökonomisch determinierten Widersprüche einzelner Staaten durchzusetzen, bildet sich immer klarer die Vereinheitlichung der BRD, Frankreichs, Großbritanniens und Italiens zum harten Kern des Gesamtsystems in Westeuropa heraus, in enger Koordinierung und Kooperation mit den USA.

Unter Führung der BRD und Frankreichs wird über die EPZ das Tempo und Niveau der Militarisierung und Restrukturierung in Westeuropa bestimmt und die Formierung des Gesamtsystems vorangetrieben. Aus ihrer militärischen und ökonomischen Macht sind sie es, die alle schwächeren Staaten zwingen, sich ihnen anzuschließen – oder außerhalb aller Entscheidungen und ökonomisch-technischen Entwicklungen zu stehen, was sich kein Staat leisten kann – und es ist der Preis, den jede Regierung in Westeuropa bereit ist zu zahlen, um an der Macht zu bleiben. Die EG ist die politische Hülle, um der Politik der westeuropäischen Kernstaaten international Gewicht zu geben und ihre Aggression zu verdecken; sie ist Instrument zur Durchschaltung der Staatsapparate und Vereinheitlichung der Politiken Westeuropas im Gesamtsystem im Rahmen der imperialistischen Offensive gegen das internationale Proletariat.

Die revolutionäre Bewegung in Westeuropa muß den strategischen Plan der imperialistischen Bourgeoisie, mit dem sie die Weltherrschaft erreichen will und dessen politische und materielle Basis die Metropolen sind, in seinen konkreten aktuellen Projekten angreifen, das heißt ihn hier im Angriff auf die zentralen Achsen und treibenden Kräfte der imperialistischen Macht politisch brechen und blockieren, bevor sie ihn realisieren kann. Die revolutionäre Front in Westeuropa organisieren heißt, den Kampf in der Metropole auf dem politisch-militärischen Niveau und in der strategischen Orientierung zu führen, die das imperialistische System insgesamt in Frage stellt und den Prozeß der Rekonstruktion der Klasse in Westeuropa als internationalistischen initiiert. Heute müssen wir die Einheit der kommunistischen Guerilla und der revolutionären Bewegung durch diese Offensive aufbauen – kollektiv bestimmt und organisiert mit dem Ziel, die imperialistische Strategie hier zu durchkreuzen, die politischen Linien und Elemente revolutionärer Strategie bestimmen und praktisch zu entwickeln. Organisierung der revolutionären Front heißt Organisierung des Angriffs. Das ist keine ideologische Kategorie und kein »Revolutionsmodell«. Es geht um die materielle Evidenz revolutionärer Politik – das heißt ihrer Wirkung gegen die imperialistische Macht und ihre politisch-praktische Kraft, die sie für die Vertiefung des Bruchs in der Metropole und den qualitativen Sprung des proletarischen Kampfes hier erreicht.

Die revolutionäre Front in Westeuropa als Abschnitt im internationalen Befreiungskrieg organisieren!

Die Offensive aufgreifen und weiterentwickeln!

Kommando Ingrid Schubert
Rote Armee Fraktion, 10.10.86

Anschlag auf Hans Tietmeyer

Kommando-Erklärung[2]
Heute haben wir mit dem Kommando Khaled Aker den Staatssekretär im Finanzministerium, Hans Tietmeyer, angegriffen.

Tietmeyer ist Stratege und einer der Hauptakteure im internationalen Krisenmanagement, der auf nationaler, europäischer und internationaler Ebene die ökonomische Krise des imperialistischen Systems beherrschbar machen und den Zusammenbruch des Wirtschafts- und Finanzsystems verhindern will.

Er hat zentrale Funktionen in der Formulierung, Koordinierung und Durchsetzung imperialistischer Wirtschaftspolitik – es gab in den letzten Jahren keine wichtigen wirtschafts- oder währungspolitischen Entscheidungen, an denen er nicht maßgeblich beteiligt war.

Er ist verantwortlich für Völkermord und Massenelend in der 3. Welt.

Als Delegierter bei IWF und Weltbank, G5- und G7-Treffen, Weltwirtschaftsgipfeln (die er seit 1982 als Beauftragter der Regierung vorbereitet hat)... entwickelt und forciert er die imperialistische Politik der Vernichtung durch Hunger und Counterinsurgency gegen die Völker in den abhängigen Ländern im Süden –

eine Politik, die für die Mehrheit der Menschen Tod und Elend bedeutet, um dem internationalen Kapital Profit und Macht zu sichern.

Er ist verantwortlich für die Verschärfung von Ausbeutung, Verelendung und Unterdrückung in Westeuropa.

In verschiedenen EG-Gremien, auf bilateraler (wie im deutsch-französischen Wirtschafts- und Finanzrat) und auf nationaler Ebene hat er quer durch Westeuropa die Bedingungen für die aggressive Restrukturierung des Kapitals und die Expansion der transnationalen Banken und Konzerne durchgesetzt –

was verschärfte Ausbeutung bzw. die Zerstörung der Existenzgrundlage von Millionen Menschen heißt – vor allem in den ärmeren Ländern Südeuropas und in Irland.

Imperialistisches Krisenmanagement bedeutet die Verlängerung und Verschärfung des Elends und der Vernichtung der Menschen in der Metropole und in der 3. Welt. Es ist der Versuch, das bestehende zugespitzte und katastrophale Gleichgewicht im Kräfteverhältnis zwischen Imperialismus und Befreiung, gegen den zunehmenden Druck der Befreiungskämpfe und die inneren Erosionen des Systems, mit allen Mitteln zu stabilisieren und weitere Einbrüche zu verhindern.

Der Imperialismus kann nur noch Destruktivkräfte entwickeln, sein Wesen ist Zerstörung – er setzt im Weltmaßstab die Vernichtung der Menschen durch Genozid und aufgezwungene Existenz in Sinnlosigkeit und Entwürdigung durch, gegen diese, im Kern einheitliche Wirklichkeit, daß die Menschen nirgendwo in diesem System leben können,

entwickeln und verstärken sich quer über den Globus die Kämpfe gegen den Imperialismus und für Selbstbestimmung und Menschenwürde.

Diese Identität in Inhalt und Ziel ist die Verbindung der Kämpfenden an allen Abschnitten der internationalen Front, der Prozeß der Einheit, der weltweit reift.

Die Wurzel aller revolutionären und antagonistischen Kämpfe hier in der Metropole ist die Erfahrung, daß in diesem System aus Profit und Macht Leben nicht möglich ist – jeder, dessen Sinne nicht völlig abgestumpft sind, erfährt die Dimension der Zerstörung und Sinnlosigkeit als nackten Angriff auf sich selbst und alle Ausgebeuteten,

erfährt, daß dieses faulende System antagonistisch zu allen eigenen Bedürfnissen und Vorstellungen von menschlichem und menschenwürdigem Leben ist.

Dagegen ist die Vorstellung von selbstbestimmten Leben, die Rückeroberung natürlicher Fähigkeiten und menschlichen Reichtums und das Ziel einer herrschaftsfreien und menschlichen Gesellschaft, in der der Mensch sinnbildendes Zentrum ist, nur möglich und wird real im Kampf für die radikale Umwälzung der gesellschaftlichen Realität.

Im Kampf für die Zerschlagung des Systems müssen diese Werte als aktuelles und zukünftiges Ziel immer wieder neu formuliert und von denen, die kämpfen, erobert und in den Beziehungen hergestellt werden.

Die Identität im Ziel kann und muß als gemeinsames subjektives Moment für die *Einheit der Revolutionäre* und für die bewußte Vereinheitlichung der revolutionären Kämpfe im westeuropäischen Zentrum bestimmt werden.

Revolutionärer Kampf braucht die Vertiefung der subjektiven und politischen Bewußtseinsprozesse – d. h. die existenziellen Erfahrungen im System zum politischen Begriff der Situation zu bringen, eigene Vorstellungen und Ziele zu bestimmen und sich klar zu werden über die objektiven Bedingungen, also die Macht des Imperialismus, die dagegen steht und gegen die die Umwälzung durchgesetzt werden muß.

Revolutionäre Identität, die bewußte und unumkehrbare Entscheidung dafür, den Kampf für die grundsätzliche Umwälzung der Verhältnisse zum Sinn und Inhalt des eigenen Lebens zu bestimmen, ist Voraussetzung und Basis für selbstbestimmte, offensive und kontinuierliche Praxis und gegen Kapitulation und Verrat.

Ziel der revolutionären Kämpfe weltweit ist, die destruktive Entwicklungsrichtung, die der Imperialismus überall durchsetzt, zu stoppen und umzukehren in eine Entwicklung für die Menschen und die konkrete Perspektive auf das Ende imperialistischer Herrschaft und Barbarei zu eröffnen.

Darin hat der Kampf der Front im westeuropäischen Zentrum als Abschnitt der internationalen Front besondere Bedeutung wegen der Zentralität Westeuropas und seiner steigenden politisch-ökonomisch-militärischen Funktion im imperialistischen Gesamtsystem.

Der Kampf gegen konkrete Projekte in der imperialistischen Strategie muß mit dem Ziel geführt werden, ihnen die politisch-materielle Grenze zu setzen, ihre Durchsetzung zu blockieren und zu verhindern um die Strategien des Imperialismus real zu brechen und den Erosionsprozeß des Systems voranzutreiben.

Die Einheit der Revolutionäre herstellen!

Der Kampf im imperialistischen Zentrum in strategischer Einheit mit den Kämpfen in den 3 Kontinenten im Süden führen!

Solidarität mit dem Aufstand des palästinensischen Volkes!

Kommando Khaled Aker
Rote Armee Fraktion, 20.9.88

Wir haben das Ziel des Angriffs, Tietmeyer zu erschießen, nicht erreicht, weil die Maschinenpistole, mit der zuerst gezielt der Fahrer ausgeschaltet werden sollte, um den Wagen zum Stehen zu bringen, sich verklemmt hat. In diesem Moment waren zwei vom Kommando schon aus ihrer Deckung raus und mußten deshalb versuchen, denWagen doch noch mit nur einer »pump« zu stoppen – was aber gescheitert ist.

Rote Armee Fraktion, 21.9.88

HUNGERSTREIK 1989 BIS HEUTE

Seit 1989 ist die Linke weltweit Monat für Monat mit Ereignissen und Entwicklungen konfrontiert worden, die noch jeweils kurz vorher als unvorstellbar galten: Deutschland ist wiedervereinigt, der sozialistische Staatenblock hat sich aufgelöst, die Sowjetunion ist zerfallen, in vielen osteuropäischen Ländern herrscht Bürgerkrieg. Die Sandinistas haben die Regierungsgewalt in Nicaragua verloren. Guerilla-Organisationen in anderen lateinamerikanischen Staaten haben den bewaffneten Kampf beendet und versuchen jetzt auf legalen Wegen ihren Zielen näherzukommen.

Deutschland ist wiedervereinigt – dagegen hat sich kaum bürgerliche und auch nur sehr wenig linke Opposition geregt. Parallel dazu gewinnen nazistische Gruppen Anhänger, rechtsextreme Parteien erzielen enorme Wahlerfolge. Überfälle auf Ausländerinnen und Ausländer sind mittlerweile Alltag.

Der Golfkrieg 1991 hat zu bis dahin schwer vorstellbaren Auseinandersetzungen bis weit in linksradikale Lager hinein geführt: Die KONKRET stand plötzlich Seite an Seite mit Hans Magnus Enzensberger und Wolf Biermann auf seiten der Kriegsbefürworter, Flugblätter mancher linksradikaler Kriegsgegner waren kaum von den Parolen rechtsextremer Irak-Anhänger und Israel-Feinde zu unterscheiden.

Ob es einen besonderen deutschen Nationalismus gibt, ob die Deutschen ein nationales Selbstbestimmungsrecht haben, wie mit Anhängern rechtsextremer Gruppen umzugehen ist, ob die Linke bislang einen falschen Begriff von Antifaschismus hatte und inwieweit Antiimperialismus und Antinationalismus zu vereinbaren sind – das sind nur einige der Fragen, über die nicht einmal mehr annäherungsweise Einigkeit erzielt werden kann.

Die Wiederherstellung der staatlichen Einheit Deutschlands

hat für die RAF über die allgemeinen auch unmittelbare Folgen: Mehrere AussteigerInnen, die mit neuen Namen in der DDR gelebt hatten, werden enttarnt und festgenommen. Alle von ihnen, außer Inge Viett, machen Aussagen, mit denen sie sich und auch andere belasten, um so in den Anspruch der Kronzeugenregelung zu kommen. Die Aussteiger-Prozesse, die mit langjährigen Haftstrafen enden, sind vor allem ein politischer Erfolg für die Bundesanwaltschaft. 1990/91 wird erneut versucht, die Verfolgung der ohnedies geschwächten linksradikalen Gruppen zu intensivieren, indem sie als RAF-Unterstützer behandelt werden: Vor allem dient eine 1990 mit 3000 Polizisten durchgeführte Groß-Razzia in der Hamburger Hafenstraße diesem Ziel. Die RAF, heißt es später in Presseberichten, habe dort ihre »Kommandozentrale«: Eine Behauptung, die angesichts der Dauerobservation der ehemals besetzten Häuser und der ständigen Bedrohung durch Polizeieinsätze zwar völlig absurd ist, dennoch aber in den bürgerlichen Medien brav aufgeregt wiedergegeben wird. Ähnlich geschieht es mit der ein knappes Jahr später wieder aufgetischten Erfindung der sogenannten »Zellensteuerung«, der zufolge alle RAF-Aktionen von den Gefangenen gesteuert werden. Die Behauptung, daß die Anwälte der Gefangenen dabei als Kuriere fungieren, darf der »Spiegel« allerdings nach einem Gerichtsurteil nicht mehr aufstellen – es gibt keinerlei Beweise. Ein großer Fahndungserfolg gegen die RAF, die Aussagen von Siegfried Nonne, der behauptet, bei ihm habe das »Kommando Wolfgang Beer« zur Vorbereitung des Herrhausen-Anschlages gewohnt, überzeugen nicht einmal die bürgerlichen Journalisten: Recherchen von »Brennpunkt«-Mitarbeitern ergeben, daß Nonne vom Verfassungsschutz zu diesen (Falsch-)Aussagen gezwungen worden ist – ein Skandal allerdings bleibt, anders als Jahre zuvor bei der Aufdeckung der Geheimdienstoperation »Celler Loch«, aus.

Hungerstreikerklärung 1989

Wir sind seit heute im Hungerstreik. Jetzt lassen wir nicht mehr los, die Zusammenlegung muß jetzt erreicht werden.[1]

Jeder, der es wissen will, weiß was die Isolation ist, sie ist international begriffen und als Folter definiert. Hier haben sie inzwischen die Isolation für gefangene Revolutionäre, ob aus Guerilla, aus dem Widerstand, oder ausländische Genossen und Genossinnen zur Regel gemacht, und sie setzen sie gegen kämpfende soziale Gefangene ein – international wird sie als die saubere perfide Methode der feinen BRD-Europäer immer mehr übernommen. Hier muß sie gebrochen werden. Neun Hungerstreiks haben wir gemacht, zwei Gefangene sind darin gestorben, viele von uns haben Gesundheitsschäden. Jetzt muß Schluß sein mit dieser achtzehn Jahre langen Tortur. Das ist unser definitiver Entschluß, so werden wir kämpfen.

Es gibt dazu nicht mehr viel zu erklären. Unsere Situation und unsere Forderung sind klar. Uns sträubt sich inzwischen auch schon alles, von der Isolation noch zu reden und davon, daß wir zusammen wollen. Diese dürren Wörter und ihre Wiederholung sind schon ein Hohn auf die Wirklichkeit in den Gefängnissen. Im Lauf des Streiks wollen wir dann noch öfter etwas sagen, jetzt nur ein paar Hauptsachen, worum es uns geht.

Wir machen so nicht mehr weiter, das Ziel der Isolation war von Anfang an, die Gefangenen zu zerstören, um die Politik der RAF zu ersticken. Damit sind sie an uns gescheitert – aber wir ertragen es so auch nicht mehr. Wir wollen es jetzt nicht mehr aushalten, so ist es. Das ist jetzt unsere politische und existentielle Entscheidung. Denn wenn wir uns auch gegen ihren Zerstörungsautomat behaupten konnten, und wenn wir selbst in dieser Lage noch entscheidendes Neues für uns gewonnen haben – es gibt eine Grenze, an der der permanente Kampf der einzelnen und die ständig weit reduzierte Lebensweise als gefangene politische Gruppe für uns nicht mehr gehen. Die ist jetzt da.

Es ging immer nur eine begrenzte Zeit, an den Hungerstreikzyklen durch all die Jahre ist es abzulesen. In ihnen haben wir unsere Identität im Kampf verteidigt und uns die Kollektivität in der Vereinzelung immer wieder lebendig gemacht. Bis das, was wir uns aus dem Kampf in die Löcher geholt hatten, wieder aufgebraucht war. Jetzt fügen wir dem nicht mehr noch einen Streik nur dazu, das ist nicht mehr möglich, jetzt gibt es für uns nur noch das materielle Ziel.

Wir wollen jetzt die Zusammenlegung, und wir wollen damit auch diese ganze lange Phase abschließen – und dann wollen wir weiter. Auf eine absehbare Reaktion »Die Isolation wird aufgehoben«, also

Kosmetik, einzelne, differenzierte Anpassungen, die dem BRD-Staat nur die Angriffe wegen der Isolation vom Hals schaffen sollen und für uns nicht das Grundlegende ändern, werden wir uns nicht mehr einlassen. Nicht mehr nach dieser langen Zeit. Das soll von Anfang an klar sein. Wir haben immer jede kleine Veränderung genutzt, waren immer zu Schritten bereit. Jetzt gibt es aber nichts mehr als die Zusammenlegung. Zu glauben, mit einer neuen Aufmachung, was sich dann vielleicht »Normalvollzug« nennt, unserem Kampf zusammenzukommen den Boden entziehen zu können, ist ein Irrtum. Das heißt dann nur eine neue Runde. Es gibt nichts mehr als die Zusammenlegung.

Es ist auch nicht mehr nur das Alte – die Notwendigkeit gegen die Isolation und die Möglichkeit einer Gegenstruktur in diesen Bedingungen – in diesem Brennofen bleibt nichts wie es war. Die Forderung hat für uns in der Zeit auch eine viel weitergehende Materialität bekommen. Nur aus den Beziehungen zueinander und deren permanente lebendige Entwicklung sind wir durch diese Zeit gekommen – und darin ist unser Zusammenhang Teil von uns geworden wie Arme und Beine. Das nimmt uns heute niemand mehr, das dreht keiner zurück. Es ist eine Materialität, die der Kampf gegen die Vernichtung geschaffen hat – und dasselbe jetzt einfach auch mal so: es ist das dialektische Produkt ihrer Maßnahmen. Und nachdem die jetzt achtzehn Jahre mit allen Varianten so stehen und keine »Normalität« damit exekutiert werden konnte, müssen sie die Kröte, die die Zusammenlegung für sie ist, auch schlucken.

Aber nicht nur subjektiv, auch bezogen auf die politische Entwicklung geht es schon um mehr. In der Wirklichkeit klaffen unsere Situation und damit unsere Möglichkeiten – und was die reale Situation insgesamt verlangt, damit es weitergeht, längst weit auseinander. Während wir die Zusammenlegung noch nicht haben, entwickelt sich schon die Frage nach einer weitergehenden Perspektive für die politischen Gefangenen überhaupt. Es geht um uns, von allen Seiten will man was von uns – aber wir können nicht zusammen reden und kaum handeln. Es läuft bei uns nur zusammen. Und ohne uns läuft es dabei nicht, das sollte aus den vielen Versuchen in den letzten Jahren, über uns wegzubügeln, doch klar geworden sein. Wir wollen jetzt an der gesamten politischen Diskussion teilnehmen. Das ist die andere Seite der Zusammenlegung.

Aus einer ganzen Reihe von Entwicklungen, hier und international, sind neue Fragestellungen entstanden. Es ist insgesamt eine neue Stufe der Auseinandersetzung geworden, in der überall, auf beiden Seiten, die Ziele, die Forumulierung der Politik, die Formierung für den Kampf ein neues Mal angegangen werden. Auch das ist eine Widerspiegelung davon, daß hier aus beiden Richtungen neu die Frage nach den Gefangenen hochgekommen ist. Der Staat bringt Begnadigungen, staatskonforme Gruppen wollen eine Amnestie – und der revolutionäre Widerstand nimmt wieder auf, daß die Freiheit der politischen Gefangenen erkämpft werden muß.

Auch wir meinen, daß diese Auseinandersetzung jetzt reif ist. Das wird aber nur in einem Prozeß von Diskussion und Praxis weitergebracht werden, in dem revolutionäre Politik hier zu einem neuen realen Faktor wird. Unser Kampf für die Zusammenlegung jetzt soll Teil davon sein. Aus vielen Ansätzen im letzten Jahr, aus der Offenheit und dem Willen quer durch verschiedene Zusammenhänge im Widerstand, halten wir eine neue Einheit im revolutionären Kampf für möglich. Es zeichnet sich jetzt schon eine Umkehrung der linken Rückentwicklung seit Ende der 70er Jahre ab, der Kampf in der Metropole kann auch neu in die internationale Auseinandersetzung kommen. Dann werden auch ganz neue politische Möglichkeiten in der BRD eröffnet sein. Wir hoffen das.

Die Zusammenlegung ist jetzt für uns das erste. Dann wollen wir die Diskussion. Zur gesamten Situation – und für unsere Freiheit. Darauf spitzt es sich für uns praktisch zu.

Denn die Freiheit ist natürlich unser Ziel. Wir wollen ja nicht ein Stück politischer Organisation im Gefängnis etablieren, eine Gegenstruktur als Gefangene ist wirklich nicht unser höchstes Glück.

Wir halten es aus allem für möglich, das dann als realistisches Ziel anzupacken. Soweit ist Konsens unter uns. Für das weitere, wie das zu konkretisieren ist, müssen wir zusammen sein. Wir haben die Zusammenlegung als Übergang bestimmt.

Wir nehmen jetzt eine neue Form von kollektivem Kampf. Im letzten Streik haben sie ein Gesetz gemacht, mit dem sie uns das Mittel Hungerstreik nehmen wollten, das »Komagesetz«. Es bedeutet, daß dem einzelnen im Koma in einer langgestreckten medizinisch-technischen Manipulation in der Intensivstation der Wille und die Entscheidungsfähigkeit, den Kampf weiterzuführen, genommen werden soll. Es bedeutet weiter für die Auseinandersetzung insgesamt, daß sie die Zuspitzung und Entscheidung auf einen engen Zeitraum bringen wollen, praktisch auf einen Punkt, den, wenn nach zwei, drei Monaten viele von uns gleichzeitig auf der Kippe sind. Es sterben dann vielleicht mehrere, aber dann in einer kurzen, frontalen Konfrontation – und die »tragen« sie, wie sie letztes Mal gesagt haben und dann, stellen sie sich vor, ist Schluß.

Und das würde auch bedeuten, daß das Mittel des Kampfes politisch sich gegen uns dreht. Denn in dieser Kulmination für alle zum selben Zeitpunkt, käme die Frage nach Sinn und Ziel auf uns zurück. Wenn viele tot sind, wie wollen die anderen dann zusammen sein.

Wir werden ihnen das umdrehen und einen langgezogenen Kampf führen. Jeder von uns ist das Kollektiv. Wir fangen alle zusammen an, nach zwei Wochen gehen wir in eine Kette über. Bis auf zwei unterbrechen alle, nach wieder zwei Wochen kommen die nächsten zwei wieder dazu, nach den nächsten zwei Wochen wieder zwei, und weiter. Wir lassen jetzt nicht mehr los, bis wir die Zusammenlegung haben.

Wir fordern:

Zusammenlegung aller Gefangenen aus Guerilla und Widerstand in ein oder zwei große Gruppen, in die neue Gefangene integriert werden, mit Zugang zu den Gemeinschaftshöfen. Zusammenlegung aller Gefangenen, die dafür kämpfen.

Freilassung der Gefangenen, deren Wiederherstellung nach Krankheit, Verletzung oder Folter durch Isolation unter Gefängnisbedingungen ausgeschlossen ist. Freilassung von Günter Sonnenberg, Claudia Wannersdorfer, Bernd Rössner, Angelika Goeder. Freie medizinische Versorgung ohne Staatsschutzkontrolle für alle Gefangenen.

Freie politische Information und Kommunikation der Gefangenen mit allen gesellschaftlichen Gruppen.

Für die Gefangenen aus der RAF
Helmut Pohl, 1.2.89

Anschlag auf Alfred Herrhausen

»Die revolutionären Prozesse sind die Erfahrungen, die aus der Agonie zwischen Leben und Tod heraus, hin zu einem entschlossenen Kampf für das Leben geführt werden.«

Am 30.11.1989 haben wir mit dem »Kommando Wolfgang Beer« den Chef der Deutschen Bank, Alfred Herrhausen, hingerichtet;[2] mit einer selbstgebauten Hohlladungsmine haben wir seinen gepanzerten Mercedes gesprengt.

Durch die Geschichte der Deutschen Bank zieht sich die Blutspur zweier Weltkriege und millionenfacher Ausbeutung und in dieser Kontinuität regierte Herrhausen an der Spitze dieses Machtzentrums der deutschen Wirtschaft; er war der mächtigste Wirtschaftsführer in Europa.

Deutsche Bank, das ist quer durch Westeuropa und in weiten Teilen der Welt zum Symbol für die Macht und Herrschaft geworden, die überall frontal mit den fundamentalen Interessen der Menschen nach einem Leben in Würde und Selbstbestimmung zusammenstößt. Unter Herrhausens Regie hat sich die Deutsche Bank zur europaweit größten Bank aufgeschwungen und dominiert die wirtschaftliche und politische Entwicklung. Sie hat ihr Netz über ganz Westeuropa geworfen und steht an der Spitze der faschistischen Kapitalstruktur, gegen die sich jeder Widerstand durchsetzen muß.

Seit Jahren bereitet sie den Einbruch in die Länder Osteuropas vor, jetzt steht sie und andere lauernd in den Startlöchern, um auch die Menschen dort wieder dem Diktat und der Logik kapitalistischer Ausbeutung zu unterwerfen.

Herrhausens Pläne gegen die Länder im Trikont, die selbst in »linksintellektuellen« Kreisen als humanitäre Fortschrittskonzepte gepriesen werden, sind nichts anderes als der Versuch, die bestehenden Herrschafts- und Ausplünderungsverhältnisse längerfristig zu sichern; sie verlängern und verschärfen noch weiter die Leiden der Völker.

Es ist weltweit eine destruktive Entwicklung, die der Imperialismus zur Sicherung seiner Profit- und Machtpositionen produziert: Völkermord, Hunger, Erniedrigung, Existenzunsicherheit und umfassende Zerstörung schafft eine im Kern einheitliche Situation, die überall existentielle Dimension angenommen hat, nirgends können die Menschen wirklich nach ihren eigenen Vorstellungen und Werten leben. Aber die Akteure dieses Systems müssen wissen, daß ihre Verbrechen ihnen erbitterte Feinde geschaffen haben, daß es für sie keinen Platz geben wird in der Welt, an dem sie vor den Angriffen revolutionärer Guerilla-Einheiten sicher sein können.

Wir alle, die gesamte revolutionäre Bewegung in Westeuropa stehen vor einem neuen Abschnitt.

Die völlig veränderte internationale Situation und die ganzen neuen Entwicklungen hier erfordern, daß der gesamte revolutionäre Prozeß neu bestimmt und auf neuer Grundlage weiterentwickelt werden muß.

Daran arbeiten wir und daran wollen wir die Diskussion mit allen, die Schluß machen wollen mit der imperialistischen Zerstörung und die für eine grundsätzlich andere, an den Menschen orientierte gesellschaftliche Realität kämpfen und die diese Auseinandersetzung mit uns wollen.

Neuer Abschnitt, das heißt für hier vor allem auch die Neuzusammensetzung der revolutionären Bewegung, was möglich ist, weil viele es wollen und es gibt die ersten Schritte dahin schon. Wir stellen uns das vor als einen Prozeß von gemeinsamer Diskussion und Praxis, in dem offen über die verschiedenen Erfahrungen, Vorstellungen und Kritiken geredet wird, um die gesamte Entwicklung zusammen zu begreifen und um zu politischen Bestimmungen und konkreten greifbaren Vorstellungen für den Umwälzungsprozeß zu kommen.

In der Diskussion darüber müssen die Gefangenen Teil sein, dafür und weil das Vernichtungsprojekt gegen sie endlich gestoppt werden muß, muß jetzt ihre Zusammenlegung und damit die Perspektive für ihre Freiheit erkämpft werden.

In dieser neuen Phase müssen wir es schaffen, die vielfältige und unterschiedliche revolutionäre Praxis in einer Orientierung gegen das System zu verbinden. Der revolutionäre Prozeß braucht neue Dynamik und produktive Wechselbeziehungen, nur zusammen können die Kämpfe die nötige Kraft entwickeln, um destruktive Entwicklungen des Imperialismus zu stoppen und überhaupt seine ganze zerstörerische Entwicklungsrichtung umzudrehen – nur zusammen, also als eine Front gegen den Imperialismus, können wir hier in Westeuropa gemeinsam mit den Befreiungskämpfen weltweit einen einheitlichen, internationalen und langandauernden Umwälzungsprozeß durchsetzen.
Zusammen kämpfen!

2.12.1989, Rote Armee Fraktion

Anschlag auf Hans Neusel

»Menschen, die sich weigern, den Kampf zu beenden – sie gewinnen entweder oder sie sterben, anstatt zu verlieren und und zu sterben.«
(aus dem letzten Brief von Holger Meins)

José Manuel Sevillano ist tot. Er wurde im Mai nach 177 Tagen Hungerstreik von der spanischen Regierung ermordet.

Die gefangenen Genossinnen und Genossen aus Grapo und PCE(R) kämpfen seit 8 Monaten mit einem harten und langen Streik für ihre Wiederzusammenlegung.

Sie müssen mit ihrer Forderung durchkommen, und sie brauchen dafür die Solidarität und Initiative von allen, denen es ernst ist mit radikaler Veränderung und dem Kampf für eine menschliche Gesellschaft.

Der spanische Staat setzt bisher gegen die Gefangenen die harte Haltung und Folter durch. Bei ihm liegt die Verantwortung und Entscheidung, aber die Richtlinien dafür werden in westeuropäischen und NATO-Gremien festgelegt, und deshalb ist die BRD als führende europäische Macht genauso für den Tod von José Manuel Sevillano verantwortlich.

Am 27.7.90 haben wir mit dem »Kommando José Manuel Sevillano« den Aufstandsbekämpfungs-Experten Hans Neusel, Staatssekretär im Bonner Innenministerium, angegriffen.

Wir haben das militärische Ziel der Aktion verfehlt – die Explosion sollte seinen sicheren Tod aber auch den hundertprozentigen

Schutz Unbeteiligter gewährleisten. In dieser Spanne haben wir die Sprengstoffmenge zu niedrig berechnet.

Wir wollten Neusel für seine Verbrechen zur Verantwortung ziehen. Er organisiert und führt den Krieg gegen alle, die für Befreiung, Selbstbestimmung und ein menschenwürdiges Leben und gegen die Zerstörung, die von diesem System ausgeht, kämpfen.

Neusel ist seit 85 treibende Kraft bei vielen Trevi-Treffen, von ihm gingen zahlreiche Initiativen zur Intensivierung und Vereinheitlichung der westeuropäischen Aufstandsbekämpfung und menschenverachtenden Flüchtlingspolitik aus. Daß sich seit 87 »Terrorismus-Experten« der Weltwirtschafts-Gipfel-Staaten regelmäßig treffen, geht auf die Initiative Neusels und des französischen Innenministers zurück.

In allen Krisenstäben, die mit Widerstandsbekämpfung zu tun haben (ob wegen der Entführung von Managern deutscher Multis im Libanon, Koordinierung der Fahndung nach Aktionen von uns ...) und den Geheimdienstausschüssen der Regierung ist Neusel entweder Mitglied, oft auch Vorsitzender.

Im Frühjahr 89, als die Gefangenen hier im Hungerstreik waren, um ihre Zusammenlegung zu erkämpfen, war Neusel (vor der Ernennung von Schäuble zum Innenminister) faktisch Chef des Ministeriums – Zimmermann hatte sich schon lange vorher inoffiziell aus dieser Funktion verabschiedet. In dieser Zeit puschte das Innenministerium offensiv die Parole: »Der Staat darf sich nicht von diesen Gefangenen erpressen lassen.«

Bei Treffen von Vertretern der Länder-Justizministerien war Neusel dabei, um dort die Linie des Innenministeriums zu vertreten.

Im Zusammenhang mit dem Hungerstreik hier, war von Anfang an klar:

Solange die harte Haltung der Regierung nicht durch den Kampf der Gefangenen und all derer, die die Durchsetzung der Forderung nach Zusammenlegung zu ihrer eigenen Sache gemacht hatten, gebrochen ist, solange ist Neusel Teil der Fraktion, die über die Leichen unserer Genossinnen und Genossen gehen will. Diese eisenharte NATO-Linie vertritt Neusel für die Bundesregierung aktuell in dem Angriff der westeuropäischen Bestie gegen die gefangenen Revolutionäre in Spanien.

Neusel verkörpert – wenn auch indirekt – die personelle Kontinuität des deutschen Faschismus vom 3. Reich zum »Großdeutschland«, das auf das 4. Reich zusteuert. Er hat seine politische Karriere über viele Jahre an der Seite von Alt-Nazi und Ex-Bundespräsident Carstens gemacht, und formuliert auch öffentlich seine faschistischen Gedanken und Ideen ohne jeden Versuch einer schein-demokratischen Ummäntelung. Als es 87 um die Aufnahme von 14 chilenischen gefangenen Revolutionären ging, die von dem faschistischen Militärregime zum Tode verurteilt worden waren, verlangte Neusel zuvor von ihnen die »Entkräftung der gegen sie erhobenen Vorwürfe« – was nichts anderes hieß, als daß er ihre Hinrichtung forderte.

Neusel hat die Entscheidung über den Einsatz der GSG 9 und ist beteiligt an der Entscheidung darüber, wer von dieser Killertruppe ausgebildet wird, wie z. B. türkische Spezialeinheiten, die heute in Kurdistan das Volk niedermetzeln.

Die Offensive gegen die Gefangenen in Spanien, mit der sich die sozialistische Regierung unter Gonzales endgültig – gerade in Hinblick auf »Europa 92« – als zuverlässiges Mitglied der Kernstaaten des europäischen Machtblocks profilieren will, läuft mit voller Rückendeckung der übrigen westeuropäischen Staaten. Dieser Block mit der BRD an der Spitze hat sich heute zur Weltmacht aufgeschwungen und muß gegen die sich ständig verschärfenden Widersprüche, die sich schon lange nicht mehr befrieden lassen, die innere Stabilität durchsetzen. Vor diesem Hintergrund läuft aktuell quer durch alle westeuropäischen Länder der Versuch, jeden Gedanken an Widerstand und Selbstbestimmung im eisernen Würgegriff und der permanenten Demonstration der Totalität ihrer Macht, zu ersticken.

Und in diesem Zusammenhang hat die Frage, ob die Gefangenen in Spanien mit ihrem Kampf durchkommen, für die gesamte nächste Phase, dem Neuaufbau revolutionärer Praxis in Westeuropa, große Bedeutung.

So wie der BRD-Staat 77 versucht hat, über unsere Niederlage ein für allemal mit dem Problem der Guerilla Schluß zu machen und gleichzeitig die gesamte Linke hier in tiefe Resignation und Ohnmacht zu stürzen, so zielt der Angriff auf die Gefangenen aus Grapo und PCE(R) zugleich auf die gesamte revolutionäre Bewegung und alle fortschrittlichen Kräfte in Westeuropa.

Die Zerschlagung der Gefangenenkollektive und die Isolierung der Genossinnen und Genossen soll einen Umschlag in der Entwicklung der letzten Jahre einleiten und das genau an der Frage, wo die Einheit und das Bewußtsein über die Notwendigkeit gemeinsamen Handelns quer durch Westeuropa in den revolutionären Bewegungen und bei vielen, denen es um radikale Veränderungen geht, am weitesten entwickelt ist.

Der Versuch diesen Umschlag jetzt durchzusetzen, kommt aus der internationalen Entwicklung:

Der Imperialismus hat den kalten Krieg gewonnen. Die Auflösung des sozialistischen Blocks und damit auch seiner historischen Funktion für die Befreiungsprozesse im Trikont hat zu einer neuen Stabilisierung des imperialistischen Machtblocks geführt.

Die rasende Entwicklung der letzten Monate und die Einverleibung der DDR hat die BRD innerhalb Westeuropas zu uneingeschränkter Vormacht und den ganzen westeuropäischen Block zur Weltmacht gebracht.

Aus dieser Machtposition versuchen sie heute an jedem Punkt Terrain gegen alle revolutionären Kämpfe und Kämpfe um Lebensbedingungen zurückzugewinnen und da, wo von unten schon Ziele durchgesetzt wurden, die Entwicklung wieder zurückzudrehen.

Seit Anfang/Mitte der 80er Jahre, als der Befreiungsprozeß weltweit an Grenzen gestoßen war, mußten die Kämpfenden überall anfangen, nach neuen Wegen zu suchen.

Das hieß in vielen Ländern im Trikont, daß zu den revolutionären Befreiungsbewegungen Basisbewegungen entstanden sind, die für die Veränderung der unmenschlichen und unwürdigen Lebensbedingungen kämpfen und angefangen haben, ihren Alltag selbst zu organisieren.

So hat sich in verschiedenen Ländern (die Intifada in Palästina und Kurdistan oder die Befreiungsbewegungen in El Salvador oder den Philippinen) eine Macht von unten herausgebildet, die neben der reaktionären Staatsmacht existiert.

Diese Entwicklung hat ihren Ausdruck auch in den Metropolen. Die Kämpfe, die sich in den letzten Jahren hier entwickelt haben, und in denen unterschiedliche Menschen zusammengekommen sind, sind Kämpfe für Veränderungen hier und sofort.

Zum einen richten sie sich gegen zerstörerische imperialistische Projekte. Zum anderen sind aus der Erfahrung vieler, daß der kapitalistische Alltag mit Konkurrenz, der Beziehungslosigkeit der Menschen untereinander, dem Leben in der Isolation zerstörerisch ist, Kämpfe für selbstbestimmte Lebenszusammenhänge entstanden. Das ist der Kern davon, daß in ganz Westeuropa z. B. Hausbesetzerbewegungen entstanden.

Da wo sich Menschen selbstbestimmte Räume erkämpft haben, sind neue Möglichkeiten und Bezugspunkte für die Herausbildung einer revolutionären Bewegung entstanden.

Diese Entwicklung wollen sie zurückdrehen und umkehren. Die aktuellen Projekte der Konterrevolution: Zerschlagung der Gefangenenkollektive in Spanien, die Niederschlagung von Gefangenen-Revolten in mehreren Ländern, die brutale Räumung seit Jahren besetzter Häuser und Knaststrafen in Groningen (NL), Dänemark, die Razzien und Hetze gegen die Hafenstraße stehen da in einer Reihe.

Sie zielen gegen alle Ansätze, die wie z. B. der Hafen hier dafür stehen, daß es möglich ist, gegen ihren Machtapparat eigene Ziele durchzusetzen, daß gegen den kapitalistischen 24-Stunden-Alltag eine von den Menschen bestimmte Wirklichkeit existieren kann.

Gegenüber der internationalen Entwicklung, aber gerade auch gegenüber dem faschistischen Durchmarsch und Aufschwingen der BRD zur neuen großdeutschen Weltmacht, sagen viele Genossen und andere Menschen, die gegen dieses System der Unterdrückung und Unmenschlichkeit aufgestanden sind, daß wir keine Chance haben durchzukommen, weil der Feind übermächtig sei und die Kräfte für die Umwälzung schwach.

Und das ist die andere Seite:

Diese Resignation und zum Teil auch Lähmung verhindert viele Initiativen, die Schritte im Neuaufbau einer starken revolutionären Bewegung sein könnten.

Die Entscheidung gegen das imperialistische System und für eine Welt, in der die Menschen selbstbestimmt und frei leben können, zu kämpfen, kann nicht davon abhängig sein, ob die eigene Seite oder der Feind in einer bestimmten Phase stark ist, also ob der Sieg in greifbarer Nähe liegt oder in einem langen Kampf durchgefochten werden muß.

Die Entscheidung für den revolutionären Kampf kann nur aus der eigenen Erfahrung im System und seiner Brutalität und Zerstörung kommen und aus den eigenen Zielen und Vorstellungen – eben wie man leben will.

Wir denken, daß ein wichtiger Schlüssel für viele, aber auch für die nächsten Schritte im Aufbau von revolutionärer Gegenmacht darin liegt, sich diese Erfahrung, denn die ist bei jedem Mensch die Wurzel für den eigenen Aufbruch, bewußt zu machen.

Die Erfahrung der Zerstörung durch das System kann zur bewußten und endgültigen Entscheidung für die Umwälzung der herrschenden Realität und für ein selbstbestimmtes und -organisiertes Leben gebracht werden.

Wir alle müssen es jetzt anpacken zur gemeinsamen Kraft zu werden. Die Entscheidung, die Aktion gegen Neusel jetzt und im Zusammenhang mit dem Streik in Spanien zu machen, ist für uns ein neuer Schritt auf dem Weg, zusammen Gegenmacht aufzubauen im gemeinsamen Kampf für die Durchsetzung einer Forderung, die Brennpunkt in der gesamten Auseinandersetzung ist.

Wir hatten nicht von Anfang an vor, in die Entwicklung des Hungerstreiks der spanischen Genossen und Genossinnen zu intervenieren. Erst nachdem klar war, daß selbst nach dem Mord an José Manuel Sevillano und den sich daran verschärfenden Widersprüchen in Spanien selbst und den vielen und vielfältigen Initiativen in anderen westeuropäischen Ländern für die Durchsetzung der Forderung, die Gonzales-Regierung an ihrer harten Haltung festhalten will –

und eben der Einschätzung, daß der westeuropäische Block an der Zerschlagung der Gefangenenkollektive in Spanien und der Liquidierung der Genossen dort, die ganze Entwicklung und Bedingungen für alle Kämpfe zurückdrehen und umkehren will –

haben wir uns zur bewaffneten Intervention entschlossen.

Nur eine bewaffnete Aktion konnte diese festgefressene Situation wieder offen machen.

Sie kann alle Initiativen, die zum Streik bis jetzt gelaufen sind, zu neuer Schärfe bringen, und sie macht vor allem einen neuen Anlauf möglich, weil sie den politischen Raum dafür aufmacht. Jede Initiative, die jetzt kommt, zählt!

Es ist heute so und wird aus den unterschiedlichen Bedingungen in den einzelnen Ländern und der verschiedenen Schwerpunkte, die die Kämpfenden in diesen Ländern für sich bestimmen, weiter so sein, daß sich die antiimperialistische Front in Westeuropa aus einer Vielfalt von Kämpfen zusammensetzt.

Wir denken, daß es jetzt möglich ist und ein erster gemeinsamer Schritt im Neuaufbau einer starken revolutionären Bewegung sein kann, daß wir uns über die Brennpunkte in der Konfrontation Imperialismus/Befreiung verständigen, um daran zur gemeinsamen Intervention zu kommen.

So soll unser Angriff jetzt in zwei Richtungen wirken. Die eine, konkret zur Durchsetzung der Forderung der Gefangenen und im Aufbau revolutionärer Gegenmacht in Westeuropa, und die andere, als Einleitung einer langen Kampfphase gegen die neuentstandene großdeutsche/westeuropäische Weltmacht.

Die BRD und neuen Machteliten der DDR verfolgen mit dem Schritt zum Großdeutschland dieselben Ziele und imperialen Pläne wie der Nazi-Faschismus.

Der dritte Überfall, den das deutsche Kapital in diesem Jahrhundert auf die Völker Europas führt, wird nicht mit militärischen Mitteln, sondern mit den Mitteln der Wirtschaft und Politik geführt. Die Unterwerfung von Millionen Menschen unter die Prinzipien von Markt, Profit und Warenstruktur bringt neues Leid und Elend für die Völker. Es werden diesmal nicht Millionen Tote und ausgelöschte Menschen sein, sondern Millionen entwürdigte und unterdrückte Menschen, die an der Zerstörung ihrer Lebensstrukturen und menschlichen Beziehungen verzweifeln und innerlich – in ihrer Seele – zugrunde gehen sollen.

Und auf der Basis der neuen Macht, die das BRD-Kapital an der Spitze Westeuropas aus dieser Entwicklung zieht, wollen sie zu einer neuen Runde in der Unterwerfung und Ausplünderung der Völker im Trikont ausholen.

Wir stellen uns mit aller Kraft gegen diese Entwicklung, weil es unsere Aufgabe im internationalen Klassenkrieg ist, sie mit diesen Plänen nicht durchkommen zu lassen.

Gegen den Sprung der westeuropäischen Bestie unseren Sprung im Aufbau revolutionärer Gegenmacht!

Die Wiederzusammenlegung der Gefangenen von Grapo und PCE(R) gemeinsam durchsetzen – die Zusammenlegung aller revolutionären Gefangenen und damit die Perspektive für ihre Freiheit erkämpfen!

Krieg der Weltmacht BRD/Westeuropa!

Den bewaffneten Kampf organisieren!

Zusammen kämpfen und wir werden zusammen siegen!

Rote Armee Fraktion, 29.7.90

Schüsse auf die US-Botschaft

Solidarität mit den Völkern im Nahen Osten gegen die imperialistische Vernichtung und Unterwerfung!

Sofortiger Stopp mit dem Völkermord am irakischen Volk!

Wir haben heute mit dem Kommando Vincenzo Spano die Botschaft der USA in Bonn beschossen, weil die USA im Vernichtungskrieg gegen das irakische Volk von Anfang an die Führungsrolle übernommen haben. Mit unserer Aktion stellen wir uns in eine Reihe mit all denen, die rund um den Globus gegen diesen US-NATO-Völkermord aufgestanden sind.

Internationale Solidarität ist die Zärtlichkeit der Völker

Für die imperialistischen Staaten ist dieser Krieg der erste Schritt zur Durchsetzung ihrer neuen Weltordnung für die Zeit nach dem kalten Krieg.

Das irakische Regime hat jahrelang im Interesse des Imperialismus Kriege geführt; es hat den Iran in Schach gehalten und es hat in bestialischer Weise, selbst unter Einsatz von Giftgas, einen Ausrottungsfeldzug gegen das kurdische Volk geführt. In letzter Zeit ging es dem Irak zunehmend darum, die eigene Machtposition in der Nah-Ost-Region auszubauen.

Der Nahe Osten ist für den Imperialismus eine politisch instabile Region. Einerseits ist durch den Kampf der palästinensischen Befreiungsbewegung, den langen Atem der Intifada, der Druck geschaffen, der die Frage nach einer grundlegenden politischen Veränderung immer wieder auf die Tagesordnung setzt. Zum anderen ist schon lange klar, daß die Herrschercliquen in Saudi-Arabien, Ägypten, Jordanien usw. davon bedroht sind, von ihren Völkern früher oder später weggefegt zu werden.

Deshalb soll in dieser Region, von deren Öl die westlichen Öl-Konzerne und die westeuropäischen Industriestaaten abhängig sind, keine Macht entstehen, die nicht unter absoluter Kontrolle des imperialistischen Blocks steht.

Das sind die Gründe, warum die imperialistischen Staaten heute diesen Krieg gegen den ehemaligen Verbündeten führen. Der Imperialismus hat keine Moral. Die Saddam Hussein/Hitler-Vergleiche sind der propagandistische Dreh, über den die Herrschenden es schaffen wollen, die bei vielen Menschen nicht vorhandene Zustimmung für diesen Krieg zu erreichen.

Aber diesem System ist jeder Hitler, Shamir, Özal, Pinochet, Cristiani und wie sie alle heißen, ein Freund, solange er – egal mit welchen Mitteln – die Interessen des internationalen Kapitals durchsetzt.

Für die USA ist dieser Krieg der willkommene Anlaß, die Frage nach der Führungsrolle innerhalb des westlichen Blocks wieder mehr an die militärische Stärke zu knüpfen. Gleichzeitig wollen sie natürlich mit diesem Krieg ihre abgehalfterte Wirtschaft sanieren. Am Golf spielt sich derzeit also auch der Konkurrenzkampf der imperialistischen Kern-Staaten bzw. -Zentren untereinander um künftige Macht und Einfluß in der Nah-Ost-Region und um die Vormachtstellung innerhalb des imperialistischen Lagers ab.

Die Bundesregierung ist sich der Tatsache bewußt, daß Großdeutschland nicht allein aus der ökonomischen Potenz des BRD-Kapitals zur neuen Weltmacht werden kann.

Das vierte Reich braucht dafür die losgelassene Militärmaschine genauso dringend, wie schon die Nazis sie gebraucht haben. Die Interessen des deutschen Kapitals sollen nach 45 Jahren endlich wieder mit der ganzen Brutalität der Kriegsmaschinerie durchgesetzt werden können.

Dafür laufen zur Zeit alle Vorbereitungen.

Der Bundeswehreinsatz in der Türkei und ihre logistische Einbindung in diesen Krieg sind erste praktische Schritte. Über das Vehikel des UNO-Einsatzes der Bundeswehr – nachdem die UNO neben NATO, IWF und Weltbank zum Instrument imperialistischer Kriegsführung gegen die unterdrückten Völker gemacht wurde – will sich Großdeutschland endlich wieder freie Hand für die militärische Unterwerfung und Ausplünderung der Völker schaffen.

Der Krieg im Nahen Osten ist der »Krieg der Reichen gegen die Armen«, wie die Genossinnen und Genossen vom 17. November in Griechenland gesagt haben.

Die imperialistischen Staaten führen im Irak einen Krieg der verbrannten Erde. Was der Abwurf von zigtausend Tonnen Bomben und die Flächenbombardements der amerikanischen B52-Bomber an Tod und Leid über ein Volk bringen, das haben die Unterdrückten dieser Welt seit Vietnam nicht vergessen.

Israel und die Türkei nutzen diesen Völkermord gegen das irakische Volk, um Krieg und Terror gegen das palästinensische und das kurdische Volk zu verstärken. Das türkische Regime – unterstützt von Bundeswehr und andern NATO-Truppen – bombardiert kurdische Dörfer und hat im Grenzgebiet Tausende Menschen umgebracht; Israel bombardiert wieder Palästinenser-Lager im Süd-Libanon und terrorisiert die Bevölkerung in den besetzten Gebieten. Der zionistische Staat will die Palästinenser endgültig aus den besetzten Gebieten vertreiben und Teile Libanons und Jordaniens annektieren.

Solidarität mit der palästinensischen Intifada und dem kurdischen Befreiungskampf!

Die große Mobilisierung gegen diesen Vernichtungskrieg hat die Herrschenden in der BRD überrascht und erschreckt.

Nach einem Jahr, in dem die Bundesregierung sich und die Wiederherstellung Großdeutschlands und den »Sieg des Systems der freien Marktwirtschaft« feiern ließ, sind sie heute damit konfrontiert, daß viele Menschen ein Gespür dafür behalten haben, daß ihre Interessen mit denen der Völker im Nahen Osten zusammengehören und nicht mit denen der Herrschenden auf dieser Welt.

Die Waffe der psychologischen Kriegsführung, mit der von der Bundesregierung bis zur staatstragenden Linken all die als Rassisten und Anti-Semitisten denunziert werden, die gegen diesen Völkermord aufgestanden sind, muß stumpf gemacht werden.

Die Solidarität mit dem irakischen Volk gegen die imperialistische Vernichtung ist Teil im Kampf von uns unten gegen die oben – da wo aus diesem Bewußtsein gekämpft wird, laufen solche Denunziationen ins Leere.

Der anti-imperialistische Kampf gegen diesen Völkermord gehört direkt mit den Aneignungsprozessen in jedem einzelnen Land zur Durchsetzung konkreter Lebensinteressen der Menschen bzw. zur Verhinderung imperialistischer Zerstörungsprojekte zusammen – beides zusammen ist *ein* Prozeß, in dem die Unterdrückten in konkreten Schritten Gegenmacht aufbauen und die imperialistische Macht weltweit zurückdrängen.

Denen, die in den letzten Wochen gegen diesen Krieg – für den Frieden auf die Straße gegangen sind, wollen wir sagen: Ihr müßt euch damit auseinandersetzen, daß imperialistischer Krieg in der Logik des imperialistischen Systems liegt.

Dieses System produziert in den »reichen« Ländern für die Menschen Vereinzelung und Konkurrenzdruck jeder gegen jeden; jeder menschliche Lebenssinn soll zerstört werden, statt dessen sollen viele ihre Identität darin suchen, Objekt im Konsumterror zu sein.

Der Imperialismus wird immer dann Kriege führen, wenn irgendwo auf der Welt seine Macht in Gefahr ist; er wird nicht aufhören, seine Bestimmung über die Lebensinteressen der Völker zu stülpen – mit Gewalt, mit Geld, mit Lügen, eben mit der ganzen Palette seiner Herrschaftsmittel.

Ein selbstbestimmtes Leben für alle in Würde, ohne Ausbeutung und Unterdrückung, wird es erst dann geben, wenn wir die Macht des imperialistischen Systems gebrochen haben.

Ein Schritt dahin ist das Zusammenwirken der verschiedensten Initiativen gegen diesen Völkermord:

– den Angriffen von revolutionären Gruppen überall auf der Welt gegen die politische und militärische Macht von USA und NATO,

– den Blockaden gegen die Kriegskonzerne, gegen die Börsen, gegen NATO-Militärstützpunkte ...

und in allen Initiativen, Demos, Mahnwachen, Kriegsdienstverweigerungen, Sabotage-Akionen, in denen für die Leute die Auseinandersetzung darum anfängt, sich ein eigenes, von den Herrschenden unabhängiges Bewußtsein darüber zu erobern, was richtig und notwendig ist.

An die Leute, die seit Beginn des Golfkriegs die Mahnwache vor der US-Botschaft machen.

Wahrscheinlich habt ihr einen ziemlich großen Schreck gekriegt. Wir haben unsere Munition mit Leuchtspur-Munition gemischt, damit ihr gleich seht, wo genau sich die Schießerei abspielt und niemand von euch vor Schreck in die falsche Richtung läuft. Falls ihr hinterher die ganze Wut der Bullen und Yankees dort abgekriegt habt, was wir uns gut vorstellen können, dann tut uns das leid.

Sicher werden jetzt die Medien verkünden, wir hätten euch fast erschossen. Das ist Quatsch, wir wußten die ganze Zeit genau wo ihr euer Camp hattet und wir haben auch, bevor wir angefangen haben die US-Botschaft zu beschießen, den Weg unten am Rhein kontrolliert.

Krieg dem imperialistischen Krieg!

US-NATO raus aus dem Nahen Osten!

Sabotieren, desertieren, angreifen

Solidarität mit dem Hungerstreik unserer gefangenen Genossinnen und Genossen von Action Directe und Grapo/PCE-R

Zusammenlegung aller politischen Gefangenen in Westeuropa

Solidarität mit dem Kampf der politischen Gefangenen in den Vernichtungstrakten der USA

Verhindert die Hinrichtung von Mumia Abu-Jamal[4]

Rote Armee Fraktion, 13.02.91

Anschlag auf Detlev Karsten Rohwedder

Wer nicht kämpft, stirbt auf Raten
Freiheit ist nur möglich im Kampf um Befreiung[5]

Wir haben am 1.4.1991 mit dem Kommando Ulrich Wessel den Chef der Berliner Treuhandanstalt Detlev Karsten Rohwedder erschossen.

Rohwedder saß seit 20 Jahren in Schlüsselpositionen in Politik und Wirtschaft.

Als Bonner Wirtschafts-Staatssekretär organisierte er in den 70er Jahren die Rahmenbedingungen, die das BRD-Kapital für seine Profite in aller Welt braucht. Er war damals z. B. maßgeblich beteiligt am Deal mit dem faschistischen süd-afrikanischen Regime: Know-how für den Bau von Atom-Bomben für Süd-Afrika gegen Uran für die BRD-Atom-Industrie. In der Phase der Durchsetzung des Atom-Programms war er im Aufsichtsrat staatlicher Energie-Konzerne und in internationalen Gremien.

Aber auch für die glatte Abwicklung unzähliger, oft verdeckter Waffenexporte an faschistische Regimes im Trikont suchte und fand er immer Wege.

Rohwedder war schon damals einer dieser Schreibtischtäter, die tagtäglich über Leichen gehen und die im Interesse von Macht und Profit, Elend und Not von Millionen Menschen planen.

In den 80er Jahren machte sich Rohwedder als Chef des Hoesch-Konzerns einen Namen als brutaler Sanierer. Er hat bei Hoesch in wenigen Jahren mehr als 2/3 aller ArbeiterInnen rausgeschmissen und den bankrotten Konzern zu neuen Profitraten geführt. Dafür wurde er 1983 zum Manager des Jahres gekürt.

Die Krönung von Rohwedders Karriere sollte seine Funktion als Bonner Statthalter in Ost-Berlin sein. Seit ihrer Annexion ist die Ex-DDR faktisch Kolonie der Bundesrepublik: die politischen, wirtschaftlichen und militärischen Entscheidungszentren liegen in Bonn bzw. bei bundesdeutschen Konzernen.

Dieser Kolonial-Status ist als vorübergehend geplant, denn die Bundesrepublik braucht für ihre Großmachtspläne die Ex-DDR als funktionierenden kapitalistischen Teil – schließlich ist das Hauptstandbein auf dem die politische Macht hier basiert, die wirtschaftliche Potenz. Vorher soll die Wirtschaft der Ex-DDR genauso wie die sozialen Strukturen dort (vom Gesundheitssektor bis zu den Kinderkrippen) systematisch kaputtgemacht werden, damit danach das Kapital auf freiem Feld und mit entwurzelten Menschen den Neuaufbau nach seinen Maßstäben organisieren kann.

Das ist der Plan und die Treuhandanstalt soll diesen Zusammenbruch organisieren.

Es geht den multinationalen Konzernen im Moment aber nicht um den großen wirtschaftlichen Aufbau der Ex-DDR. Die wenigen ausgesuchten Teil-Betriebe, die sie bisher übernommen haben, sollen vor allem Monopolstellungen für bestimmte Branchen sichern. Ansonsten wird die Infrastruktur ausgebaut. Die Multis haben sich vom Telefonnetz bis zur Energieversorgung längst alles aufgeteilt und gewartet, bis die Treuhand alles niedergemacht hat, um dann aufzubauen, was am Weltmarkt Profit abwirft.

Für die Durchsetzung dieses Planes hat die Bundesregierung Rohwedder ausgesucht und er war dafür mit seiner Brutalität und Arroganz auch der Richtige. Für ihn gab es von Anfang nichts in der Ex-DDR, was nach seinem auf Profit ausgerichteten Blick irgendwelche Werte hatte. Alles dort war für ihn immer nur Konkursmasse.

»40 Jahre Sozialismus auf dem Gebiet der Ex-DDR haben mehr Schaden angerichtet als der Zweite Weltkrieg«, sagte er vor Unternehmern in Wien. So redet einer, der die Welt in Produktivitätssteigerung und Profitraten sieht und für den Menschenleben nichts zählen.

Die Arbeit der Treuhand bedeutet für die Menschen mehr als den Verlust des Arbeitsplatzes, die Schließung der Betriebe und die Ausrichtung auf Profit von allem, was an Neuem hochgezogen werden soll. In diesem Prozeß soll Land und Leuten die Struktur aufgezwungen werden, die das internationale Kapital für seine Herrschaft braucht. Es geht um die Ausrichtung aller Werte auf seine Prinzipien, die neben dem materiellen Elend von Millionen Arbeitslosen auch die Armut in den Köpfen und Herzen der Menschen bedeutet.

Kapitalstrategen, wie Rohwedder einer war, geht es darum, auch die Bedingungen für den Angriff auf die Seele des Menschen und ihre tiefe Deformierung, die sie voneinander isoliert und scheinbar unüberwindliche Mauern zwischen ihnen aufbaut, zu schaffen. Denn für ihn waren die Menschen in der Ex-DDR welche, denen die normalen Dimensionen des Denkens verlorengegangen sind und deshalb geht es für Kopper, Herrhausens Nachfolger bei der Deutschen Bank, jetzt darum, bei diesen Menschen den Anpassungsprozeß im Kopf durchzusetzen.

Das System der »freien Marktwirtschaft« gaukelt allen eine vermeintliche Chance vor, sich im Wohlstandsland Großdeutschland einen sicheren Platz ergattern zu können und im Kaufrausch glücklich zu werden – in Wirklichkeit sollen die Menschen im Geiern nach Konsum dumm und stumpf gemacht werden. Wenn überhaupt gibt es diesen sicheren Platz nur für diejenigen, die bedingungslos bereit sind, im harten Konkurrenzkampf sich besser zu verkaufen als andere und die diesen Wohlstand hier auch wollen, obwohl jede/r weiß oder wissen kann, daß er nur möglich ist, weil Millionen Menschen im Trikont dafür ihren Schweiß und ihr Blut lassen. Was zählen soll sind Ellbogen,

Egoismus, Leistung und Konsum usw. – nicht aber der Mensch, das Leben, die Natur.

Der Schriftsteller R. Schernikau drückt die Einsamkeit und Leere des Lebens von Millionen Menschen in den reichen kapitalistischen Ländern treffend aus:

»Ich weiß nicht, was Verelendung sonst sein soll. Eine Maus in einem Rad, die läuft und hat Jeans an und Kopfhörer.«

Wer sich den kapitalistischen Werten unterordnet, muß ein Leben in Vereinzelung akzeptieren. Vereinzelung ist die Bedingung für Manipulation und ist zentraler Pfeiler imperialistischer Herrschaftssicherung, denn Menschen, die isoliert und ohne wirkliche Kommunikation sind, sind weit davon entfernt, sich eine andere Wirklichkeit zusammen mit anderen auch nur vorstellen zu können und deshalb das System in Frage zu stellen.

Die Entwicklung, in der die gesamte Produktion nach den Erfordernissen und nach der Konkurrenz des Weltmarktes umgestellt wird, läuft in der ehemaligen DDR jetzt noch krasser, als wir es aus der BRD kennen. In der High-Tech-Produktion arbeiten immer weniger Menschen. Quer durch West-Europa und andere kapitalistische Länder war die Erfahrung der letzten Jahrzehnte, daß im Konkurrenzkampf: Mensch – Maschine immer die Menschen verlieren und Millionen für immer arbeitslos werden. Das sind die Hintergründe für die 2/3-Gesellschaft in der BRD, wonach für den Kapitalismus mindestens 1/3 der Menschen weitgehend überflüssig geworden sind. Diese Masse von Menschen, die ganz aus dem Produktionsprozeß rausgekippt worden sind bzw. die die sogenannten unqualifizierten Arbeiten machen, sollen relativ ruhiggestellt und hoffnungslos das Elend und die Ungerechtigkeit und die kapitalistischen Werte als naturgegeben hinnehmen.

Das System braucht vor allem diejenigen, die sich voll und ganz für seine Werte entschieden haben und die in privilegierten Stellungen der High-Tech-Produktion oder der Dienstleistungen eingesetzt werden. Das sind diese Maden im Speck, die wir Yuppies nennen und deren Lebensinhalt sich weitgehend auf »born to shop« reduziert. Nach ihren Bedürfnissen läuft die Umstrukturierung der Städte mit all den Schicki-Micki-Läden, Yuppie-Kneipen und unbezahlbaren luxussanierten Wohnungen – diese korrumpierte Yuppieschicht und die Bonzen sind die einzigen, die von dieser aufgestylten Scheiße, die überall entsteht und entstehen soll, profitieren.

Für die Masse der Erniedrigten und Beleidigten bedeutet diese Entwicklung die Zerstörung ihrer Lebenszusammenhänge. Sie sollen abgeschoben werden in Beton-Ghettos, die nach dem Prinzip gebaut worden sind, die Menschen zu isolieren.

Hier läuft die Zerstörung von kommunikativen Lebenszusammenhängen schon lange und kommt jetzt zur Isolierung und Vereinzelung auch auf die Menschen der Ex-DDR verschärft zu.

Seit Auflösung der DDR ist der Rassismus gegen Flüchtlinge und die schon hier lebenden Ausländer und gleichzeitig die Frauenfeindlichkeit ganz offen ausgebrochen. Faschistische Gruppen sind stärker geworden und fast jeden Tag laufen brutale Angriffe gegen Ausländer-Wohnheime, Linke und Frauen aus Frauenzusammenhängen.

Das hat sicher auch seinen Grund darin, daß in der Zeit des SED-Staates Solidarität und Gleichberechtigung von Frauen staatlich verordnet war. Als etwas von außen Aufgedrücktes hatten viele unter der Oberfläche tatsächlich nichts davon gewollt und gelernt. Es war so vorgeschrieben und nichts Tiefes. Es ging nicht von vielen Menschen aus.

Auf der anderen Seite ist Rassismus und Frauenunterdrückung im kapitalistischen System nicht wegzudenken. Es war und ist die staatliche Politik, das Propaganda-Getrommel vom »Deutschland einig Vaterland«, die Nationalismus wieder salonfähig gemacht hat und gerade in der Ex-DDR dieses bekotzt chauvinistische Getrommel von: »Jetzt sind wir wieder wer/endlich richtige Deutsche« gepusht hat. Es ist die staatliche Politik, die mit ihren menschenfeindlichen Asyl- und Ausländergesetzen den Rassisten und Faschisten den Rücken stärkt. Die Grenzen der reichen Metropole Westeuropa sollen für alle, die aus dem Trikont und den verarmten Ländern Osteuropas hierher kommen wollen, dichtgemacht werden.

Bei den Schließungen der Ex-DDR-Betriebe fliegen als erstes die Frauen raus. Die Kinderkrippen werden dichtgemacht und es soll den Frauen die Entscheidung darüber, ob und wie viele Kinder sie haben wollen, genommen werden, so wie wir es aus der BRD schon lange kennen – Paragraph 218.

Rassismus und Frauenunterdrückung sind für den imperialistischen großdeutschen Staat notwendig, weil er sich davon erhoffen kann, daß sich Unzufriedenheit und Enttäuschung der Menschen nicht gegen das System entlädt, sondern jeweils gegen die, die in der gesellschaftlichen Hierarchie weiter unten stehen. Aber faschistische Organisationen haben für kapitalistische Staaten immer auch den materiellen Zweck, daß sie für Terrorakte wie Bologna und auch für gezielte Angriffe gegen linke und fortschrittliche Menschen wie z.B. die Räumung besetzter Häuser in Frankfurt/Oder eingesetzt werden.

Wir begreifen unsere Aktion gegen einen der Architekten Großdeutschlands auch als Aktion, die diese reaktionäre Entwicklung an einer Wurzel trifft. Es ist klar und gerade an der deutschen Geschichte bis zum 3. Reich deutlich, daß Verarmung, Verelendung und Massenarbeitslosigkeit nicht von allein zu einer Mobilisierung für menschliche Ziele und gegen die Herrschenden führt.

Die Unzufriedenheit und Enttäuschung von fortschrittlich denkenden Menschen soll vor allem von den Gewerkschaften gezielt kanalisiert werden. Ihre Hauptaufgabe ist es zu verhindern, daß Arbeitskämpfe zu politischen Kämpfen werden, die das System als Verursacher der elenden Lage in Frage stellen. Mit diesem Ziel versuchen sich Gewerkschaftsbonzen aktuell an die Spitze der Protestbewegung in der Ex-DDR zu stellen – daß sie gleich nach unserem Angriff auf Rohwedder überlegt haben, ob sie die Montagsdemonstrationen stoppen sollen, paßt genau in diese Linie.

Sie nennen unsere Aktion »politisch katastrophal«, weil sie Angst davor haben, daß wir auch von Menschen in der Ex-DDR verstanden werden. Waigel kommt dann gleich mit der Drohung hinterher, daß, wenn die Streiks und Demonstrationen dort weitergehen, das ein Investitionshindernis für die Konzerne ist. Aber damit viele Menschen dort überhaupt nicht erst anfangen, sich mit der Aktion, unserer Politik und Vorstellung überhaupt auseinanderzusetzen, spuckt der Gehirnwäsche-Apparat vom ersten Moment an diesen Quatsch aus, wir würden an der langen Leine des Stasi laufen.

Wir haben es schon in der Erklärung gegen Neusel gesagt: Wir alle, die für ein menschliches Leben in Würde und frei von Herrschaft kämpfen, müssen es anpacken, zur gemeinsamen Kraft zu werden.

Gerade heute, wo der Imperialismus Schlag auf Schlag landet, um seine neue Weltordnung den Völkern hier wie im Trikont aufzuzwingen (der Krieg am Golf; die Entwicklung zu Großdeutschland; die harte Haltung gegen die Kämpfe unserer gefangenen GenossInnen; die Versuche des Staates, jeden selbstbestimmten Raum von Menschen zu zerstören bzw. von vornherein zu verhindern), muß eine revolutionäre Bewegung in der Lage sein, überall präsent zu sein.

Wir können uns den Prozeß der Umwälzung der gesamten Verhältnisse nur vorstellen als einen Prozeß, in dem wir in der Durchsetzung konkreter Forderungen und Ziele Gegenmacht aufbauen, eine Gegenmacht, die zusammen mit den Kämpfen der Völker im Trikont die notwendigen Veränderungen gegen das imperialistische System durchsetzen kann und in einem langandauernden Kampf die Befreiung der Menschheit erkämpft.

Die revolutionäre Bewegung muß zum realen und spürbaren Faktor werden. Real und spürbar darin, daß wir zusammen dahin kommen müssen, zentrale Entwicklungen zu blockieren und wirkliche Veränderungen für die Menschen zu schaffen. Für uns heißt das, daß wir in Zukunft auch auf Angriffe des Staates, die darauf zielen, die gesamte Entwicklung revolutionärer Gegenmacht zurückzudrehen, wie das z.B. die brutale Räumung der besetzten Häuser in der Mainzer Straße in Ost-Berlin war, antworten wollen.

Überhaupt geht es uns darum, neben den strategischen Angriffen wie jetzt dem gegen Rohwedder, auch in der Lage zu sein, mit konkreten Forderungen an aktuelle Auseinandersetzungen zu intervenieren wie beispielsweise mit der Aktion gegen die US-Botschaft.

Wir wollen uns zusammen mit anderen dafür organisieren, Kampfphasen zu bestimmen und die gemeinsamen Ziele durchzusetzen. Das können wir uns mit allen vorstellen, die die Wirklichkeit im Kapitalismus als erdrückend empfinden und erfahren und die anfangen, sich dagegen für ihre eigenen Vorstellungen zu organisieren und danach zu handeln.

Die revolutionäre Bewegung muß eine reale und greifbare menschliche Perspektive entwickeln und dadurch zur Anziehung für alle, die dieses System als Unterdrückung erfahren, werden.

Es muß die Keimform einer neuen Gesellschaft entstehen, in der die Menschen anfangen, ohne Herrschaft und selbstbestimmt zusammenzuleben. Selbstbestimmt heiß für uns z. B. auch, nicht immer bloß zu wiederholen, daß es jede Menge Fragen darüber gibt, wie der revolutionäre Prozeß weitergehen muß; Selbstbestimmung heißt auch anzufangen, Antworten zu suchen. Die ganze Verantwortung dafür, wie der Umwälzungsprozeß weiterentwickelt wird, liegt bei jeder/m und jede/r muß diese Verantwortung auch wollen.

Wer sich dafür entscheidet, kann die aufgedrückten Ohnmachtsgefühle überwinden und sich die wirklichen Probleme vorknöpfen, um Schritt für Schritt Lösungen zu suchen und zu finden. Das schließt ein, bei erfahrenen Niederlagen nicht am Boden liegen zu bleiben, sondern wieder aufzustehen und nach neuen Wegen zu suchen; nur dadurch kann Kontinuität und Identifizierbarkeit einer revolutionären Bewegung entstehen.

Die Niederlage vom Hungerstreik 89 der politischen Gefangenen, als trotz größter Mobilisierung, die es hier jemals zu einem Streik gegeben hat, der Staat an der harten Haltung festhielt und die GenossInnen mit ihren Forderungen nicht durchkamen, wirkt bis heute nach. Die wirkliche Niederlage für die Linke ist nicht, daß die Mobilisierung für die Durchsetzung der Forderungen zu schwach war, sondern das die meisten das Ziel danach losgelassen haben und deshalb aus dieser Erfahrung auch nur Ohnmacht ziehen können.

Für jede revolutionäre Bewegung auf der Welt ist es eine Frage der eigenen Identität, Wege zur Freiheit der politischen Gefangenen zu suchen. Eine revolutionäre Bewegung, der die Gefangenen nicht am Herzen liegen, kann es nicht geben.

Der Weg zur Freiheit der politischen Gefangenen führt über die Durchsetzung ihrer Zusammenhänge

Gegen den Sprung der imperialistischen Bestie

Unseren Sprung im Aufbau revolutionärer Gegenmacht
Die Bedingungen für menschenwürdiges und selbstbestimmtes Leben im Kampf gegen die reaktionären großdeutschen und westeuropäischen Pläne zur Unterwerfung und Ausbeutung der Menschen hier und im Trikont durchsetzen.

Rote Armee Fraktion, 4.4.1991

»Rücknahme der Eskalation«

An alle, die auf der Suche nach Wegen sind, wie menschenwürdiges Leben hier und weltweit an ganz konkreten Fragen organisiert und durchgesetzt werden kann.

Das ist auch unsere Suche. Es gibt Tausende Probleme, die auf dem Tisch liegen und nach Lösungen schreien und die, wenn sie nicht bald angepackt und gelöst werden, die ganze Menschheit in die Katastrophe führen. Sie alle sind entstanden durch das kapitalistische Prinzip, daß nur Profit und Macht zählen und die Menschen und die Natur dem untergeordnet sind.

Wir, die RAF, haben seit 89 angefangen, verstärkt darüber nachzudenken und zu reden, daß es fur uns wie für alle, die in der BRD eine Geschichte im Widerstand haben, nicht mehr so weitergehen kann wie bisher. Wir haben überlegt, daß es darum geht, neue Bestimmungen für eine Politik herauszufinden, die tatsächliche Veränderungen für das Leben der Menschen heute durchsetzen kann und die längerfristig den Herrschenden die Bestimmung über die Lebensrealität ganz entreißt. Dafür ist es notwendig, sich die eigene bzw. gemeinsame Geschichte aller im Widerstand anzusehen, darüber nachzudenken, was wir falsch gemacht haben und was wichtige Erfahrungen waren, die wir oder andere gemacht haben, und welche Bedeutung sie für die Zukunft haben können.

Ausgangspunkt war: 1. Die Tatsache, daß wir alle vor einer veränderten Situation im weltweiten Kräfteverhältnis standen – die Auflösung des sozialistischen Staatensystems, das Ende des kalten Krieges. Wir waren damit konfrontiert, daß die Vorstellung, im gemeinsamen internationalen Kampf einen Durchbruch für Befreiung zu schaffen, nicht aufgegangen ist. Die Befreiungskämpfe waren insgesamt zu schwach, um gegen die auf allen Ebenen ausgeweitete Kriegsführung des Imperialismus anzukommen.

Der Zusammenbruch der sozialistischen Staaten, der seine Ursache wesentlich in den im Innern ungelösten Widersprüchen hatte, hat katastrophale Auswirkungen für Millionen Menschen weltweit und hat alle, die rund um den Globus um Befreiung kämpfen, auf sich selbst zurückgeworfen. Aber dadurch hat sich für alle die Notwendigkeit noch mal deutlicher gezeigt, daß die Kämpfe um Befreiung nur aus dem Selbstbewußtsein der eigenen, speziellen Geschichte der Völker, den authentischen Bedingungen und Zielen entwickelt werden können. Und nur daraus kann eine neue internationale Kraft entstehen. Das haben viele GenossInnen aus dem Trikont in die Diskussionen eingebracht und sie haben dort Anfänge einer ganz neuen Politik gefunden und umgesetzt – das werden wir hier auch. Darin sind wir mit ihnen verbunden.

2. Wir selbst waren damit konfrontiert, daß wir so, wie wir in den Jahren vor 89 Politik gemacht haben, politisch nicht stärker sondern schwächer geworden sind. Wir haben aus verschiedensten Gründen keine Anziehungskraft mehr für die Menschen hier entwickelt, die gemeinsames Handeln möglich macht. Als einen zentralen Fehler haben wir gesehen, daß wir viel zu wenig auf andere, die hier auch aufgestanden waren, zugegangen sind; und auf die, die noch nicht aufgestanden waren, gar nicht. Uns ist klar geworden, daß wir die Leute suchen müssen, und daß es so nicht weitergeht, daß wir als Guerilla alle Entscheidungen allein treffen und erwarten, daß die anderen sich an uns orientieren. Wir haben das zwar oft anders formuliert, aber die Realität war so.

Wir hatten unsere Politik ganz stark auf Angriffe gegen die Strategien der Imperialisten reduziert und gefehlt hat die Suche nach unmittelbaren positiven Zielen und danach, wie eine gesellschaftliche Alternative hier und heute schon anfangen kann zu existieren. Daß das hier möglich ist, daß es geht, so etwas anzufangen, haben uns die Erfahrungen, die andere erkämpft haben, gezeigt. Die Verhältnisse zu den Leuten, mit denen wir am meisten zu tun hatten, waren aber in erster Linie darüber bestimmt, gemeinsam zum Angriff zu kommen. Deshalb gab es in der Bestimmung gar nicht den Raum, daß sie eigene soziale Werte in ihrem Alltag und mit vielen zusammen entwickeln und leben konnten. Nur daraus hätten wir zusammen zu einer Politik kommen können, die für mehr Menschen, auch für welche, die außerhalb der verschiedenen Szene-Ghettos leben, erfahrbar macht, daß die Kälte und Ohnmacht im Imperialismus nicht Schicksal wie Naturgewalt ist, sondern da aufhört, wo Menschen ihre Bedürfnisse, ihre Solidarität gemeinsam umsetzen und das hier und heute anfangen zu leben.

Daraus hatten wir die Konsequenzen gezogen und zwei Jahre lang einen parallelen Prozeß von Neubestimmung und praktischen Interventionen versucht. Wir dachten, wir könnten dadurch, wie wir unsere Aktionen bestimmen und wie wir reden, von uns aus ein neues

Verhältnis schaffen und dadurch die notwendigen Voraussetzungen für eine gemeinsame Diskussion und daraus eine gemeinsame Perspektive mit viel mehr Menschen und Gruppen möglich machen. Daß wir unseren Prozeß nicht nachvollziehbar, sondern nur bruchstückhaft als Ergebnis unserer Diskussion in den Erklärungen und Briefen vermittelt haben, war ein Fehler. Und das hier ist auch nur ein Anfang und wir werden demnächst über alles genauer reden.

Nach diesen zwei Jahren ist uns klar geworden, daß es so nicht ausgereicht hat, daß wir so nicht den Raum aufmachen können für alles das, was wir jetzt und für die nächste Zeit am wichtigsten finden: die seit langem notwendigen gemeinsamen Diskussionen und den Aufbau von Zusammenhängen unter den verschiedensten Gruppen und Menschen; da, wo sie leben, ausgehend vom Alltag der Menschen in dieser Gesellschaft, aus dem für viele die Notwendigkeit drängt, ihre eigene Lage in die Hand zu nehmen und gemeinsam mit anderen nach Lösungen zu suchen. Wir denken, solche Zusammenhänge können die Basis werden von der Kraft, die wir Gegenmacht von unten genannt haben und die so noch nicht lebt. Solange eine solche gesellschaftliche Alternative zur Zerstörung und Verzweiflung im System nicht spürbar und greifbar existiert, werden es immer mehr werden, die ausgegrenzt und ohne Perspektive alleine bleiben, immer mehr, die an der Nadel verrecken oder in den Selbstmord getrieben werden usw. Und es wird dabei bleiben, daß immer mehr Leute den Faschisten hinterherlaufen.

Aus unseren Erfahrungen und aus den Diskussionen mit GenossInnen über alle diese Fragen, steht für uns heute fest, daß die Guerilla in diesem Prozeß von Aufbau nicht im Mittelpunkt stehen kann. Gezielt tödliche Aktionen von uns gegen Spitzen aus Staat und Wirtschaft können den jetzt notwendigen Prozeß im Moment nicht voranbringen, weil sie die gesamte Situation für alles, was in Anfängen da ist und für alle, die auf der Suche sind, eskalieren. Die Qualität solcher Angriffe setzt eine Klarheit darüber voraus, was sie an Veränderungen konkret in Gang setzen können. Diese Klarheit kann es jetzt, in einer Zeit, in der es für alle um ein Sichfinden auf neuer Grundlage geht, nicht geben. So verstehen wir das auch, wenn uns welche sagen, mit solchen Aktionen nehmen wir das Ergebnis doch schon vorweg.

Wir haben uns entschieden, daß wir von uns aus die Eskalation zurücknehmen. Das heißt, wir werden Angriffe auf führende Repräsentanten aus Wirtschaft und Staat für den jetzt notwendigen Prozeß einstellen.

Dieser Prozeß von Diskussionen und Aufbau einer Gegenmacht von unten schließt für uns als einen ganz wesentlichen Bestandteil den Kampf für die Freiheit der politischen Gefangenen mit ein. Aus 20 Jahren Ausnahmezustand gegen die Gefangenen, Folter und Vernichtung, geht es jetzt darum, ihr Recht auf Leben durchzusetzen – ihre Freiheit erkämpfen!

Justizminister Kinkel hat mit seiner Ankündigung im Januar, einige haftunfähige Gefangene und einige von denen, die am längsten im Knast sind, freizulassen, das erste Mal von staatlicher Seite offen gemacht, daß es Fraktionen im Apparat gibt, die begriffen haben, daß sie Widerstand und gesellschaftliche Widersprüche nicht mit polizeilich-militärischen Mitteln in den Griff kriegen.

Gegen die Gefangenen haben sie seit 20 Jahren auf Vernichtung gesetzt. Die Kinkel-Ankündigung wirft die Frage auf, ob der Staat dazu bereit ist, aus dem Ausmerz-Verhältnis, das er gegenüber allen hat, die für ein selbstbestimmtes Leben kämpfen, die sich nicht der Macht des Geldes beugen, die eigene Interessen und Ziele entgegen den Profitinteressen formulieren und umsetzen. Also ob er Raum für politische Lösungen zuläßt (und wenn auch Vertreter aus der Wirtschaft dahingehend Druck auf die Regierung machen, kann das nur gut sein).

Wir werden uns genau ansehen, wie ernst der Kinkel-Vorstoß ist. Bis jetzt ist nicht viel davon zu sehen, außer daß Claudia Wannersdorfer nur einige Monate, bevor sie sowieso entlassen worden wäre, rausgekommen ist. Alle anderen Haftunfähigen – Günter Sonnenberg, Bernd Rössner, Isabel Jacob, Ali Jansen – sind noch immer drin. Und Irmgard Möller, nach 20 Jahren immer noch im Knast. An den Haftbedingungen hat sich bis heute nichts verbessert. Die 2/3-Anhörungen bei Norbert Hofmeier, Bärbel Perau und Thomas Thoene glichen Inquisitionen. Angelika Goder wird trotz ihrer Krankheit mit Knast bedroht. In der Ankündigung neuer Prozesse gegen Gefangene aufgrund der Kronzeugenaussagen drückt sich weiter das eiskalte Rachebedürfnis des Staates aus und das Ziel, Gefangene für ewig im Knast einzumauern. In der »Welt« wird mit Bezug auf das Stuttgarter Justizministerium der ungebrochene Vernichtungswille formuliert: Wenn es nach denen ginge, wäre bei Günter, der schon seit 15 Jahren haftunfähig gefangengehalten wird, nur dann an eine Freilassung zu denken, wenn er sich widerstandslos den repressiven Knastschikanen unterwirft. »Renitenter Gefangener«, weil er solidarisch ist und mit seinen Freunden weiterhin zu tun hat. So hetzen sie gegen seine Freilassung. Das alles steht im krassen Widerspruch dazu, daß sich auf seiten des Staates wirklich eine andere Haltung durchzusetzen beginnt.

Die Haftunfähigen und die Gefangenen, die am längsten sitzen, müssen sofort raus und alle anderen bis zu ihrer Freilassung zusammenkommen!

Das wird sich nicht nur am staatlichen Verhalten gegenüber den politischen Gefangenen zeigen. Es gibt auch andere Brennpunkte, an denen diese Weichenstellung ganz unmittelbar sichtbar wird. Da, wo die Kämpfe schon soweit sind, daß sie einen Raum durchgesetzt haben, wird es sich schnell zeigen, wie weit sie politische Lösungen zulassen oder auf Krieg setzen. Zum Beispiel, ob sie den Leuten in der Hafenstraße nach 10 Jahren Kampf weiterhin ihre Existenzberechtigung streitig machen. Aber langfristig geht es ja um viel mehr:

– Es gibt Kämpfe der sozialen Gefangenen gegen Sonderhaft und überhaupt gegen unmenschliche Bedingungen in den Knästen. Es darf nicht so laufen, daß die politischen Gefangenen aus den Vernichtungstrakten kommen, und danach andere hinein. Alle Isolationstrakte müssen geschlossen werden! – Es gibt Kämpfe um Zentren, um Lebens- und Wohnraum von vielen, die das heute hier nicht haben.

– Es wird sich zeigen, inwieweit die Menschen in der Ex-DDR weiterhin im Schnellverfahren zu willenlosen Objekten in das kapitalistische System gepreßt werden sollen, oder sie Raum erobern können, die Entwicklung selbst zu bestimmen.

– Es ist eine wichtige Frage, wie lange noch der Staat den Rassismus gegen die Flüchtlinge schüren und sie als »Untermenschen« behandeln kann, um sich und die Wirtschaft damit aus der Verantwortung für Arbeitslosigkeit, Wohnungsnot, Altersarmut usw. zu ziehen. Und wie lange er noch diese Menschen wieder ins Elend zurückschicken kann, das er ständig mitproduziert.

– Es ist seit langem Realität, daß die Bullen Faschisten schützen und Antifaschisten niederknüppeln, daß sie DemonstrantInnen in den Tod hetzen, wie Conny Wissmann, daß sie auf sie schießen, wie vor ein paar Monaten in Frankfurt, und Flüchtlinge mit Elektroschocks foltern usw.

– Es ist die Frage, ob deutsche Soldaten wieder gegen andere Völker marschieren und wie lange denn noch faschistische Regimes mit Waffen und Unterstützung von hier die Bevölkerung massakrieren können.

Vor allem daran, wie an allen diesen Fragen – und logisch ist das nicht vollständig hier – Kämpfe in der Gesellschaft entwickelt werden, wird sich entscheiden, wie weit hier ein politischer Raum für Lösungen erkämpft werden kann. Von allein werden sie an keinem Punkt zurückweichen, dafür wird immer gesellschaftlicher Druck und Kämpfe für unsere Forderungen notwendig sein.

Wir haben von uns aus jetzt mit der Rücknahme der Eskalation aus der Auseinandersetzung einen Schritt gemacht, um diesen politischen Raum aufzumachen. Jetzt ist die staatliche Seite gefragt, wie sie sich verhält; und weil das heute noch niemand weiß, wollen wir den Prozeß von Diskussionen und Aufbau schützen. Wenn sie diejenigen, die diesen Prozeß für sich in die Hand nehmen, mit ihrer Walze aus Repression und Vernichtung plattmachen, also weiter auf Krieg gegen unten setzen, dann ist für uns die Phase des Zurücknehmens der Eskalation vorbei – wir werden uns das nicht tatenlos anschauen.

Wenn sie uns, also alle, die für eine menschliche Gesellschaft kämpfen, nicht leben lassen, dann müssen sie wissen, daß ihre Eliten auch nicht leben können. Auch wenn es nicht unser Interesse ist: Krieg kann nur mit Krieg beantwortet werden.

Rote Armee Fraktion, 10.4.1992

Erklärung von Irmgard Möller

Wir wollen gleich kurz folgendes sagen: Die Entscheidung unserer Genossen draußen ist richtig, sie entspricht dem, worauf auch wir Gefangene für den politischen Prozeß aus sind.

Wir wollen – seit 89 ja schon – eine Zäsur im gesamten politischen Zusammenhang. Ein solcher Schritt kann von allen Beteiligten nicht nur am Bereich der Gefangenen angepackt werden.

Wir sehen auch heute noch um vieles deutlicher, als es schon Mitte der 80er zu erkennen war und im Hungerstreik 89 von uns das erste Mal politisch angepackt und in eine Praxis umgesetzt wurde, daß die globalen und innergesellschaftlichen Umbrüche so tiefgehend sind, daß sie für alle eine einfache Fortsetzung der Politik und Praxis der 70er und 80er Jahre unmöglich machen.

Wer weiter an der Notwendigkeit revolutionärer Umwälzung der bestehenden weltweiten und innergesellschaftlichen ungerechten und zerstörerischen Verhältnisse festhält, muß diese Umbrüche begreifen und zu einer Neubestimmung von Inhalten und Formen der eigenen Politik kommen, auch im Verhältnis zu den jeweils anderen linken Erfahrungen und Lebensweisen.

Wir Gefangene begreifen das als direkte politische Zielsetzung für jetzt und »nach dem Knast«:

Neuorientierung in der Gesellschaft und den internationalen Zusammenhängen und Beziehungen, ein offener Lernprozeß.

Das muß als erstes für die vier Haftunfähigen Realität werden.

Bernd und Günter müssen sofort raus.

Erst mit ihrer Freilassung gibt es wieder ein rationelles Moment in der Auseinandersetzung zwischen den politischen Gefangenen und dem Staat.

Dabei geht es um einen gründlicheren Schritt für alle Beteiligten.

Einen Einschnitt gegenüber der Geschichte von 22 Jahren. Wir spinnen uns nicht an dem, was real möglich ist, vorbei, wenn wir sagen:

Wir wollen eine Perspektive der Freiheit für alle von uns in einem absehbaren nächsten Zeitraum.

Auch in unserer Vorstellung geht das nicht sofort und nicht auf einmal für alle von uns.

Wir sagen aber ganz deutlich: Was 22 Jahre lang nach politischen Erwägungen und Kriterien der Bekämpfung und Vernichtung auch gegenüber den Gefangenen entschieden wurde (von den Sondergesetzen, über die Staatsschutzgerichte bis zu den Details der Isolation) – wogegen wir uns als Kollektiv durchgekämpft haben, neun von uns Gefangenen sind in diesem Kampf gestorben, aber in seinen Zielen haben wir es zum Scheitern gebracht – kann nicht nach diesen Jahrzehnten als scheinnormales Verfahren einer »Lösung« zugeführt werden.

Das ginge an der Wirklichkeit vorbei und wäre eine Verhöhnung aller, die einen anderen Begriff der politischen Geschichte der letzten 25 Jahre der BRD haben als die Sicherheitsapparate und die Staatsschutzjustiz, und die sich ihre politische Geschichte nicht rauben lassen wollen.

Geschichte ist kein Staatsbesitz, die staatsoffizielle Version ist nicht unsere.

Es geht nur so, daß mit gesellschaftlichen Widersprüchen politisch umgegangen wird.

Wir, die Gefangenen aus RAF und Widerstand, und die RAF haben dafür den Raum aufgemacht.

Mit »taktieren‹ hat das nichts zu tun.

Irmgard Möller
Für die Gefangenen aus RAF und Widerstand,
Lübeck, 15. 4. 92

RAF grüßt DemonstrantInnen

Wir grüßen alle Teilnehmerinnen und Teilnehmer der Demonstration und des Internationalen Kongresses gegen den Weltwirtschaftsgipfel in München

Wir freuen uns, daß ihr zu dieser Demonstration und dem Kongreß zusammenkommt, trotz der massiven Versuche von Stoibers Bullentruppen und der Medienhetze, eure Organisierung und Vorbereitung niederzuknüppeln und zu zerschlagen.

Wir leben heute in einer Zeit, in der wir alle mit den katastrophalen Folgen der Globalisierung der Herrschaft des kapitalistischen Marktes konfrontiert sind. Deshalb finden wir es wichtig daß alle, die weltweit auf der Suche nach Wegen sind, wie menschenwürdiges Leben durchgesetzt werden kann, die Diskussion international führen und über die Grenzen und Kontinente hinweg organisieren.

Trotz der unterschiedlichen Entwicklungen der Kämpfe und der Bedingungen ist es eine gemeinsame Suche danach, wie wir gegen die Weltbeherrschungspolitik der G7-Staaten, die die Macht des Kapitalsystems über die Menschen und die Natur als endgültig zementieren will, für das Leben der Menschen dringende Lösungen durchsetzen können.

Wir finden wichtig, daß ihr den 500-Jahrfeiern der imperialistischen Herrschaft mit diesem Kongreß, der Demonstration und den Aktionstagen die andere Seite entgegensetzt. Nämlich die Tatsache, daß auf unserer Seite – auf der Seite der Unterdrückten – die Geschichte und das Bewußtsein der Kämpfe leben. Den Kampf für ein Leben ohne Herrschaft wird es so lange geben, solange dieses imperialistische System existiert, das den Wert von Menschenleben und Natur nach ihrer Verwertbarkeit fürs Kapital bemißt – den Kampf für die Befreiung von den verinnerlichten Werten des Systems, gegen Rassismus und sexistische Unterdrückung wird es geben bis überall Werte und Strukturen existieren, die von der Würde aller Menschen ausgehen.

Mit diesem Kongreß habt ihr eine Möglichkeit geschaffen, Erfahrungen auszutauschen und voneinander zu lernen, zu gemeinsamen Einschätzungen zu kommen und daraus die Erarbeitung gemeinsamer Strategien anfangen zu können.

In der heutigen Situation sehen wir es als unbedingt wichtig an, sowohl was den Kampf hier bei uns betrifft wie auch im internationalen, daß es eine Verständigung über gemeinsame konkrete Ziele und Forderungen geben muß. Wir müssen Vorstellungen herausfinden, mit welchen Schritten wir den Herrschenden die Bestimmung über Mensch und Natur entreißen können und – ob in München, Rio, Los Angeles oder Maputo, ob in Palästina oder Kurdistan – die global-katastrophale Entwicklung umzudrehen.

Ein Aneignungsprozeß von unten wird in konkreten Kämpfen und konkreten Forderungen laufen, in denen wir den Herrschenden abringen, was Menschen zum Leben brauchen. Das wird zum Beispiel vom Kampf um Lebens- und Wohnraum, gegen zerstörerische und sinnentleerte Arbeit, gegen Umweltvernichtung, den Gefangenenkämpfen, der Organisierung von Schutz für Flüchtlinge und antifaschistische Mobilisierung bis zu der Forderung nach Schuldenstreichung oder Reparationszahlungen der imperialistischen Staaten an die kolonisierten Völker reichen.

Wir hier in der BRD haben eine große Verantwortung für diesen Prozeß, denn wir haben es mit einem Staat zu tun, dessen Zerstörungspotential enorm ist. Im Inneren haben sie ein reaktionäres Klima geschaffen, das hier z. B. zur rassistischen Mobilisierung – dem alltäglichen Krieg gegen Flüchtlinge – geführt hat.

Sie brauchen die reaktionäre Stimmung, das Erstarken des deutschen Herrenmenschenbewußtseins als Ventil für die sich verschärfende, elende Lebenssituation von Millionen Menschen hier, denn sie wollen freie Hand für ihre Großmachtpolitik: Heute walzt die deutsche Mark über den Osten und, wenn wir es nicht verhindern, die Bundeswehr morgen in die ganze Welt. Die BRD hat heute schon neben Japan die stärkste Ökonomie der Erde. Die Machtgier des deutschen Kapitals ist ungebrochen.

Wir wollen mit diesem Brief die Möglichkeit nutzen, besonders den GenossInnen, die aus anderen Ländern hierher gekommen sind, unseren Schritt vom April 92 – von unserer Seite aus die Eskalation zurückzunehmen – transparent zu machen.

Es ist ein Schritt aus unserer speziellen Situation in der BRD. Wir stellen damit nicht den bewaffneten Befreiungskampf in anderen Ländern in Frage; unsere tiefe Solidarität gehört all denen, die auf der ganzen Welt um Befreiung kämpfen. Es ist überall die Sache der Kämpfenden, aus ihren speziellen Bedingungen und Prozessen zu entscheiden, welche Mittel und Formen des Kampfs zu welchem Zeitpunkt gebraucht und eingesetzt werden.

Für euch sagen wir kurz was zu unserer Geschichte. Wir, die RAF, sind Anfang der 70er Jahre in der Phase der weltweiten Aufbrüche für Befreiung und der Vietnam-Mobilisierung entstanden.

Unser Aufbruch war aus einer Zeit möglich, in der mit der 68er-Revolte auch hier viele Menschen aufgebrochen waren; in diesem Land, in dem es nach Auschwitz keine gesellschaftliche Auseinandersetzung mit der faschistischen Vergangenheit gab und Nazis in allen Bereichen von Staat und Wirtschaft wieder eingesetzt wurden, wurden statt dessen Kommunisten und Antifaschisten verfolgt und die Wiederaufrüstung gegen den Widerstand vieler, die den tatsächlichen Bruch mit der faschistischen Vergangenheit wollten, durchgesetzt. Gegen diese dumpfe und erstickende imperialistische Realität im Nachkriegsdeutschland versuchte eine ganze Generation neue emanzipatorische und antikapitalistische Werte in allen Lebensbereichen zu entwickeln, z. B. basisdemokratische Strukturen an Schulen und Universitäten, Zusammenleben in Kommunen gegen den Zwang der Kleinfamilie, Organisierung der Frauen gegen ihre traditionelle Rolle und gegen ihre Unterdrückung in der Gesellschaft und auch innerhalb der Linken.

Während des Vietnamkriegs war unser Land wichtigste Drehscheibe für den US-Völkermord am vietnamesischen Volk. Wir haben uns dem weltweiten Aufstand gegen den US-Imperialismus angeschlossen. Damals war die Handlungsfreiheit des Imperialismus gegenüber den Bewegungen der nationalen Befreiung im Süden durch die Existenz der Sowjetunion begrenzt.

In diesem globalen Kräftefverhältnis haben wir unseren Kampf für Umwälzung hier als Teil der internationalen imperialistischen Befreiungsfront bestimmt. Es war für uns unmittelbare Perspektive, im gleichzeitigen internationalen Kampf den Durchbruch für Befreiung zu schaffen.

Auch wenn das Durchkommen der Befreiungskämpfe seit Ende der 70er Jahre durch den Imperialismus gestoppt werden konnte, war unsere Politik bis über die Mitte der 80er Jahre hinaus zentral innerhalb dieser Koordination bestimmt. Wir haben in den 80ern unsere Kraft dafür eingesetzt, das imperialistische Roll-back aufzuhalten, mit dem das Rad der Geschichte hinter die Oktoberrevolution zurückgedreht werden sollte. Wir wollten das Kräfteverhältnis für unsere Seite wieder aufbauen.

In den verschiedenen Phasen unseres 22jährigen Kampfs haben wir als Metropolenguerilla gegen die imperialistischen Weltbeherrschungspläne interveniert, gegen die US-Politik, gegen die NATO, gegen die Formierung des westeuropäischen Blocks und gegen die Entwicklung Großdeutschlands zur Weltmacht und gegen die »neue Weltordnung«.

Spätestens 89 lag mit der Annexion der DDR durch die BRD auf dem Tisch, daß eine historische Phase, die mit der Oktoberrevolution ihren Anfang nahm, mit großen Schritten auf ihr Ende zuging. Doch wir haben es nicht geschafft, eine Diskussion in Gang zu setzen, die sich damit konfrontiert und gleichzeitig aus der Geschichte der Kämpfe – den Stärken und Schwächen – neue Bestimmungen entwickelt.

Mit unseren Aktionen wollten wir in dieser Situation, in der sich hier in der Gesellschaft die Widersprüche immer mehr verschärft haben und es an verschiedenen Fragen Kämpfe gab, auf die wir uns bezogen haben, zu einem Prozeß von Diskussion um neue Orientierungen und Aufbau einer Gegenmacht von unten beitragen. Wir sind mit unseren Aktionen auf eine Grenze gestoßen. Wir konnten damit nicht die Prozesse, die wir für notwendig halten, in Bewegung setzen, noch konnten wir damit die Ohnmacht vieler und die Resignation vor der Weltmacht des Kapitals durchbrechen. Gerade unsere letzte Aktion, die gegen den Treuhandchef Rohwedder, hat das für uns deutlich gemacht. Wir haben mit dieser Aktion in einer völlig neuen gesellschaftlichen Situation in diesem Land – nach der Annexion der DDR – interveniert. Ihre unmittelbare Bestimmung war es, der kapitalistischen Walze, die gegen die Menschen in der Ex-DDR von hier aus losrollte, auch unsere Kraft entgegenzusetzen und eine Verbindung zu den Kämpfen dort herzustellen. Heute wissen wir, daß dieser Prozeß, aus zwei völlig unterschiedlichen Realitäten und Erfahrungen heraus zu einem gemeinsamen Kampf zu kommen, intensive Auseinandersetzungen und Verstehen, voneinander lernen aus diesen unterschiedlichen Geschichten, erfordert. Das ist die Voraussetzung für den Aufbau einer gemeinsamen Gegenmacht.

Natürlich gab es viele Menschen, die sich über unsere Aktionen gefreut haben – aber unsere Angriffe haben kaum Diskussionen und Organisationsprozesse ausgelöst und allein aus sich heraus können sie den Verbrechen der Herrschenden keine wirksamen Grenzen setzen.

Aus all dem brauchen wir jetzt die Zäsur für einen neuen Aufbruch.

Wir brauchen eine offene Diskussion über neue Grundlagen und Orientierungen, in der es möglich wird, neue Gedanken und Vorstellungen für den Umwälzungsprozeß zu entwickeln. Zäsur bedeutet auch die Aneignung der Geschichte der Kämpfe, die Anstrengung, die Fehler zu begreifen, um sie nicht zu wiederholen und die positiven Erfahrungen mitzunehmen.

Wir wissen, daß es GenossInnen gibt, die unsere Entscheidung vom April widersprüchlich finden, angesichts der zugespitzten Situation insgesamt und des zu diesem Zeitpunkt eskalierenden Krieges gegen das kurdische Volk, den der türkische Staat mit deutschen Waffen und deutschem Geld führt.

Es ist keine Frage, daß wir Widerstand gegen die Machtpolitik Großdeutschlands nach innen und außen für wichtig halten und der jetzt notwendige Prozeß kann sicher nicht nur ein Diskussionsprozeß sein. Aber für uns steht fest, daß wir diesen Prozeß heute mit bewaffneten Aktionen nicht voranbringen.

Für einen neuen Aufbruch brauchen wir eine gemeinsame, tiefgreifende und grundlegende Diskussion. Angesichts der globalen Umbrüche, die weltweit zur Folge haben, daß die Zahl der Menschen ständig steigt, die das Kapital nicht mehr braucht und die in dessen Logik keine Existenzberechtigung mehr haben oder die die erdrückende Lebensrealität nicht mehr aushalten, ist doch klar, daß wir dementsprechend ganz neue Überlegungen für den Umwälzungsprozeß anstellen müssen.

Für uns hier stellt sich die Frage, wie eine Gegenmacht von unten entstehen kann, die eine Anziehungskraft für immer mehr Menschen hat, die hier in Großdeutschland an den Rand gedrängt werden und für alle, die die Werte des Kapitalismus und seine Ideologie ablehnen und nach einer neuen gesellschaftlichen Realität mit menschlichen Kriterien suchen.

Die Geschichte von jahrzehntelanger Zurichtung der Menschen fürs

Kapital hat sie vom sozialen Sinn ihres Lebens und Handelns entfremdet. Daraus und aus dem Fehlen von real spürbaren Alternativen erklären wir uns, warum in den letzten Jahren die Gewalt gegeneinander, die Abstumpfung gegenüber der brutalen Realität hier, rassistische und sexistische Gewalt stark zugenommen haben. Ohne den Aufbau von Zusammenhängen unter den verschiedensten Menschen, die gemeinsam die Probleme, mit denen sie tagtäglich konfrontiert sind, in die Hand nehmen und für konkrete Lösungen kämpfen, ist die Voraussetzung in dieser Gesellschaft viel näher daran, daß zerstörerische bzw. selbstzerstörerische Entwicklungen immer stärker werden und die faschistische Mobilisierung sich ausweitet.

Das Neue zu entwickeln, das Soziale unter den Menschen herauszukämpfen, ist eine Frage an alle, die sich nicht der Macht des Geldes unterwerfen wollen. Wir sehen darin die Voraussetzung, daß wir hier den Aufbau einer relevanten gesellschaftlichen Gegenmacht schaffen können.

Das zu schaffen ist aber auch unsere spezielle Verantwortung gegenüber allen, die auf der ganzen Welt für Veränderungen kämpfen und gegenüber allen unterdrückten Völkern, denn es ist eine entscheidende Frage, ob Großdeutschland für seine Weltmachtpolitik hier im Innern den Rücken frei hat, oder ob in dieser Gesellschaft ein Bewußtsein wächst, das von der Solidarität der Völker zueinander ausgeht und der Herrschaftspolitik Grenzen setzt. Wir müssen es schaffen, eine andere gesellschaftliche Entwicklung in Bewegung zu setzen, in der sich Menschen finden, die es wieder als reale Perspektive sehen können, daß das kapitalistische System und seine menschenverachtenden Werte überwunden werden können. Also eine Bewegung, die auch heute schon neue Inhalte, Werte und konkrete Veränderungen schafft – denn das sind keine Ziele, die bis auf eine Zeit »nach der Revolution« verschoben werden können.

Wir haben mit dem Brief vom 10.4. eine ganze lange Phase unserer Geschichte abgeschlossen. Das ist unsere Entscheidung, daß wir jetzt diesen Prozeß von Reflexion und Neubestimmung für die Entwicklung auf unserer Seite wollen – das hat nichts mit dem Staat zu tun.

Dieser Staat hat es 22 Jahre versucht, die RAF und die Gefangenen aus der RAF und aus den Widerstandskämpfen mit allen Mitteln auszulöschen. Damit sind sie gescheitert. Und das ist unsere Ausgangsposition, mit der wir in die neue Phase gehen.

Wenn der Staat diesen Prozeß niedermachen will, ist es eine Frage an alle, wie wir unsere Vorstellungen dann dagegen durchkämpfen – und wir werden uns da nicht aus der Verantwortung ziehen.

Wir haben gesagt, daß es für uns ein wesentlicher Bestandteil in dem jetzt notwendigen Aufbau-Prozeß ist, die Freiheit unserer gefangenen

GenossInnen zu erkämpfen. Wenn wir jetzt davon reden, daß eine politische Lösung in der Auseinandersetzung für ihre Freiheit durchgesetzt werden kann, ist dies ein Ergebnis von jahrelangen Kämpfen. Die Freiheit aller politischen Gefangenen in einem absehbaren Zeitraum kann nur in einem Kampfprozeß durchgesetzt werden.

Es muß die Sache von allen sein, die ein Ende der Folter, die die Freiheit der Gefangenen wollen, in diesem Kampf Verantwortung und Initiative zu übernehmen.

Wir wollen eine reale Lebensperspektive für unsere gefangenen GenossInnen und für die Gefangenen aus allen Befreiungskämpfen; wir wollen sie für alle und mit allen, die eine menschliche Lebensbestimmung für sich und alle Unterdrückten und Entrechteten überall auf dieser Welt erkämpfen wollen.

Rote Armee Fraktion, 29.6.92

Anmerkungen

»Dem Volke dienen«

1 Diese Information ist weder in den beiden Broschüren enthalten, noch konnten Mannheimer Freunde sie mir bestätigen. Konkrete Planungen für die Gendarmerie-Kaserne gab es jedenfalls nicht. Was es allerdings gab, war eine Bitte von Flüchtlingen, im Mehrzwecksaal des Jugendhauses in Schönau Sport treiben zu dürfen (»Mannheimer Morgen« vom 9. April 1992). Diese Bitte wurde abgelehnt, weil, so die Pädagogen und Sozialarbeiter, »damit das bislang so erfolgreiche Konzept der langfristigen emanzipatorischen Arbeit mit deutschen und ausländischen Jugendlichen zusammenbrechen werde«, denn »die Asylbewerber (sind) aufs engste mit der Rauschgiftszene verzahnt«.

Zivile Faschisierung?

1 Das gilt so ausdrücklich nicht für die RAF oder deren antiimperialistisches Umfeld, die sich zu diesem Zeitpunkt aber ohnehin nicht so sehr mit der Entwicklung der BRD-Gesellschaft und des BRD-Staates (so es nicht um die Haftbedingungen der politischen Gefangenen geht) beschäftigen.

Zwischen Stammheim, Frontkonzept und Hungerstreik 1984/85

1 Margit Schiller, von 1971 bis 1978 Gefangene, begründet diese Forderung in einem Brief an die »taz« 1981: »Behandlung gemäß den Mindestgarantien der Genfer Konvention ist die politische Forderung der Gefangenen, bei der es nicht um ihre Erfüllung durch den Staat geht, sondern die ein Begriff für den Charakter des Kampfes ist: Krieg. Die Genfer Konvention ist in diesem Zusammenhang ein Ausdruck des internationalen Kräfteverhältnisses zwischen Revolution und Imperialismus – zum Schutz von gefangenen Revolutionären.« (»taz« 26.10.1981)

2 »Eine Kampagne für Amnestie ist sowohl gegen die wachsende politische Repression und gesellschaftliche Reglementierung in diesem Land als auch gegen die Politik der Guerilla gerichtet. Das muß offen gesagt werden. Beide – und das hat sich oft gezeigt –

nähren einander«, so formulierte Amnestie-Befürworter M. Lubetsky schon 1978 in einer »taz«-Nullnummer, und W. Pohrt griff diesen Gedanken 1984 auf: »Der Konflikt RAF – Staat verwandelt sich – je länger er dauert, desto mehr in einen Zank unter Brüdern, in einen Familienstreit« –, der deswegen möglichst schnell und endgültig, so der Kerngedanke der Amnestie, beendet gehört: »Jeder Kampf ist einmal entschieden. Wenn Sieger und Besiegte feststehen, hört der Kampf auf. Haft und Gefangenschaft, die Mittel gewesen waren, die Gegner zu schwächen, sind dann überflüssig.« (Pohrt)

3 Im Verlauf dieses Streiks, der mehrere Gefangene in Lebensgefahr gebracht hat, wurde auch wieder die Zwangsernährung durchgesetzt – in Nordrhein-Westfalen auf öffentlichen Druck hin allerdings auch wieder abgebrochen. Bei Knut Folkerts wurde eine neue Variante erprobt: Die sogenannte »Koma«-Lösung. Dazu ein Auszug aus dem Bericht von Folkerts: »›Ping-Pong‹ nannte er (der Arzt, Anm. O. T.) das: ›Sie lehnen die Behandlung ab, werden bewußtlos, wir holen sie wieder zurück, sie lehnen wieder ab, dann beginnt das Ganze von vorne, das machen wir so lange, bis sie aufgeben.‹«

4 Eine im Herbst 1983 geborene Idee, Bücher und andere Päckchen und Briefe von Gruppen an die isolierten politischen Gefangenen zu schicken, um damit die Forderung nach freier Information und Diskussion zu unterstützen. Das Projekt erfährt nicht die erhoffte Unterstützung, weil der politische Ansatz und das weiterführende Ziel unklar bleiben.

5 Auch in diesem Hungerstreik konnten keine substantiellen Zugeständnisse des Staates erzwungen werden. In der veröffentlichten Meinung spielten statt dessen die angeblich bereits »besonders privilegierten Haftbedingungen«, ihre vermeintlichen »Sonderrechte« eine wichtige Rolle.

6 Am 25. Januar 1985 hat das Kommando Elisabeth van Dyck der Action Directe den französischen General René Audran, Direktor für internationale Angelegenheiten im Verteidigungsministerium, erschossen.

7 Klaus Kinkel war zu diesem Zeitpunkt Staatssekretär.

Kontroverse um die Erschießung des US-Soldaten Pimental

1 In der zweiten Jahreshälfte 1982 wurden mehrere Anschläge auf US-amerikanische Soldaten und auf Einrichtungen der US-Army verübt. Die Bundesanwaltschaft übernahm die Ermittlungen wegen mehrerer Sprengsätze, die in Autos im Dezember 1982 in

Butzbach, Darmstadt und Frankfurt a. M. explodierten. Wie selbstverständlich wurden die Attentate den RZ, der RAF oder militanten Autonomen zugerechnet. Um so größer die Überraschung, als 1983 in Frankfurt und Großbritannien mehrere Neonazis festgenommen wurden. Der Kopf der Gruppe, Odfried Hepp, wurde 1985 in Paris gefaßt. Das Frankfurter Landgericht verurteilte die ehemaligen Wehrsportgruppen- und VSBD-Mitglieder nicht wegen Mitgliedschaft in einer »terroristischen Vereinigung«. Die meisten Strafen lagen deutlich unter zehn Jahren Haft. Die Revolutionären Zellen empörten sich in ihrem Papier »Beethoven gegen McDonald« vom April 1983 über die Unterstellung, linke Gruppen könnten für solche Anschläge verantwortlich sein, und versuchten, den Unterschied zwischen antiimperialistischen und antiamerikanischen Anschlägen deutlich zu machen: »Fast ohne Ausnahme waren diese (unsere, Anm. O. T.) Aktionen antiimperialistisch bestimmt und bargen damit in sich die Chance, die Risse und Widersprüche innerhalb der amerikanischen Armee zu vertiefen, den Widerstand der nationalen und rassischen Minderheiten zu stützen. Wir haben Offizierskasinos angegriffen und keine Mannschaftsmessen ...«

2 Am 7. März 1985 detonierte eine Bombe in einem Dortmunder Kaufhaus. Dabei wurden neun Menschen verletzt. Eine »Aktion Christian Klar« hatte die Verantwortung für das Attentat übernommen. Während in einem »taz«-Kommentar gefordert wurde, das inhaftierte RAF-Mitglied Klar müsse sich von dem Anschlag distanzieren, bestritten ehemalige politische Gefangene sofort, daß diese Aktion etwas mit der RAF zu tun habe. Später stellte sich heraus, daß ein mit der Linken nicht in Zusammenhang zu bringender Lehrling das Attentat begangen hatte – die Motive blieben unklar.

3 1985 wurden mehr als 300 Ermittlungsverfahren gegen Personen wegen Verstoßes gegen den Paragraphen 129a eingeleitet – soviel wie nie zuvor in der BRD. Gleichzeitig wurde von der Bundesanwaltschaft das sogenannte »4-Ebenen-Modell« der RAF forciert in die Medien gebracht: Demnach sollen die Kommando-Ebene, die Gefangenen, die legalen Militanten und ihre Unterstützer zusammen die RAF bilden. Dieses Konstrukt, das mit der Wirklichkeit nichts zu tun hat, gleichwohl aber in die Rechtsprechung eingegangen ist, erleichtert die Anwendung des Anti-Terrorismus-Paragraphen 129a auf fast beliebig definierbare Gruppen und Einzelpersonen aus dem linksradikalen Spektrum erheblich und ist Voraussetzung für die meisten Verurteilungen von angeblichen RAF-Mitgliedern und -UnterstützerInnen in der zweiten Hälfte der achtziger Jahre.

4 Günther Sare wurde am 28. September 1985 bei einer Anti-NPD-

Demonstration von einem Wasserwerfer der Polizei, die nicht gegen die Nazis, sondern gegen die AntifaschistInnen vorging, überfahren und getötet. Die Wasserwerfer-Besatzung, die ihr Opfer nicht gesehen haben will, hat zuvor, wie Fotos beweisen, gezielt den Wasserstrahl auf Sare gerichtet. In einem jahrelangen Prozeß wurde der Fahrer des Wasserwerfers, der gegen alle nur erdenklichen Dienstvorschriften verstoßen hatte, vom Vorwurf der fahrlässigen Tötung freigesprochen.

Bewegung in der Krise

1 Der Anschlag auf Gerold von Braunmühl nahm eine unerwartete Wendung, als die Brüder des Erschossenen in einem »Brief an die Mörder unseres Bruders« aus einer liberalen Position heraus eine moralische Kritik an der RAF und ihren Taten formulierten und sie zu einer Auseinandersetzung herausforderten. Dies und der Umstand, daß die Tötung Braunmühls relativ willkürlich wirkte, bedeutete eine weitere schwere politische Niederlage für die RAF.

2 Die Authentizität der beiden Bekennerschreiben zum Anschlag auf Hans Tietmeyer wurde lange, auch von mir, bezweifelt: Vor allem die Tatsache, daß die Bundesanwaltschaft im Vorfeld der IWF-Tagung in West-Berlin immer wieder ankündigte, ein RAF-Anschlag stehe bevor, und damit scharfe Repressionsmaßnahmen gegen alle IWF-Gegner begründete, aber auch die dilettantische Ausführung des Attentats ließen alles andere eher wahrscheinlich erscheinen als tatsächlich eine Aktion der RAF, die zu diesem Zeitpunkt nur gegen die legale Opposition wirken konnte. Da es aber nie zu einem Dementi kam, muß mittlerweile davon ausgegangen werden, daß die Schüsse tatsächlich auf das Konto der RAF gehen.

Hungerstreik 1989 bis heute

1 Schon vor Beginn des Hungerstreiks gab es eine Kampagne für die Zusammenlegung in große Gruppen, die der Initiativkreis für den Erhalt der Hafenstraße gestartet hatte. Außerdem hatte gerade der Strobl-Prozeß vor dem Oberlandesgericht Düsseldorf begonnen, der, aufgrund der massiven Solidaritäts-Aktionen im Vorfeld und aufgrund des relativ hohen Bekanntheitsgrades von Ingrid Strobl selbst, bei vielen das Interesse an der Auseinandersetzung mit der Situation der politischen Gefangenen geweckt und wiederbelebt hat. Das waren zwei wichtige Bedingungen für den außerordentlichen Erfolg der Mobilisierung. Von enormer Bedeutung war

auch der ganz neue Ton und das spürbare Bemühen der Gefangenen, ein möglichst breites Bündnis zur Unterstützung zu gewinnen. Im traditionellen Unterstützer-Spektrum führte das häufig zu Irritationen.

Trotz der breiten Solidaritätskampagen wurde das Ziel, die Zusammenlegung, nicht erreicht, und auch die haftunfähigen Gefangenen blieben weiterhin eingesperrt. Auch die angestrebte politische Auseinandersetzung und Kommunikation kam nur sehr zögerlich in Gang und blieb vorerst ohne in der breiteren Öffentlichkeit nachvollziehbare Ergebnisse – was auch damit zusammenhängt, daß die Isolationsbedingungen nur für wenige Gefangene gelockert wurden.

2 Dieser Anschlag, in der Phase allgemeiner Resignation und Tatenlosigkeit angesichts der Wiedervereinigung verübt, löste wie schon lange nicht mehr bei vielen Menschen klammheimliche Freude aus – blieb politisch aber ohne weitergehende Wirkung.

3 Gemeint ist Bundeslandwirtschaftsminister Ignaz Kiechle.

4 Mumia Abu-Jamal ist ein schwarzer linker Journalist, der nach einem politischen Prozeß zum Tode verurteilt wurde und seitdem in der Todeszelle sitzt. Für ihn läuft seit einiger Zeit, wegen der skandalösen Umstände des Prozesses, eine internationale Freilassungs-Kampagne.

5 Der Anschlag löste zumindest in den bürgerlichen Medien heftige Reaktionen aus. »Anschlag gegen die Einheit« titelte beispielsweise das »Hamburger Abendblatt«.

Kommentierte Literatur

Aus folgenden Büchern wurde zitiert:

GNN (Hg.), Ausgewählte Dokumente der Zeitgeschichte: Bundesrepublik Deutschland vs. RAF, Köln 1987. Eine Sammlung vor allem der frühen RAF-Texte sowie Erklärungen, Reden und Materialien aus der Bonner Politik und den Staatsschutz-Behörden. Außerdem enthält die Dokumentation eine passable Chronologie.

Gössner, Rolf, Das Anti-Terror-System, Hamburg 1991. Ungeachtet der kritikwürdigen Analyse ein informatives und faktenreiches Buch über die Staatsschutz-Politik gegenüber der RAF.

Herbst, Ludolf (Hg.), Westdeutschland 1945 bis 1955, München 1986. Interessanter Sammelband zur deutschen Nachkriegsgeschichte. Die Aufsätze sind mehr kursorische Darstellungen des Sachstandes als in die Tiefe gehende Detailanalysen.

Hirsch, Joachim, Der Sicherheitsstaat, Frankfurt a. M. 1986. Im politologischen Fachjargon verfaßtes Grundlagenwerk, das den Zusammenhang von Repression und dem ökonomischen Modell Deutschland herausarbeitet.

Odranoel. Die Linke zwischen den Welten, PIZZA (Hg.), Hamburg 1992. Ein spannender Diskussionsband, in dem Texte von bundesdeutschen und lateinamerikanischen Linken versammelt sind. Hier wird der aktuelle Einfluß der lateinamerikanischen Ex-Guerilla auf die bundesdeutschen Gefangenen aus der RAF deutlich.

OMGUS, Ermittlungen gegen die Deutsche Bank, Nördlingen 1985. Standardwerk über die Deutsche Bank, von Karl Heinz Roth um ein spannendes Nachwort über die Tätigkeit der OMGUS-Ermittler-Gruppe ergänzt.

Weidenhammer, Karl-Heinz, Selbstmord oder Mord? Todesermittlungsverfahren Baader, Ensslin, Raspe, Kiel 1988. Das Standardwerk zu den Todesermittlungsverfahren bei Andreas Baader, Gudrun Ensslin und Jan Carl Raspe. Leider reißt der Autor mit seiner verschwörungstheoretischen Phantasie, die ausgerechnet den israelischen Geheimdienst Mossad als potentielle Stammheimer Mördertruppe auftreten läßt, wieder viel von seiner nüchternen Analysearbeit ein.

Widerstand heißt Angriff, o. J., o. O. Eine umfangreiche Sammlung von Texten der RAF und aus dem antiimperialistischen Widerstand

Ausgewählte Literatur-Hinweise zum Thema »RAF«:

Aufruhr – Widerstand gegen Repression und 129a, Ost-Berlin 1991. Gibt die Breite der aktuellen linken Diskussion zum Thema wieder.

Brückner, Peter, Über die Gewalt, Westberlin 1979. Eines der wenigen Bücher, das eine spannende und solidarische Auseinandersetzung mit der RAF und linker gewaltförmiger Politik zeigt.

Die alte Straßenverkehrsordnung, Dokumente der RAF, Westberlin 1986. Lesenswert vor allem wegen des (selbst-)kritischen Aufsatzes von Karl Heinz Roth. Aber auch die Texte von Klaus Hartung und Wolfgang Pohrt haben ihren Reiz – als Ausdruck zweier Strömungen des intellektuellen Zeitgeistes, die beide genau das nicht sein wollen.

Meinhof, Ulrike, Die Würde des Menschen ist antastbar, Westberlin 1980. Eine Auswahl von alten, vor allem in KONKRET erschienenen Texten.

Roth, Karl Heinz; Teufel, Fritz, Klaut Sie! Tübingen 1980. Die Verbindung von Spaßguerilla und überaus ernsthafter Auseinandersetzung mit bewaffneter Politik und der Etablierung der Linken ist hervorragend gelungen. Eines der wichtigen Bücher zum Thema.

Schut, Piet Bakker, Stammheim, Kiel 1987. Standardwerk zu den ersten RAF-Prozessen.

Zeitschriften:

ak, KONKRET, 1999, Mittelweg 36 und Spiegel (alle Hamburg)

Oliver Tolmein
Detlef zum Winkel

Oliver Tolmein
Detlef zum Winkel
Herr P. und die Bombe
Vom Krieg der Polemiker
112 Seiten, 15 Mark

Die Autoren untersuchen, warum die Schlacht der Polemiker im Golfkrieg so unerbittlich ausgetragen wurde und wer dabei mehr Unrecht hatte.